Le Routard

Stockholm et ses environs 2023-2024

Cofondateurs : Philippe GLOAGUEN et Michel DUVAL

Directeur de collection et auteur
Philippe GLOAGUEN

Secrétaire général
Gavin's CLEMENTE-RUIZ

Rédacteurs en chef
Amanda KERAVEL (France)
Benoît LUCCHINI (Étranger)

Directrice administrative
Bénédicte GLOAGUEN

Conseiller à la rédaction
Pierre JOSSE

Responsable voyages
Carole BORDES

Direction éditoriale
Élise ERNEST

Rédaction
Isabelle AL SUBAIHI
Emmanuelle BAUQUIS
Mathilde de BOISGROLLIER
Marie BURIN des ROZIERS
Camille CAMPET
Véronique de CHARDON
Laura CHARLIER
Florence CHARMETANT
Fiona DEBRABANDER
Anaëlle HASCOËT
Géraldine LEMAUF-BEAUVOIS
Alain PALLIER
Anne POINSOT
Alexia POULAIN

hachette

TABLE DES MATIÈRES

PRÉAMBULE

- La rédaction du *Routard* 6
- Introduction..11
- Nos coups de cœur 12
- Itinéraires conseillés 30
- Interview #experienceroutard 33
- Les questions qu'on se pose avant le départ....................................34

COMMENT Y ALLER ? 36

- En avion..36
- Les organismes de voyages 36
- En train...41
- En bus...42

STOCKHOLM UTILE 43

- ABC de Stockholm...............................43
- Avant le départ....................................43
- Banques, change..................................45
- Budget 47
- Climat...48
- Électricité 50

• Fêtes et jours fériés....50
• Hébergement....51
• Langue....53
• Livres de route....57
• Magasins....60
• Musées....60
• Poste....60
• Pourboire....61
• Saison touristique....61
• Santé....61
• Site internet....62
• Téléphone....62
• Transports nationaux....63
• Urgences....65

STOCKHOLM....66

ARRIVÉE À STOCKHOLM....66

• En avion....66
• En train....67
• En bus....67

ADRESSES ET INFOS UTILES....70

• Services touristiques....70
• Transports urbains....70
• Poste....72
• Argent, change....72
• Représentations diplomatiques....73
• Urgences....73
• Loisirs et culture....73
• Divers....73

OÙ DORMIR ?....74

• Campings....74
• Auberges de jeunesse et hôtels....74

OÙ MANGER ?....80

• Dans la vieille ville (Gamla Stan)....80
• À Södermalm....82
• À Norrmalm....84
• À Vasastan....85
• À Östermalm....86
• À Skeppsholmen et Djurgården....86

OÙ FAIRE UNE PAUSE SUCRÉE ? OÙ BOIRE UN CAFÉ ?....87

• Dans la vieille ville (Gamla Stan)....87
• À Norrmalm....87
• À Södermalm....88
• À Vasastan....88

OÙ BOIRE UN VERRE ? OÙ ÉCOUTER DE LA MUSIQUE ? OÙ DANSER ?....88

• Dans la vieille ville (Gamla Stan)....89
• À Norrmalm....89
• À Östermalm....90
• À Södermalm....91
• À Kungsholmen....91

BALLETS ET CONCERTS CLASSIQUES....92

ACHATS....92

• À Norrmalm et Östermalm....92
• À Södermalm....93

À VOIR....94

• Stockholm gratuit....94
• La vieille ville (Gamla Stan)....94
• L'île de Riddarholmen....99
• L'île de Kungsholmen....99
• Le quartier de Norrmalm....100
• Le quartier d'Östermalm....102
• À l'est d'Östermalm, dans Ladugårdsgärdet....104
• L'île de Skeppsholmen....105
• L'île de Djurgården....107
• L'île de Södermalm....112
• Ailleurs à Stockholm....114
• Un peu plus loin....115

OÙ SE BAIGNER ?....116

LES ENVIRONS DE STOCKHOLM 118

- L'archipel de Stockholm 118
- Vaxholm 119
- Mariefred 121
- Sigtuna 122
- Uppsala 125

HOMMES, CULTURE, ENVIRONNEMENT 136

- Boissons 136
- Cuisine 138
- Curieux, non ? 140
- Design 141
- Économie et société 142
- Environnement 145
- Géographie 147
- Histoire 148
- Médias 152
- Musique 153
- Personnages 154
- Prix Nobel 157
- Sites inscrits au Patrimoine mondial de l'Unesco 157

Index général 171

Liste des cartes et plans 175

Pictogrammes du Routard

Établissements

- Hôtel, auberge, chambre d'hôtes
- Camping
- Restaurant
- Terrasse
- Pizzeria
- Boulangerie, sandwicherie
- Pâtisserie
- Glacier
- Café, salon de thé
- Café, bar
- Bar musical
- Club, boîte de nuit
- Salle de spectacle
- Boutique, magasin, marché

Infos pratiques

- Office de tourisme
- Poste
- Accès Internet
- Hôpital, urgences
- Adapté aux personnes handicapées

Sites

- Présente un intérêt touristique
- Point de vue
- Plage
- Spot de surf
- Site de plongée
- Recommandé pour les enfants
- Inscrit au Patrimoine mondial de l'Unesco
- Pas de côté

Transports

- Aéroport
- Gare ferroviaire
- Gare routière, arrêt de bus
- Station de métro
- Station de tramway
- Parking
- Taxi
- Taxi collectif
- Bateau
- Bateau fluvial
- Piste cyclable, parcours à vélo

☎ **112 :** c'est le numéro d'urgence commun à la France et à tous les pays de l'UE, à composer en cas d'accident, agression ou détresse. Il permet de se faire localiser et aider en français, tout en améliorant les délais d'intervention des services de secours.

Le parc d'attractions de Gröna Lund Tivoli, Djurgården

LA RÉDACTION DU ROUTARD

(sans oublier nos 50 enquêteurs, aussi sur le terrain)

La saga du *Routard* : en 1971, deux étudiants, Philippe et Michel, avaient une furieuse envie de découvrir le monde. De retour du Népal germe l'idée d'un guide différent qui regrouperait tuyaux malins et itinéraires sympas, destiné aux jeunes fauchés en quête de liberté. 1973. Après 19 refus d'éditeurs et la faillite de leur première maison d'édition, l'aventure commence vraiment avec Hachette. Aujourd'hui, le *Routard*, c'est plus d'une cinquantaine d'enquêteurs impliqués et sincères. Ils parcourent le monde toute l'année dans l'anonymat et s'acharnent à restituer leurs coups de cœur avec passion.
Merci à tous les Routards qui sont solidaires de nos convictions : liberté et indépendance d'esprit ; découverte et partage ; sincérité, tolérance et respect des autres.

NOS SPÉCIALISTES STOCKHOLM

Camille Campet : nourrie par les récits de voyage de sa grand-mère, elle développe très jeune une passion pour l'inconnu. Pour assouvir sa curiosité, elle sort des sentiers battus et emprunte des routes moins fréquentées, préservées et authentiques. Ses adresses préférées ? Les petites pépites secrètes qui échappent au premier coup d'œil.

Thomas Rivallain : transbahuté dès l'enfance dans le combi familial, les sens affutés en tournée musicale ou louvoyant sur les itinéraires bis. Tout est prétexte aux carnets de route pour cet admirateur de fleuves. Souvent parti là où on ne l'attend pas, il travaille ses guides en Anjou, auprès de l'indomptable Loire. En bon apôtre du voyage, Thomas ne croit que ce qu'il voit.

Olivier Page : Malouin d'origine. À 16 ans il réalise un long tour de France à mobylette. Son aptitude à la vie nomade, sa curiosité pour les cultures, son goût des autres ont conduit ce Breton d'âme fugitive à collaborer naturellement avec le *Routard*. Depuis 1990, il parcourt le monde, pour découvrir d'autres lieux, d'autres gens. Et faire partager ses plus belles découvertes aux lecteurs.

UN GRAND MERCI À NOS AMI(E)S SUR PLACE ET EN FRANCE

Pour cette nouvelle édition, nous remercions particulièrement :

- **Anne-Caroline Provins,** partenaire enthousiaste et volontaire ;
- **Élisabeth Nebout,** de Visit Sweden à Paris ;
- **Birgitta Palmer,** responsable, et **Erika Lavil,** de l'office de tourisme de Stockholm ;
- **John Ringh,** de l'office de tourisme d'Uppsala.

NOS ENQUÊTEURS FURETEURS

Nous tenons à remercier tout particulièrement Loup-Maëlle Besançon, Thierry Bessou, François Chauvin, Grégory Dalex, Fabrice Doumergue, Cédric Fischer, Carole Fouque, Nicolas George, Michelle Georget, David Giason, Claude Hervé-Bazin, Emmanuel Juste, Fabrice de Lestang, Romain Meynier, Éric Milet, Pierre Mitrano, Jean-Sébastien Petitdemange, Thomas Rivallain et Jean Tiffon pour leur collaboration régulière.

Guillem Aurenche, Jean-Jacques Bordier-Chêne, Gérard Bouchu, Camille Campet, Philippe Coupy, Agnès Debiage, Jérôme Denoix, Tovi et Ahmet Diler, Clélie Dudon, Agustina Ernesta, Alain Fisch, Hermine Frachon, Adrien et Clément Gloaguen, Simon Hafi, Chloé Iacono, Thelem Jolliot-Curie, Maeva Libessart, Marine Lucas, Lise Machu, Louis Nagot, Martine Partrat, Odile Paugam et Didier Jehanno, Orianne Pouchard, Alexia Poulain, Marva Prevost, Alexia Rambaud, Prakit Saiporn, Lara Tantawi, Sarah Toson, Emma Vadillo Quesada.

DU CÔTÉ D'HACHETTE-LIVRE

Direction : Sidonie Chollet

Direction éditoriale : Élise Ernest

Édition : Margaux Lefebvre

Cartographie : Frédéric Clémençon et **Aurélie Huot**

Fabrication : Nathalie Lautout, Liza Sacco et **Aude Cauchet**

Relations presse : COM'PROD, **Fred Papet** et **Laëtitia de Cerval.** ☎ 01-70-69-04-69. • info@comprod.fr • **Martine Levens** (Belgique) ☎ +32-47-568-35-76.

Contact Partenariats : Jérôme Denoix • jeromedenoix@gmail.com •

Contact Partenariats et régie pub : Florence Brunel-Jars • fbrunel@hachette-livre.fr •

Silhouette du Routard : Clément Gloaguen (d'après Solé) ; **couverture : le-bureau-des-affaires-graphiques.com** ; **logo des « 50 ans » (couverture) : So BAM** ; **maquette intérieure : le-bureau-des-affaires-graphiques.com, Thibault Reumaux** et **npeg.fr**

« OSONS LE PAS DE CÔTÉ »

Le surtourisme ? Tous concernés. Et pourtant, à l'écart des grands flux touristiques, il existe plein de pépites méconnues, souvent oubliées des circuits trop encombrés. Ici un site ignoré ; là un quartier secret ; plus loin un village caché au charme discret, avec un troquet d'une autre époque. Il existe une infinité de lieux peinards que l'on a envie de mettre en avant avec ce pictogramme. Un vagabondage enfin calme favorisé aussi par les **visites aux heures creuses**. Vive le *slow trip* !

#osonslepasdecote

Important : dernière minute

Entre deux parutions du *Routard*, des événements fortuits (conditions sanitaines, catastrophes naturelles mais aussi formalités, taux de change, conditions d'accès aux sites, fermetures inopinées, etc.) peuvent modifier vos projets de voyage. Pour éviter les déconvenues, nous vous recommandons de consulter la rubrique « Guide » par pays de notre site • **routard.com** • et plus particulièrement les dernières ***Actus voyageurs.***

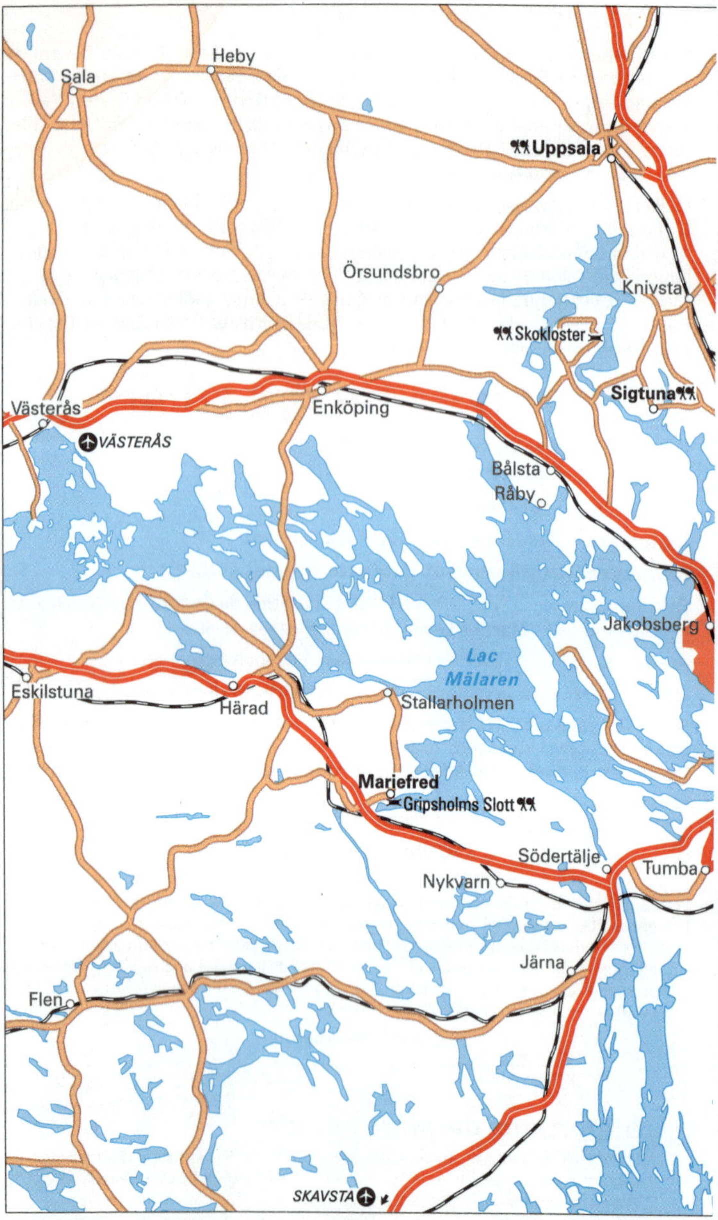
Heby
Sala
Uppsala
Örsundsbro
Knivsta
Skokloster
Sigtuna
Västerås
Enköping
VÄSTERÅS
Bålsta
Råby
Jakobsberg
Lac
Mälaren
Eskilstuna
Härad
Stallarholmen
Mariefred
Gripsholms Slott
Södertälje
Tumba
Nykvarn
Järna
Flen
SKAVSTA

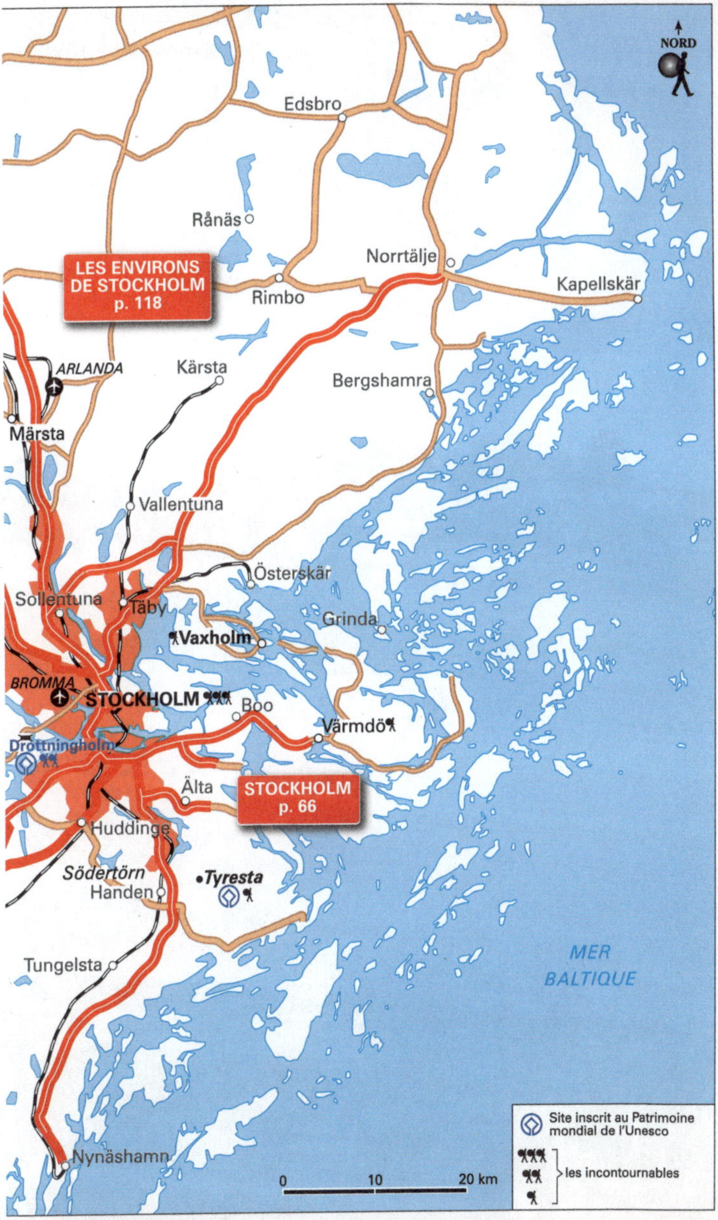

LA RÉGION DE STOCKHOLM

Mariefred, vu depuis le lac Mälaren

« Quand la mer est tranquille,
chaque bateau a un bon capitaine. »
Proverbe suédois

Construite au fil de l'eau et enjambée par une **cinquantaine de ponts,** Stockholm apparaît au 1er contact comme une **Venise du Nord** décontractée, distillant au quotidien une véritable douceur de vivre, réconciliant admirablement nature et culture, tradition et « branchitude »… Oubliée, l'image de la capitale placide d'un pays froid et austère. Obsolètes, la légendaire réserve et la modération institutionnalisée. Les Stockholmois montrent autant d'énergie à adopter les **nouvelles tendances** qu'à défendre leurs traditions et leur royauté. Une famille royale à la suédoise, certes, bien présente et démocratique, qui a connu aussi ses grandes heures et ses petits scandales, comme n'importe quelle famille, quoi !
Un **tour en bateau** entre toutes ces îles, même hors saison, permet de mieux comprendre les habitants de cette ville posée sur une eau pure et limpide. Au milieu des arbres apparaissent de **jolies petites maisons colorées,** leur pelouse en pente douce vers les profondeurs du lac Mälaren, à moins qu'il ne s'agisse déjà d'un bras de la mer Baltique… Stockholm prend soin de ses riverains : transports publics bien organisés, accessibles à tous, handicapés, personnes âgées, mères avec poussette… ou pères de famille en cravate, qui charrient le landau et profitent au mieux de leur temps libre pour pouponner. Pas de crottes de chien, pas de détritus sauvagement abandonnés, le « propre-en-ordre » domine, sans que cela soit un poids… Ce **souci écologique** permanent a fait de Stockholm la 1re « Capitale verte » de l'Europe.
Une capitale où l'art est aussi omniprésent : dans le métro, dans la rue, sur les places et, bien sûr, dans les musées…

Les quais de Mälarstrand

NOS COUPS DE CŒUR

1 Se pâmer devant l'épave du *Vasa*.
Enfouie dans la vase pendant 350 ans, elle se livre au visiteur ébahi, avec un éclairage préservant son mystère. Ce rescapé des eaux est unique en son genre et son histoire est exceptionnelle à plus d'un titre. Conçu comme le fleuron de la flotte royale par Gustave II Adolphe, le *Vasa* était destiné à servir lors de la guerre de Trente Ans. Haut de 5 étages, c'était l'un des plus grands navires de son temps. Le *Vasa* effectua sa 1re sortie le 10 août 1628 et sombra en 20 minutes ! *p. 107*
Bon à savoir : *• vasamuseet.se •*

© Jan Greune/LookPhotononstop

2 Sur l'île de Djurgården, remonter 5 siècles d'histoire et de culture populaire en visitant le Skansen, un vaste parc arboré où sont reconstitués manoir, église, fermes, école, moulin… provenant de différentes régions de la Suède.
Le site est animé par des passionnés en costume d'époque qui refont les gestes du passé et jouent leur rôle à la perfection. Au village, les artisans travaillent selon les méthodes anciennes. Balade vraiment très agréable et intéressante, aussi bien pour les petits que pour les grands. *p. 111*
Bon à savoir : *• skansen.se •*

© Jon Arnold Images/hemis.fr

3 **S'offrir une session de nostalgie disco au musée consacré au groupe légendaire ABBA.**

Groupe pop emblématique des années 1970, ABBA a produit une quantité impressionnante de hits planétaires : *Waterloo, Dancing Queen, Money, Money, Money…* 30 ans après sa séparation, ce musée est un vibrant hommage au groupe aux 378 millions d'albums. Il présente quelques-unes des fameuses tenues de scène bigarrées ou pailletées qui ont aussi contribué à leur renommée. On profite d'un dispositif qui permet de chanter et de danser avec les hologrammes des artistes tout en endossant un costume numérique ! *p. 110*

Bon à savoir : *• abbathemuseum.com •*

4 Rester songeur devant les sculptures monumentales de Niki de Saint Phalle à l'entrée du Moderna Museet.

Le musée d'Art moderne est l'une des références artistiques de la ville. Sur 5 000 m², il présente une remarquable collection d'art contemporain exposée par roulement. De Matisse, Léger, Duchamp, Ernst, Magritte, Picasso, Chagall, Dalí, à Warhol, en passant par Pollock, Rauschenberg ou Oldenburg. Section photo remarquable. Côté parc, trônent les œuvres de Niki de Saint Phalle avec ses *Nanas* aux attributs féminins exacerbés, témoins de sa tragique histoire personnelle. *p. 106*

***Bon à savoir :** café avec terrasse et vue magnifique sur Stockholm.*

• modernamuseet.se •

Le Paradis Fantastique © 2023 Niki Charitable Art Foundation/Adagp, Paris

© Stefan Rosengren/Alamy/Hemis

5 Essayer le *smörgåsbord*, ce buffet complet servi le dimanche dans les hôtels et les restos des musées proposant le meilleur des produits suédois.

Stockholm compte plusieurs tables étoilées et pas mal de restos proposant une cuisine fine et inspirée. Mais les prix sont souvent prohibitifs ! Pour éviter d'écorner le budget, adoptez le déjeuner à plat unique avec buffet d'entrées et café, qui se prolonge souvent assez tard dans l'après-midi. C'est souvent très bon et d'un excellent rapport qualité-prix. *p. 139*

© ClassicStock/Alamy/Hemis

♡6 Dormir sur un bateau (ou dans une prison) et vivre avec les étudiants la fièvre du jeudi soir !

Le *Chapman*, un superbe trois-mâts blanc amarré à l'île de Skeppsholmen, fait partie intégrante du paysage de la ville. Ancien navire-école, il a été transformé en AJ et y loger ne manque pas d'attrait. À défaut d'avoir le pied marin, on peut aussi dormir à l'AJ *Långholmens*, une ancienne prison reconvertie avec beaucoup de goût et d'intelligence. Petite plage à proximité. Des conditions dans lesquelles la détention devient un réel plaisir… *p. 79*

Bon à savoir : *• swedishtouristassociation.com • langholmen.com •* ***Résa impérative.***

© Gardel Bertrand/hemis.fr

♡7 Assister à la relève de la garde au palais royal et visiter les appartements royaux, la salle du trésor et l'armurerie royale.

Le château occupe la partie nord de la ville ancienne et se compose de multiples édifices formant un vaste quadrilatère de plus de 600 pièces, plusieurs fois modifié au fil des siècles. La relève de la garde se fait en musique et en uniforme azur et or, avec casque à pointe, au son d'une fanfare. Venir à l'avance pour être aux 1res loges. Attention, les appartements ferment régulièrement quand la famille royale vient y faire un petit séjour… *p. 95*

Bon à savoir : *• kungahuset.se •*

© Martin Thomas Photography/Alamy/Hemis

8 **À l'approche de l'hiver, se balader sur les marchés de Noël ou dans les boutiques pour rapporter de jolies décorations et des jouets…**
Dans *Gamla Stan*, les échoppes spécialisées dans les lutins et les trolls, ou dans les jouets en velours, sur *Österlanggatan*, font le plein de visiteurs. C'est dans ces rues illuminées de la vieille ville que se situent les plus beaux marchés de Noël. Les artisans y vendent des bougies, des décorations pour le sapin et des jouets faits main. Promenade encore plus féerique en sirotant un vin chaud épicé et en grignotant des biscuits au gingembre. *p. 92, 93*

9 **Suivre une visite guidée insolite de Södermalm dans les pas des héros de *Millénium*.**
La trilogie de Stieg Larsson a connu un tel succès (plus de 80 millions d'exemplaires vendus !) que de nombreux fans font spécialement le déplacement à Stockholm pour découvrir les lieux cités dans la saga. En compagnie d'un guide francophone qui donne son propre éclairage sur le quartier, c'est une balade parmi les anciennes maisons de bois et les immeubles sans rideaux qui pourraient servir de cadre à une suite aux romans. *p. 114*
Bon à savoir : *visite sur résa.* • *stadsmuseum.stockholm.se* •

(10) Faire une pause pour prendre un verre au dernier étage du superbe musée de la Photographie et découvrir l'un des plus beaux panoramas de Stockholm.

Un lieu magique pour retrouver tous les grands noms de la photographie mondiale, au fil des rétrospectives et des expos temporaires. Rénové, cet ancien entrepôt de brique rouge aménagé sur les quais abrite un café-restaurant avec vue sur la ville et ses îles. On peut aussi y déjeuner (sandwichs frais et buffets variés) ou y dîner dans un espace lumineux zen et coloré et joliment décoré sur un thème facile à deviner. *p. 114*

Bon à savoir : *• fotografiska.com •*

© Joline Fransson

11 **Céder à la gourmandise avec les caramels de la boutique *Pärlans Konfektyr.***

Une drôle de boutique, où l'on vend toutes sortes de caramels, distribués aussi dans les meilleurs hôtels-restaurants de la ville. Juste quelques tables pour une boisson chaude, une vitre pour regarder travailler les petites mains et des sachets prêts à être envoyés. À acheter sur place et à emporter. *p. 93*

Bon à savoir : *Nytorgsgatan 38. • parlanskonfektyr.se •*

12 **Rejoindre Södermalm en fin de journée et y passer la soirée.** La grande île au sud de Stockholm mêle avec bonheur atmosphère branchée et vie de quartier. Au cœur de *Söder,* on trouve pas mal de restos servant tard autour de *Götgatan,* une rue particulièrement animée, pleine d'endroits plaisants, cafés de jour et bars du soir. Plus au sud : *SoFo,* le quartier en pleine mutation autour de *Skanegatan,* fréquenté par une clientèle décontractée et très variée. Sans oublier *Hornstull,* repaire d'adresses *trendy* et intello. *p. 112, 113*

13 Sortir dans des lieux étonnants aménagés par de célèbres designers.
On achète design, on mange design… et qui plus est, on sort design ! Pour prolonger la nuit, on a le choix : le *Café Opera,* le night-club des princesses d'une nuit, ou le *T/Bar,* à l'intérieur de l'hôtel *Diplomat*, un lieu de rendez-vous on ne peut plus chic, sobre, minimaliste et branché. Ou encore le *Riche,* autre endroit à la mode depuis un siècle… Son nouveau décor, signé Jonas Bohlin, a décoincé l'atmosphère. *Skål !* *p. 89*

***Bon à savoir :** • cafeopera.se • diplomathotel.com • riche.se •*

© Nathaniel Noir/Alamy/Hemis

14 Traîner dans les boutiques design d'Östermalm pour dénicher un petit cadeau original à glisser dans les valises.

Par ses formes épurées, ses couleurs naturelles et sa fonctionnalité, le design suédois a séduit le monde entier. Au milieu des bars et des restos, dans le triangle d'or de l'art et du design, entre *Linnégatan, Artillerigatan* et *Birger Jarlsgatan,* les magasins proposent une foule de petits objets délirants, vintage, grunge ou arty, et les bonnes occases ne manquent pas. *p. 92*

***Bon à savoir :** la plupart des adresses design sont concentrées dans un même périmètre.*

© Maisant Ludovic/hemis.fr

15 **Se régaler de toasts aux crevettes ou de saumon à la Saluhall d'Östermalm.**

Sur une place en plein centre-ville, un bâtiment de brique rouge abrite le marché le plus élégant de Stockholm, mais aussi le plus cher. On y trouve de tout sur des étals tous plus alléchants les uns que les autres. Dans l'espace dévolu au poisson, petites tables dressées pour déguster des produits de la mer de toute première fraîcheur, notamment des crevettes et des langoustines. La meilleure table est celle de *Lisa Elmqvist*. *p. 86*

Bon à savoir : *Östermalmstorg.* • *ostermalmshallen.se* •

© peter forsberg/Alamy/Hemis

16 **Dans l'une des nombreuses piscines publiques, profiter de la tradition locale des traitements bienfaisants pour le corps.**

Essayer les divers types de bains chauds ou froids, à remous ou non, le sauna, le hammam, le jacuzzi et le réputé massage suédois, d'une grande douceur. Plusieurs adresses plus ou moins luxueuses comme le *Centralbadet* ou le *Sturebadet,* dans un superbe décor Art nouveau, pour se relaxer et se remettre en forme plus que pour nager. *p. 117*

Bon à savoir : *• centralbadet.se • sturebadet.se • eriksdalsbadet.se •*

17 Garder un peu de temps pour découvrir la maison de Carl Milles, **à Lidingö, au nord-est de Stockholm.**

Un artiste peu connu chez nous, qui a réinventé l'équilibre en sculpture après avoir puisé son inspiration dans l'œuvre de Rodin. Dans la maison, on découvre son atelier, sa collection d'objets d'art et de nombreuses antiquités. Mais le clou de la visite ce sont les extraordinaires jardins en terrasses qui surplombent gracieusement la ville. Ils sont parsemés de fontaines et habités pour l'éternité par les statues de Milles. *p. 115*

Bon à savoir : *• millesgarden.se •*

Poseidon Carl Milles © Adagp, Paris, 2023 © Nicholas Pitt/Alamy/Hemis

© Khirman Vladimir/Shutterstock

18 **S'offrir une petite croisière jusqu'à Vaxholm, la plus attrayante des îles de l'archipel de Stockholm.**

Sa forteresse, ses ruelles calmes et ses plages en font une destination privilégiée des vacanciers. Ambiance de petit port de pêche, pris d'assaut par les touristes en été. C'est aussi un bon point de départ vers les autres grandes îles de l'archipel couvertes de forêts mêlant conifères et feuillus. Bon nombre de Stockholmois y ont leur paradis estival, une « cabane » en bois rouge, un ponton et un bateau. *p. 119*

Bon à savoir : *nombreuses formules de visites proposées par la compagnie • waxholmsbolaget.se •*

19 Flâner dans les ruelles chargées d'histoire de Sigtuna, première capitale du royaume de Suède.

Située à environ 1h de Stockholm, la bourgade de Sigtuna offre à la fois l'occasion de faire une halte reposante et de plonger dans le passé du pays. Maisonnettes de bois coloré, rues pavées et paisibles, ici le plus vieil édifice de brique de Suède, là de vénérables églises en ruines. Ou bien une promenade bucolique le long du lac, une virée en bateau jusqu'au château Skokloster… En prime, le chemin est jalonné de nombreuses pierres runiques : Sigtuna en revendique la plus grande concentration au monde ! *p. 122*

***Bon à savoir :** • destinationsigtuna.se •*

© Anna Yu/Alamy/Hemis

20 À 1 heure de train de Stockholm, partager la vie des étudiants d'Uppsala, siège de l'une des plus vieilles universités d'Europe.

La ville natale du cinéaste Ingmar Bergman séduit par son animation et son atmosphère décontractée. Nul doute que les milliers d'étudiants y sont pour beaucoup. Mais la ville jouit d'un visage tout à fait charmant, qu'on découvre le long du canal et autour de sa cathédrale, la plus grande de Scandinavie. À 4 km du centre, ne pas manquer *Gamla Uppsala,* un important centre politique et religieux d'avant l'époque viking, avec ses tertres royaux. Une jolie balade à faire à vélo. *p. 125*

Bon à savoir : *• destinationuppsala.se •*

Vue d'ensemble de Gamla Stan

ITINÉRAIRES CONSEILLÉS

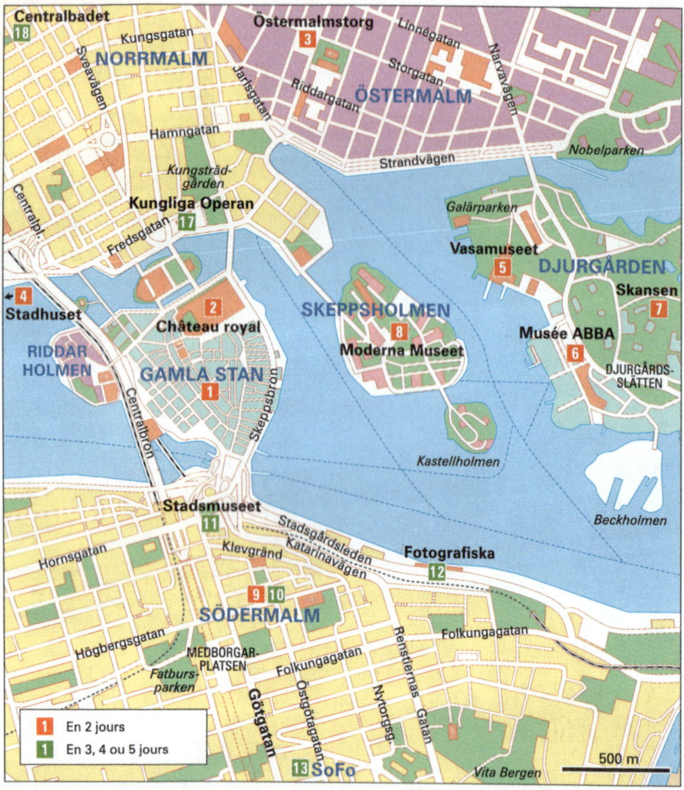

En 2 jours

Jour 1

Le matin, visite rapide au cœur de **Gamla Stan (1)**, pour son **château royal (2)** et sa relève de la garde, puis un tour dans Norrmalm pour déjeuner sur le pouce au marché couvert d'**Östermalmstorg (3)** et côtoyer le Stockholm friqué, avant de monter à la tour du **Stadhuset (4)** et d'entamer une agréable balade sur les quais au moment où la lumière décline sur les vénérables immeubles colorés.

Jour 2

Virée jusqu'à l'île de Djurgården pour faire le plein d'émotions dans l'incontournable **Vasamuseet (5)** puis, selon les goûts, visiter un autre musée de l'île : soit le **musée ABBA (6)**, soit le **Skansen (7)** s'il fait beau. Ensuite enchaîner avec le **Moderna Museet (8)** sur l'île de Skeppsholmen et profiter de son buffet-déjeuner, et avant d'embarquer sur un bateau, cette fois vers **Södermalm (9)**, afin de découvrir le Stockholm branché et les dernières tendances design, puis passer la soirée dans un de ses nombreux restos et bars.

En 3, 4 ou 5 jours

Jour 3

Flâner dans **Söder (10)**, en compagnie des hipsters stockholmois, faire une pause *fika* dans l'un des ravissants cafés du quartier, filer sur Slussen au **Stadsmuseet (11)**, descendre vers les quais pour visiter le **Fotografiska (12)**, et déjeuner sur place, avant de repartir cette fois explorer les boutiques de **SoFo (13)**.

Jour 4

Prendre le bateau vers **Vaxholm (14)** pour découvrir l'archipel, et aller vers ***Millesgården* (15)**, maison où l'art, le ciel, le jardin, l'eau se conjuguent avec virtuosité. Alternative : gagner la résidence royale du château de **Drottningholm (16)**. Le soir, selon le budget, se perdre du côté du **Kungliga Operan (17)** dans une boîte à la mode ou profiter de l'art de vivre à la suédoise… en allant se relaxer dans l'une des **piscines de la ville (18)…**

Jour 5

Prendre un bon bol d'air loin de l'agitation en se rendant au bord du lac Sigtunafjärden et arpenter les rues médiévales (reconstituées) de l'adorable village de **Sigtuna (19)**.

SI VOUS ÊTES…

Plutôt histoire : le Kungliga Slottet, le Vasamuseet, le Stadhuset, le Medeltidsmuseet, l'Armémuseet et l'Historiska Museet, forcément !

Plutôt art contemporain : le Moderna Museet, le Fotografiska, l'Artipelag…

Plutôt royaliste : allez rendre visite à la famille régnante dans son château de Drottningholm, ou assistez en fanfare à la relève de la garde du Kungliga Slottet.

Plutôt design : toutes les boutiques les plus anciennes et célèbres sont dans Norrmalm ou Östermalm, et les plus originales dans Söder.

Plutôt marin d'eau douce : vous pouvez parcourir les voies navigables, en voilier, en canoë, en kayak, ou taquiner la perche et la truite du côté de Djugårdsbrunn en admirant les bateaux de plaisance à quai.

Panorama de la vieille ville

© José Fuste Raga/Age fotostock

Interview #experienceroutard

Par la rédaction du *Routard*

En quoi cette destination est-elle unique ?

La politique environnementale est très ambitieuse. Dès l'arrivée, une chose saute aux yeux : Stockholm est une ville très verte et propre (40 % de l'espace urbain est naturel). Et en grattant un peu, on la découvre... encore plus écolo ! Des vélos partout, des transports en commun très commodes, un péage à l'entrée de la ville pour réduire le nombre de voitures... Il y a de plus en plus d'immeubles et d'écoquartiers autonomes en énergie, des systèmes de récupération de la chaleur humaine et des eaux de pluie. On utilise les courants marins pour produire de l'électricité, et on valorise les déchets. Par exemple, les restes alimentaires des hôpitaux servent à produire du biocarburant pour les bus urbains ! De bonnes idées qu'on aimerait bien voir se développer ailleurs...

Quel plat faut-il absolument essayer ?

Sans conteste le *gravlax*. C'est un filet de saumon cru, mariné dans une préparation légèrement sucrée, aromatisé d'aneth, de poivre, de baies roses, avec parfois une larmichette de vodka ou d'aquavit. Le poisson est irrésistiblement tendre et savoureux, et il n'est pas gras. On le consomme à n'importe quel moment de la journée sous plusieurs formes : sur du pain aux céréales, en mousse, en verrine, avec des crudités, une sauce à la moutarde ou au fromage blanc...

Quel est le meilleur moment de la journée ?

Le *fika* ! C'est bien plus qu'une simple pause café ; c'est un rituel incontournable, une tradition qui rythme la vie sociale, un symbole de l'âme suédoise. Le principe est de se réunir pour un instant de partage et de convivialité, en milieu de matinée ou d'après-midi, parfois même les deux. On choisit généralement un café de quartier bien cosy, mais le *fika* peut aussi se prendre à la maison ou au bureau. La plupart des entreprises encouragent leurs employés à socialiser autour d'un café, à tel point qu'il est mal vu de ne pas y participer ! Une fois rassemblés en bonne compagnie, à vous les *kanelbulle* (rouleaux à la cannelle), gâteaux moelleux, biscuits croustillants, toasts aux crevettes ou au saumon, sans oublier le café, dont les Suédois raffolent.

LES QUESTIONS QU'ON SE POSE AVANT LE DÉPART

➢ Quels sont les documents nécessaires pour se rendre en Suède ?

Pour les ressortissants de l'UE : carte d'identité ou passeport ***en cours de validité*** (pas de visa pour les Canadiens pour un séjour de moins de 3 mois). Voir les formalités détaillées dans « Stockholm utile ».

➢ Quelle est la meilleure période pour aller à Stockholm ?

La saison touristique s'étend de mi-juin à mi-août. C'est la meilleure période pour s'y rendre : tout est ouvert, les températures sont douces et le jour dure plus longtemps. Cela dit, une escapade dans l'ambiance des fêtes au moment de la Sainte-Lucie, mi-décembre, ou de la Saint-Jean, fin juin, ne manque pas de charme.

➢ Quel budget prévoir ?

Le coût de la vie à Stockholm est globalement comparable à celui des autres capitales européennes. Hormis l'alcool, qui est très cher, la nourriture (surtout le midi), les musées et les transports ne sont pas aussi onéreux qu'on pourrait le redouter.

➢ Comment se déplacer ?

Le centre-ville se parcourt facilement à pied. Le réseau de transports en commun (métro, tram et bus) est dense et très pratique. Le vélo permet de se balader en ville et dans la nature environnante. Et pour naviguer entre les îles de l'archipel, rien ne vaut le bateau !

➢ Y a-t-il des problèmes de sécurité ?

Pas d'inquiétude à ce sujet, Stockholm est une ville absolument sûre.

➢ Y a-t-il un décalage horaire ?

La Suède vit à l'heure européenne, donc aucun décalage avec la France, la Suisse et la Belgique. Mais le soleil s'y lève et s'y couche un peu plus tôt.

➢ Quelle est la durée de vol ?

Comptez en moyenne 2h30 depuis Paris, par exemple.

➢ Côté santé, quelles précautions ?

Rien de particulier, et aucun vaccin précis n'est requis.

➢ Peut-on y aller avec des enfants ?

Stockholm est une ville qui choie les familles. Les transports en commun sont adaptés aux poussettes et les musées ont systématiquement un coin consacré aux bambins. Les restos proposent toujours un menu enfant et une ribambelle de parcs d'attractions sont là pour les distraire. Parmi ceux-ci, le parc d'attractions *Gröna Lund Tivoli* sur l'île de Djurgården ou le *zoo de Skansen.*

➢ Quel est le taux de change ?

La Suède ne fait pas partie de la zone euro. L'***unité monétaire*** est la couronne suédoise *(svensk krona),* abrégée Sek (et Sk dans ce guide). Elle vaut un peu moins de 0,10 €, 0,10 Fs et 0,15 $Ca (fin 2022) ; 1 € = environ 10 Sk.

➢ Comment payer sur place ?

On peut retirer de l'argent dans les ***distributeurs automatiques*** avec les cartes *MasterCard, Visa* et *Maestro.* Toutefois, comme la Suède ne fait pas partie de la zone euro, l'opération comporte des frais (qui dépendent de votre banque), mieux vaut donc retirer une grosse somme d'un coup... Comme de plus en plus de lieux (hôtels, restos, bars...) n'acceptent plus le paiement en liquide, mais ***uniquement par carte bancaire,*** on pourra carrément se passer de liquide pendant son séjour.

➢ Quelle langue parle-t-on ?

Le suédois, bien sûr, mais l'anglais est parlé couramment, de l'adolescent au retraité, du paysan au cadre sup.

➢ Combien de jours faut-il prévoir sur place ?

3 jours permettent déjà de se faire une bonne idée de la ville. Mais évidemment, quelques jours supplémentaires ne sont jamais de trop pour explorer et découvrir les richesses et les musées de cette capitale attachante et de ses environs proches.

➢ Où loger ?

Pas d'hésitation : dans les auberges de jeunesse, qui proposent à la fois des dortoirs économiques et des chambres privées d'un très bon confort. On en trouve un peu partout, même sur l'eau, et il n'y a pas de limite d'âge. C'est LE meilleur rapport qualité-prix. Certaines AJ sont vraiment originales. On peut aussi surveiller les promos sur Internet afin de s'offrir une nuit dans un hôtel design de rêve.

➢ Que visiter, que faire à Stockholm ?

Le musée Vasa *(Vasamuseet),* le château royal *(Kungliga Slottet),* la vieille ville *(Gamla Stan),* le musée historique *(Historiska Museet),* le musée d'Art moderne, le musée ABBA et le Skansen. Faire du shopping dans les nombreux magasins de mode et de design. Passer une journée dans l'archipel en allant en bateau jusqu'à Vaxholm, une île charmante.

➢ Est-ce une ville gastronomique ?

Oui, mais la haute gastronomie est bien plus chère que chez nous. Les produits locaux sont sains et soigneusement travaillés par des chefs créatifs. Le menu du jour (entre 11h et 14h) est la formule la plus économique tandis que le soir les repas à la carte reviennent 2 à 3 fois plus cher : compter alors 40-50 € le menu complet, sans la boisson. Un verre de vin au resto coûte entre 8 et 14 € !

COMMENT Y ALLER ?

EN AVION

Conservez dans votre bagage cabine vos médicaments, vos divers chargeurs et appareils ainsi que vos objets de valeur (clés et bijoux). Et on ne sait jamais, ajoutez-y de quoi vous changer si vos bagages n'arrivaient pas à bon port avec vous.

Les compagnies *low-cost*

▲ **EASYJET**
● *easyjet.com* ●
➢ 2-5 vols/sem de Genève vers ***Stockholm-Arlanda.***

▲ **NORWEGIAN**
● *norwegian.no* ●
➢ Avr-oct, plusieurs liaisons directes/sem vers ***Stockholm-Arlanda*** depuis Paris-Orly, Bordeaux, Grenoble-Lyon, Nice et Genève.

▲ **RYANAIR**
● *ryanair.com* ●
➢ Liaisons entre Paris-Beauvais et Bruxelles-Sud (Charleroi) vers ***Stockholm-Skavsta.*** Avr-oct, également depuis Béziers, Biarritz et Marseille.

Les lignes régulières

▲ **AIR FRANCE**
Rens et résas au ☎ 09-69-39-36-54 (appel non surtaxé ; 7 j./7), sur ● airfrance.fr ● et en agences de voyages.
➢ Au départ de Paris-CDG, Air France dessert ***Stockholm-Arlanda*** avec jusqu'à 3 vols directs/j. Durée du vol : env 2h45.

▲ **BRUSSELS AIRLINES**
● *brusselsairlines.com* ●
➢ 3-4 liaisons directes en sem, et 2 le w-e depuis Brussels Airport vers ***Stockholm-Bromma.***

▲ **SAS**
● *flysas.com* ●
➢ SAS, compagnie aérienne scandinave, membre de *Star Alliance,* dessert ***Stockholm-Arlanda*** depuis Paris-CDG (2 vols directs/j.), Bruxelles (1-3 vols directs/j.), Zurich (4-5 vols directs/j.) et Nice (env 1 vol direct/j.).

LES ORGANISMES DE VOYAGES

En France

▲ **CERCLE DES VOYAGES**
● *cercledesvoyages.com* ●
– Paris : 4, rue Gomboust (angle 31, av. de l'Opéra), 75001. ☎ 01-40-15-15-19. Ⓜ Pyramides ou Opéra. Lun-ven 9h-20h, sam 10h-18h30.
Voyagiste spécialiste de la Scandinavie, Cercle des Voyages propose des voyages à la carte en Suède, des plus simples aux plus élaborés, pour tous les types de budgets, pour les individuels comme pour les groupes, grâce à des conseillers-vente connaissant parfaitement la destination. Découverte ou aventure, plusieurs formules sont proposées dans leur brochure et sur leur site internet. Au programme : circuits accompagnés, autotours, séjours à la carte, week-ends thématiques à prix très attractifs...

▲ **COMPTOIR DES VOYAGES**
● *comptoirdesvoyages.fr* ● *Lun-sam 9h30-18h30.*
– Paris : 2-18, rue Saint-Victor, 75005. ☎ 01-53-10-30-15. Ⓜ Maubert-Mutualité.
– Bordeaux : 26, cours du Chapeau-Rouge, 33800. ☎ 05-35-54-31-40.

– Lille : 76, rue Nationale, 59160. ☎ 03-28-04-68-20. Ⓜ Rihour.
– Lyon : 10, quai Tilsitt, 69002. ☎ 04-72-44-13-40. Ⓜ Bellecour.
– Marseille : 12, rue Breteuil, 13001. ☎ 04-84-25-21-80. Ⓜ Estrangin.
– Nice : 62, rue Giofreddo, 06000. ☎ 04-97-03-64-80.
– Toulouse : 43, rue Peyrolières, 31000. ☎ 05-62-30-15-00. Ⓜ Esquirol.

En plus de 30 ans, Comptoir des Voyages s'est imposé comme la référence incontournable du voyage sur mesure en immersion, avec plus de 90 destinations sur les 5 continents. Ses conseillers-spécialistes construisent des voyages uniques en s'adaptant à votre budget, vos goûts et vos envies. Pour favoriser les rencontres et l'immersion dans la vie locale, ils privilégient des hébergements typiques et des expériences authentiques. Sur place, des *greeters* francophones partagent avec vous conseils et bonnes adresses le temps d'un café. Et sur votre smartphone, l'application mobile *Luciole* vous informe sur le déroulé de votre voyage et vous guide grâce à un GPS hors connexion. Comptoir des Voyages est membre d'Agir pour un tourisme responsable depuis 2009, labellisation ATR renouvelée par Écocert Environnement en 2019.

▲ NOMADE AVENTURE

☎ 0825-701-702 (0,15 €/mn + prix d'appel). • nomade-aventure.com • Lun-sam 9h30-18h30.
– Paris : 40, rue de la Montagne-Sainte-Geneviève, 75005. ☎ 01-46-33-71-71. Ⓜ Maubert-Mutualité.
– Lyon : 10, quai Tilsitt, 69002. ☎ 04-72-44-13-50.
– Marseille : 12, rue Breteuil, 13001. ☎ 04-84-25-21-86.
– Toulouse : 43, rue Peyrolières, 31000. ☎ 05-62-30-10-77.

Nomade Aventure propose des circuits inédits partout dans le monde, notamment en Suède, à réaliser en famille, entre amis, avec ou sans guide. Également la possibilité d'organiser, hors groupes constitués, un séjour libre en toute autonomie et sur mesure. Spécialiste de l'aventure avec plus de 600 itinéraires (de niveau tranquille, dynamique, sportif ou sportif +) faits d'échanges et de rencontres avec les habitants, Nomade Aventure donne la priorité aux expériences authentiques à pied, à VTT, à cheval, en bateau ou en 4x4.

▲ NORTOURS

• nortours.fr •
– Paris : 5, rue Thorel, 75002. ☎ 01-71-18-30-35. Ⓜ Bonne-Nouvelle. Lun-ven 9h-18h.

Depuis plus de 25 ans, Nortours s'est imposé comme un acteur reconnu sur les destinations du Grand Nord. Du circuit accompagné francophone (avec découverte des sites incontournables de la Suède) au voyage individuel personnalisé, les conseillers-voyage de Nortours répondent à toutes vos attentes grâce à leur connaissance du terrain. Nortours propose une gamme complète de produits : vols, circuits accompagnés, hébergements, locations de voitures, de camping-cars, de chalets, autotours, séjours insolites...

▲ TERRES D'AVENTURE

N° Indigo : ☎ 0825-700-825 (0,15 €/mn + prix d'appel). • terdav.com •
– Paris : 30, rue Saint-Augustin, 75002. ☎ 01-70-82-90-00. Ⓜ Opéra ou Quatre-Septembre. Lun-sam 10h-18h.
– Agences également à Bordeaux, Grenoble, Lille, Lyon, Marseille, Nantes, Rennes, Rouen, Strasbourg et Toulouse.

Depuis 1976, Terres d'Aventure, spécialiste du voyage à pied, propose aux voyageurs passionnés de marche et de rencontres des randonnées hors des sentiers battus à la découverte des grands espaces de notre planète. Voyages à pied, à cheval, en bateau, à raquettes... Sur tous les continents, des aventures en petits groupes ou en individuel encadrées par des professionnels expérimentés sont proposées. Les hébergements dépendent des sites explorés : camps d'altitude, bivouac, refuge ou petits hôtels. Les voyages sont conçus par niveaux de difficulté : de la simple balade en plaine à l'expédition sportive en passant par la course en haute montagne.

En province, certaines de leurs agences sont de véritables *Cités des*

Voyageurs. Consultez le programme des manifestations sur leur site internet.

▲ TERRE VOYAGES

• terre-voyages.com •

– Paris : 28, bd de la Bastille, 75012. Ⓜ Bastille. ☎ 01-44-32-12-81. Lun-ven 8h-18h30, sam 10h-18h.

Les créateurs de séjours de Terre Voyages sont des fins connaisseurs, des experts des pays proposés, car tous natifs ou passionnés de leur destination. Ils sauront écouter vos attentes pour créer une offre de voyages sur mesure qui réponde à vos envies de découverte et vous proposeront une approche authentique des cultures et des peuples dans le respect de leur environnement naturel et au juste prix. Pour tous les voyageurs qui attendent d'une échappée lointaine plus qu'une simple visite mais, au contraire, une véritable connaissance et un apprentissage responsable des différentes cultures de la Suède, Terre Voyages est le spécialiste qu'il leur faut.

▲ VOYAGEURS EN EUROPE DU NORD (Danemark, Finlande, Islande, Norvège, Suède)

• voyageursdumonde.com •

– Paris : La Cité des Voyageurs, 55, rue Sainte-Anne, 75002. ☎ 01-42-86-16-00. Ⓜ Opéra ou Pyramides. Lun-sam 9h30-19h. Aussi une librairie spécialisée dans les voyages.

– Agences à Bordeaux, Grenoble, Lille, Lyon, Marseille, Montpellier, Nantes, Nice, Rennes, Rouen, Strasbourg et Toulouse. Également à Bruxelles, Montréal, Québec, Lausanne, et à Genève.

Parce que chaque voyageur est différent, que chacun a ses rêves et ses idées pour les réaliser, Voyageurs du Monde conçoit, depuis plus de 30 ans, des projets sur mesure. Les séjours proposés sur 120 destinations sont élaborés par leurs 180 conseillers-voyageurs. Spécialistes par pays et même par régions, ils vous aideront à personnaliser les voyages présentés à travers une trentaine de brochures d'un nouveau type et sur le site internet, où vous pourrez également découvrir les hébergements exclusifs et consulter votre espace personnalisé. Au cours de votre séjour, vous bénéficiez des services personnalisés Voyageurs du Monde, dont la possibilité de modifier à tout moment votre voyage, l'assistance d'un concierge local, la mise en place de rencontres et de visites privées et l'accès à votre carnet de voyage via une application iPhone et Android.

Voyageurs du Monde est membre de l'association ATR (Agir pour un tourisme responsable) et a obtenu sa certification « Tourisme responsable AFAQ AFNOR ».

Comment aller à Roissy et à Orly ?

Toutes les infos sur notre site *• routard.com •* à la rubrique suivante : *• routard.com/dossier-pratique-sur-le-voyage/cid136112-aeroports-de-paris.html •*

En Belgique

▲ CONNECTIONS

Rens et résas : ☎ 070-233-313. • connections.be •

Fort d'une expérience de plus de 20 ans dans le domaine du voyage, Connections dispose d'un réseau de 32 *travel shops* dont un à Brussels Airport. Connections propose des vols dans le monde entier à des tarifs avantageux et des voyages destinés à des voyageurs désireux de découvrir la planète de façon autonome. Ils s'appuient sur une gamme complète de produits : vols, hébergements, locations de voitures, autotours, vacances sportives, excursions...

▲ VOYAGEURS DU MONDE

• voyageursdumonde.com •

– Bruxelles : chaussée de Charleroi, 23, 1060. ☎ 02-543-95-50.

Spécialiste du voyage en individuel sur mesure. Voir le texte dans la partie « En France ».

En Suisse

▲ VOYAGEURS DU MONDE

• voyageursdumonde.com •

– Genève : rue de la Rôtisserie, 19, 1204. ☎ 022-519-12-10. Lun-ven 9h30-19h, sam 9h30-18h30.

– Lausanne : rue de Bourg, 6 (2e étage), 1003. ☎ 021-519-10-65. Lun-ven 9h-18h30, sam sur rdv.
Le spécialiste du voyage en individuel sur mesure. Voir le texte dans la partie « En France ».

Au Québec

▲ **TOURS CHANTECLERC**
● *tourschanteclerc.com* ●
Tours Chanteclerc est un tour-opérateur qui publie différentes brochures de voyages : Europe, Amérique du Nord, Amérique du Sud, Asie et Pacifique sud, Afrique et le Bassin méditerranéen, en circuits ou en séjours. Il s'adresse aux voyageurs indépendants qui réservent un billet d'avion, un hébergement (dans toute l'Europe), des excursions ou une location de voiture. Également spécialiste de Paris, le tour-opérateur offre une vaste sélection d'hôtels et d'appartements dans la capitale française.

EN TRAIN

Chemins de fer en Scandinavie

▲ **DBFRANCE**
● *bahn.com/fr* ●
Vente et rens seulement par tél : ☎ 01-70-38-50-98 (lun-ven 9h30-17h). Ts les horaires de trains pour l'Allemagne et l'Europe disponibles sur le site, par tél ou dans les gares.
DBFrance est l'agent des chemins de fer suédois. On vous y fournira des itinéraires et des prix intéressants.

Pour voyager au meilleur prix

SNCF : renseignements et réservations

– ***Internet :*** ● *sncf-connect.com* ●
– ***Téléphone :*** *☎ 36-35 (gratuit + prix d'appel).*
– Également dans les gares, les boutiques SNCF et les agences de voyages agréées.

De France

➢ ***De Paris-Gare du Nord :*** 1-2 départs/j. avec 2 changements à Cologne, Mannheim, Erfurt et/ou Hambourg. Arrivée à Copenhague 14-16h plus tard. Avec le train de nuit – vers 19h, l'option la plus pratique, arrivée à Copenhague vers 17h30 et correspondance pour Stockholm vers 22h. Si vous avez pris un train du matin, nuit à Copenhague obligatoire avant de prendre, le lendemain, ce même train. Un sacré parcours du combattant en somme.

De Belgique

➢ ***De Bruxelles-Midi :*** en Thalys jusqu'à Cologne puis changement vers Hambourg (voir « De Paris »).

De Suisse

➢ ***De Bâle-CFF :*** 1 train direct/j. vers Hambourg en 6h30, correspondance pour Copenhague vers 17h. Puis 1 train direct/j. pour Stockholm vers 22h.

À Stockholm

Central Stationen : *Centralplan 1. Infos : ☎ 771-77-77-77.* ● *skanetrafiken.se* ● *sj.se* ● Très nombreuses liaisons chaque jour avec les grandes villes. Exemples : 1 train ttes les heures (voire 30 mn en journée) pour ***Malmö, Sundsvall*** et ***Göteborg.*** Compter respectivement 4h30, 3h30 et 3h de trajet. Même fréquence pour ***Uppsala*** et 1h de trajet.

Les *pass* internationaux

Avec les ***pass InterRail,*** les résidents européens peuvent voyager dans 33 pays d'Europe, dont la Suède. Plusieurs formules et autant de tarifs, en fonction de la destination et de l'âge.
À noter que le *pass InterRail* n'est pas valable dans votre pays de résidence.

Cependant, l'*InterRail Global Pass* offre une réduction de 50 % de votre point de départ jusqu'au point frontière en France. ● *interrailnet.eu* ●

– Pour les grands voyageurs, l'***InterRail Global Pass*** est valable dans l'ensemble des 33 pays européens concernés : intéressant si vous comptez parcourir plusieurs pays au cours du même périple. Il se présente sous 10 formes au choix :

– ***5 formules flexibles*** utilisables 4, 5 ou 7 j. sur une période de validité de 1 mois *(246-335 € selon formule en version adulte),* ou utilisables 10 ou 15 j. sur une période de validité de 2 mois *(401-493 € selon formule en version adulte)* ;

– ***5 formules « continues » :*** *pass* 15 j., 22 j., 1 mois, 2 mois ou 3 mois *(443-902 € selon formule en version adulte).*

Tous ces prix (2022) ne sont qu'indicatifs. Ces formules existent aussi en version 1re classe, mais ce n'est pas le même prix, bien sûr ! Les voyageurs de plus de 60 ans bénéficient d'une réduction sur le tarif de l'*InterRail Global Pass* en 1re et 2e classes (tarif seniors). Également des tarifs enfants et jeunes.

– Si vous ne parcourez que la Suède, le ***Pass InterRail un Pays*** vous suffira. D'une période de validité de 1 mois et utilisable, selon les formules, 3, 4, 5, 6 ou 8 j. en discontinu : tarif selon pays et formule.

Ces formules se déclinent en version 1re classe.

Pour voyager dans 2 pays, vous pouvez combiner 2 *Pass InterRail un Pays.* Au-delà, il est préférable de prendre l'*Inter Global Pass.*

InterRail offre également la possibilité d'obtenir des réductions ou des avantages à travers toute l'Europe avec ses partenaires (musées, chemins de fer privés, hôtels, etc.).

Sachez tout d'abord que, quelle que soit votre gare de départ, un passage par Copenhague est inévitable. L'occasion d'y faire un stop ?

EN BUS

De nouvelles dessertes sont régulièrement mises en place entre de nombreuses villes de l'Hexagone et en Europe. Afin de vous aider à faire votre choix, il existe des sites de comparaison et de réservation de billets. Certains confrontent même plusieurs modes de transport (train, bus, covoiturage) et permettent d'acheter directement son billet : ● *kombo.co* ● *comparabus.com* ●

À Stockholm

City Terminalen : *Klarabergsviadukten 72.* ☎ *762-59-97.* ● *cityterminalen.com* ● *À côté de la gare ferroviaire centrale.* Desservie par de nombreuses compagnies : *Nettbuss* ● *nettbuss.se* ● ; *Swebus AB/Flixbus* ● *flixbus.se* ● ; *Eckerölinjen* ● *eckerolinjen.se* ● ; etc. Bus pour de nombreuses villes du pays ainsi que pour Copenhague, entre autres.

STOCKHOLM UTILE

ABC de Stockholm

- ***Population :*** 975 000 hab. (agglomération 1,6 million).
- ***Superficie :*** 187 km².
- ***Statut :*** capitale de la Suède.
- ***Maire :*** Anna König Jerlmyr (parti modéré, centre droit), depuis 2018.
- ***Régime national :*** monarchie parlementaire. Carl XVI Gustaf est roi depuis 1973.
- ***Premier ministre :*** Stefan Löfven, à la fin 2020.
- ***PIB/hab. :*** env 47 500 €.
- ***Taux de chômage :*** 6 % (6,7 % au niveau national).
- ***Monnaie :*** la couronne suédoise (Sk).
- ***Langue officielle :*** le suédois.

AVANT LE DÉPART

Adresses et infos utiles

En France

Office suédois du tourisme et des voyages : *• visitsweden.com • Pas d'office de tourisme en France. Infos sur le site.*

Ambassade de Suède : *17, rue Barbet-de-Jouy, 75007 Paris. ☎ 01-44-18-88-00 (lun-ven 9h30 (10h lun)-12h, 14h-17h). • swedenabroad.se • Ⓜ Varenne ou Saint-François-Xavier. Service consulaire ouv lun, mar et ven 10h-12h, mer 14h-16h.*

Institut suédois : *11, rue Payenne, 75003 Paris. ☎ 01-44-78-80-20. • paris.si.se • Ⓜ Saint-Paul. Mer-dim 12h-18h (café ouv mar). Bibliothèque ouv sur rdv.* Cours de suédois, soirées littéraires, projections de films, expos, concerts gratuits, théâtre, ateliers pour enfants, centre de documentation et café suédois. Agréable jardin en été.

En Belgique

Office suédois du tourisme et des voyages : *• visitsweden.com • Infos sur le site.*

En Suisse

Office suédois du tourisme et des voyages : *• visitsweden.com • Infos sur le site.*

Ambassade de Suède : *Bundesgasse 26, Berne 3011. ☎ 031-328-70-00 (lun-ven 9h-12h15, 13h45-16h). • swedenabroad.se • Accueil du public lun-ven 9h30-12h, plus mer 14h-16h (sur rdv).*

Au Canada

Embassy of Sweden : *377 Dalhousie St, Suite 305, Ottawa ON, K1N-9N8. ☎ (613) 244-8200 ; lun-jeu 9h-12h, 13h-16h (15h ven). • swedenabroad.se • Accueil du public lun-ven 9h-12h.*

Formalités

– ***Pour les Français, les Suisses et les Belges :*** carte d'identité ou passeport en cours de validité (pas besoin de visa pour un séjour de moins de 3 mois).

Les ***mineurs*** doivent être munis de leur propre pièce d'identité (carte d'identité ou passeport). Pour l'autorisation de sortie du territoire lorsque les enfants ne sont pas accompagnés par un de leurs parents, chaque pays a mis en place sa propre régulation. Ainsi, pour ***les mineurs français,*** une loi entrée en vigueur en janvier 2017 a ***rétabli l'autorisation de sortie du territoire.*** Pour voyager à l'étranger, ils doivent être munis d'une pièce d'identité (carte d'identité ou passeport), d'un formulaire signé par l'un des parents titulaires de l'autorité parentale et de la photocopie de la pièce d'identité du parent signataire. Renseignements auprès des services de votre commune et sur • *service-public.fr* •

– ***Pour les Canadiens :*** passeport en cours de validité (pas besoin de visa pour un séjour de moins de 3 mois).

– Restrictions douanières à l'entrée et à la sortie du pays en ce qui concerne le tabac et les alcools.

> Avant de partir, pensez à scanner passeport, visa, carte de paiement, billet d'avion et *vouchers* d'hôtel. Ensuite, adressez-les-vous par e-mail, en pièces jointes. En cas de perte ou de vol, rien de plus facile pour les récupérer. Les démarches administratives en seront bien plus rapides. Merci tonton Routard !

Assurances voyage

■ ***Routard Assurance par AVI International :*** *Le Colisée Gardens, 10, av. de l'Arche, CS 70126, 92419 Courbevoie Cedex.* ☎ *01-44-63-51-00.* • *routard@avi-international.com* • *avi-international.com* • Ⓜ *La Défense.* Enrichie au fil des années par les retours des lecteurs, *Routard Assurance* reste l'assurance voyage référence des globe-trotters. Tout y est inclus, même la **Covid** : frais médicaux, assistance rapatriement, bagages, responsabilité civile... Avant votre départ, contactez *AVI* pour un conseil personnalisé. À la recherche d'une attestation Covid ? Vous la recevrez automatiquement après chaque souscription. Besoin d'un avis médical, d'une prise en charge dans un hôpital ? Le plateau d'Assistance *AVI* dispose d'un vaste réseau médical à travers le monde disponible 24h/24 pour une réponse en temps réel. De simples frais de santé en voyage ? Téléchargez vos factures depuis *l'espace assuré AVI,* ils vous remboursent sous une semaine.

■ ***AVA Assurance Voyages et Assistance :*** *25, rue de Maubeuge, 75009 Paris.* ☎ *01-53-20-44-20.* • *ava.fr* • Ⓜ *Cadet.* Un autre courtier fiable pour ceux qui souhaitent s'assurer en cas de décès-invalidité-accident lors d'un voyage à l'étranger, mais surtout pour bénéficier d'une assistance rapatriement, perte de bagages et annulation. Attention, franchises pour ses contrats d'assurance voyage.

■ ***Pixel Assur :*** *18, rue des Plantes, BP 35, 78600 Maisons-Laffitte.* ☎ *01-39-62-28-63.* • *pixel-assur.com* • *RER A : Maisons-Laffitte.* Assurance de matériel photo et vidéo tous risques dans le monde entier. Devis basé sur le prix d'achat de votre matériel. Avantage : garantie à l'année.

Carte internationale d'étudiant (carte ISIC)

Elle prouve le statut d'étudiant dans le monde entier et permet de bénéficier d'avantages, services et réductions dans les domaines du transport, de l'hébergement, de la culture, des loisirs, du shopping...

La carte ISIC permet aussi d'accéder à des avantages exclusifs (billets d'avion spécial étudiants, hôtels et auberges de jeunesse, assurances, cartes SIM internationales, location de voitures...).

Renseignements et inscriptions

- ***En France :*** • *isic.fr* • *13 € pour 1 année scolaire.*
- ***En Belgique :*** • *isic.be* •
- ***En Suisse :*** • *isic.ch* •
- ***Au Canada :*** • *isiccanada.ca* •

Carte d'adhésion internationale aux auberges de jeunesse (carte FUAJ)

Cette carte vous ouvre les portes des 4 000 auberges de jeunesse du réseau *HI-Hostelling International* en France et dans le monde. Vous pouvez ainsi loger dans plus de 80 pays à des prix avantageux et bénéficier de tarifs préférentiels avec les partenaires des auberges de jeunesse *HI.* Enfin, vous intégrez une communauté mondiale de voyageurs partageant les mêmes valeurs : plaisir de la rencontre, respect des différences et échange dans un esprit convivial. Il n'y a pas de limite d'âge pour séjourner en auberge de jeunesse. Il faut simplement être adhérent.

Renseignements et inscriptions

- ***En France :*** • *hifrance.org* •
- ***En Belgique :*** • *lesaubergesdejeunesse.be* •
- ***En Suisse :*** • *youthhostel.ch* •
- ***Au Canada :*** • *hihostels.ca* •

Si vous prévoyez un séjour itinérant, vous pouvez réserver plusieurs auberges en une seule fois en France et dans le monde : • *hihostels.com* •

BANQUES, CHANGE

Banques et bureaux de change

Les conversions de la livre suédoise dans ce guide se basent sur un rapport approximatif de 1 Sk = 0,095 € (oscillant en réalité entre 0,09 et 0,1). En gros, divisez par 10 un prix en Sk pour connaître son équivalent en €.

- ***Les banques*** sont ouvertes en général en semaine de 10h à 16h ou 17h. Attention : les banques suédoises ne prennent pas les chèques de voyage.
- ***Les bureaux de change :*** si vous trouvez un bureau ***X-Change,*** c'est là que l'on propose souvent le meilleur taux. Mais la compagnie ***Forex*** (façades jaunes) est la mieux représentée. Ses officines sont ouvertes au moins 6 jours sur 7, généralement de 10h à 18h (14h le samedi). Celles qui sont situées dans les gares ont des horaires bien plus larges et ouvrent aussi le dimanche. Les 2 compagnies prennent une commission d'environ 50 Sk par opération, quel que soit le montant. Elles permettent aussi de changer avec une carte de paiement (taux meilleur mais commission élevée de votre banque à prévoir). *Forex* représente également *Western Union* (transfert urgent d'argent liquide).

Besoin urgent d'argent liquide

Vous pouvez être dépanné en quelques minutes grâce au système ***Western Union Money Transfer*** présent dans les supérettes *7 Eleven* et les bureaux de change *Forex*. L'argent vous est transféré en moins de 1h. La commission, assez élevée, est payée par l'expéditeur. Il est aussi possible d'effectuer un transfert auprès d'un des bureaux *Western Union* ou, plus rapide, en ligne, 24h/24 par carte de paiement (*Visa* ou *MasterCard*). Même principe avec d'autres organismes de transfert d'argent liquide comme ***MoneyGram, PayTop*** ou ***Azimo.*** Transfert en ligne sécurisé, en moins de 1h.
Dans tous les cas, se munir d'une pièce d'identité. Toutefois, en cas de perte/vol de papiers, certains organismes permettent de convenir d'une question/réponse type pour récupérer votre argent. Chacun de ces organismes possède également des applications disponibles sur téléphone portable. Consulter les sites internet pour connaître les pays concernés, les conditions tarifaires (frais, commission) et trouver le correspondant local le plus proche : • *westernunion.com* • *moneygram.fr* • *paytop.com* • *azimo.com/fr* •

Oubliez les espèces !

En Suède, ***la plupart des paiements se font par carte bancaire*** (voire par téléphone désormais) et non plus en espèces. Il est en fait possible de se passer totalement de cash pendant toute la durée du séjour ! D'ailleurs, ***de nombreux hôtels, restaurants, bars, magasins et musées refusent tout bonnement les paiements en liquide*** ; lorsque c'est le cas, nous le précisons dans le texte.
Mais il est toujours rassurant d'avoir quelques billets sous la main, à retirer aux distributeurs de billets, et ce dès l'arrivée à l'aéroport.

Cartes de paiement

> Petite mesure de précaution : si vous retirez de l'argent dans un distributeur, utilisez de préférence les distributeurs attenants à une agence bancaire. En cas de pépin avec votre carte (carte avalée, erreurs de code secret...), vous aurez un interlocuteur dans l'agence, pendant les heures ouvrables.

Quand vous partez à l'étranger, pensez à relever le plafond de retrait aux distributeurs et pour les paiements par carte, quitte à le faire rebaisser à votre retour.
Notez bien le numéro d'opposition propre à votre banque (il figure souvent au dos des tickets de retrait, sur votre contrat, ou à côté des distributeurs de billets), ainsi que le numéro à 16 chiffres de votre carte. Bien entendu, conservez ces informations en lieu sûr et séparément de votre carte.
Par ailleurs, l'assistance médicale se limite aux 90 premiers jours du voyage et l'assistance véhicule aux cartes haut de gamme (renseignez-vous auprès de votre banque). Et surtout, n'oubliez pas de VÉRIFIER LA DATE D'EXPIRATION DE VOTRE CARTE DE PAIEMENT avant votre départ !
En cas de perte, de vol ou de fraude, quelle que soit la carte que vous possédez, chaque banque gère elle-même le processus d'opposition et le numéro de téléphone correspondant. Cependant, le plus simple est de faire opposition en ligne via le site de votre agence bancaire ou leur application mobile, ou en les appelant directement. Sinon, voici les numéros des centres d'assistance des différentes cartes.

- ***Carte Visa :*** *n° d'urgence : ☎ (00-33) 020-160-42-93.* • *visa.fr* •
- ***Carte MasterCard :*** *n° d'urgence : ☎ (00-33) 020-791-324.* • *mastercard.fr* •
- ***Carte American Express :*** *☎ (00-33) 1-47-77-72-00.* • *americanexpress.com* •
- Sinon, il existe un ***serveur interbancaire*** d'opposition : *depuis la France, ☎ 0892-705-705 (service 0,35 €/mn + prix d'appel) ; depuis l'étranger, ☎ (00-33) 442-605-303.*

BUDGET

Si on se serre un peu la ceinture, la Suède n'est pas un pays si cher. Mais, si ***le coût de la vie y est à peine plus élevé que chez nous,*** certaines choses restent bien plus onéreuses, comme l'alcool et les hôtels. En revanche, la nourriture (tant au supermarché qu'au restaurant), les musées et les transports s'avèrent moins dispendieux qu'on ne l'aurait imaginé de prime abord... Voici quelques exemples de prix de produits et services :
– Une bière dans un resto ou un pub : 60-100 Sk (5,70-9,50 €, parfois bien plus !) selon la marque.
– Un verre de vin au restaurant : inabordable ! Entre 70 et 140 Sk (6,70 et 13,30 €).
– Une bouteille d'eau : environ 10 Sk (environ 1 €).
– Un ticket de bus ou de métro : entre 30 et 45 Sk (environ 2,90 et 4,30 €).
Pour vous aider à élaborer votre budget, voici les échelles de prix que l'on retrouve dans nos rubriques. Les conversions en euros sont arrondies.

Hébergement

Le petit déj est souvent compris dans les hôtels, presque jamais dans les AJ. Pour ces dernières, les draps ne sont pas toujours inclus dans le prix non plus, prévoir un petit supplément parce qu'ils sont obligatoires.
– ***Bon marché :*** moins de 500 Sk (environ 48 €) par personne pour 1 nuit en dortoir (la *single* revient évidemment plus cher) dans une AJ (hors draps, serviettes et petit déj) ou un forfait emplacement, tente et voiture dans un camping. Ces derniers sont également équipés de *stugor* (petits chalets de bois), mais ils affichent des prix moyens à chic ; voir plus loin « Hébergement. Campings ».
– ***Prix moyens :*** 500-1 000 Sk (48-95 €). On retrouve dans cette rubrique les *stugor* des campings, les chambres chez l'habitant, les chambres doubles en formule *B & B* dans les AJ et certains petits hôtels dans les villes moyennes.
– ***Chic :*** 1 000-1 500 Sk (95-143 €).
– ***Très chic :*** plus de 1 500 Sk (143 €). Ce sont les hôtels de luxe pratiquant le week-end et l'été des tarifs bien plus bas que ceux proposés en semaine et l'hiver.

Restos

En Suède, le montant de l'addition ne dépend pas seulement du prestige du restaurant : il varie en fonction du moment de la journée. Entre 11h et 14h en semaine, la plupart d'entre eux, même les plus exceptionnels, proposent des formules vraiment bon marché *(dagens lunch),* incluant buffet d'entrées, plat du jour, eau, café et parfois des biscuits ou sucreries pour le dessert. C'est le moment d'en profiter ! Le soir, un simple plat à la carte revient parfois 2 à 3 fois plus cher que le menu du midi. Pour faire de vraies économies, si vous ne disposez pas d'un accès à une cuisine commune en AJ, on vous conseille donc de prendre un bon petit déj ou d'attendre 11h pour profiter du *dagens lunch,* puis de fréquenter les restos sur le pouce le soir (pizzerias, kebabs, burgers, asiatiques, etc.) ou les brasseries et self-services. Voici nos ***fourchettes de prix pour un plat principal*** :
– ***Très bon marché :*** moins de 100 Sk (9,50 €). Ce sont souvent des cantines qui débitent des sandwichs, salades, *bowls* et autres plats simples que l'on pourra emporter avec soi. Vous pouvez aussi vous contenter, comme nombre de Suédois, d'une tranche de hareng fumé *(rökt strömming)* prise sur le coin d'un kiosque !
– ***Bon marché :*** 100-200 Sk (9,50-19 €). Il s'agit le plus souvent des *dagens lunch,* qu'on peut traduire par « menu du jour », proposés le midi en semaine. Le meilleur plan, ce sont les buffets du midi, parfois proposés à des prix dérisoires. Sinon, il reste les pizzerias et les kebabs qui proposent des formules peu onéreuses, même le soir. Rien de bien glamour, on vous l'accorde. Ou certains pubs et leur *fish & chips* à base de poisson local.

– ***Prix moyens :*** 200-300 Sk (19-28,50 €) le plat. Durant votre séjour, offrez-vous quelques vraies spécialités, suivant la saison. Un simple toast de crevettes fraîches, copieusement servi au marché, accompagné d'une bière locale, vous coûtera ce prix-là, mais vous y prendrez du plaisir.
– ***Chic :*** plus de 300 Sk (28,50 €) le plat. Le top des repas évidemment. Les menus de ces tables sont également onéreux.

Sites et musées

Les musées publics sont gratuits. Payants, compter minimum 50-100 Sk (4,80-9,50 €) et jusqu'à 250 Sk (environ 24 €), pour les plus connus ou les sites plus exceptionnels. Heureusement, certains sont gratuits jusqu'à 6 ou 7 ans, voire 18 ans (même carrément 19 ou 21 ans !) et d'autres le sont un jour de la semaine ou à partir d'une certaine heure (souvent lors des nocturnes). Parfois également, l'entrée est moins chère en semaine ou hors saison. En revanche, les sites comprenant une visite guidée sont souvent hors de prix.
Si vous comptez enchaîner plusieurs visites, voici 2 options de cartes de réduction :
– Le ***Stockholm Pass*** (*• gocity.com/stockholm/fr-us •*) permet l'entrée gratuite dans plus de 60 musées et attractions (dont, entre autres, le Vasa Museum, le palais royal, le palais de Drottningholm ou le musée de la Photographie), ainsi que l'utilisation des bus touristiques *hop-on/hop-off* et des bateaux d'excursion vers les îles. Il est vendu pour 1, 2, 3 ou 5 jours entre 719 et 1 619 Sk (70-157 €). Prix 2020. Réduc enfants 6-15 ans et si l'on achète sa carte en ligne. Dans tous les cas, un livret explicatif est fourni à l'achat. L'option *Travelcard* est proposée, mais en réalité cette carte de transport peut s'acheter au même prix dans n'importe quel bureau de presse.
– La ***iVenture Card*** (*• iventurecard.com •*) inclut la gratuité dans une liste de 20 musées et attractions, ainsi que des visites guidées thématiques et des tours en bus panoramique ou en bateau. Proposée pour 1, 2, 3, 5 ou 7 jours, elle coûte de 570 à 1 800 Sk (55-174 €). Tarifs 2020. Réduc 4-15 ans. Là encore, une brochure détaillée est donnée à l'achat.

CLIMAT

Stockholm, malgré sa latitude, jouit d'un climat plutôt tempéré.
Il n'est pas rare que les ***journées d'été*** soient magnifiques et douces. La température moyenne de l'air en été est de 19-22 °C (de jour) et 11-13 °C (nuit).
L'été, les journées sont très longues. Le 1er juillet, il fait jour durant près de 18h !
Les ciels de Stockholm étant à peu près aussi lunatiques que leurs homologues bretons, prenez avec vous un bon coupe-vent, bien étanche, tout comme vos chaussures, quelques vêtements chauds et un sac à dos imperméable pour protéger votre guide favori. Si vous partez avec des enfants, munissez-vous d'une protection efficace contre la pluie (notamment pour les poussettes).
Vous serez étonné de voir les écoliers jouer dehors par n'importe quel temps. Les parents sont très fiers de pouvoir montrer la résistance de leurs bambins, habitués à s'amuser, courir, se promener, qu'il pleuve, qu'il vente ou qu'il neige !
Même hors saison (printemps et automne), un séjour à Stockholm ne manque pas de charme. Les mois de ***mai*** et de ***septembre*** sont très agréables. À partir de la mi-août, l'été laisse déjà doucement place à l'automne. Les couleurs sont alors époustouflantes en ville comme dans tout l'archipel de Stockholm.
Quant à l'***hiver...*** eh bien... on se couvre et on claque des dents ! La neige tombe moins qu'autrefois, mais le froid sévit : de novembre à février, les températures sont souvent au-dessous de zéro et les journées ne durent que 6 à 8h.

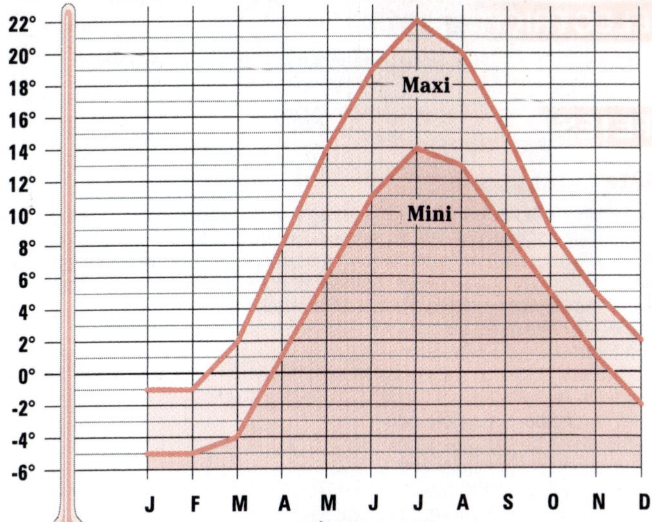

SUÈDE (Stockholm) :
moyenne des températures atmosphériques

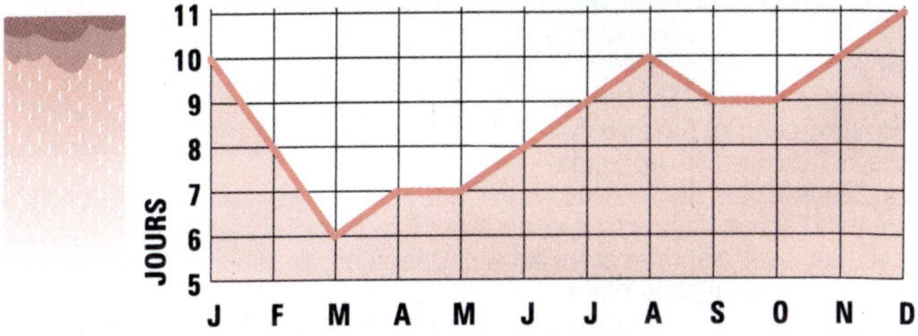

SUÈDE (Stockholm) : nombre de jours de pluie

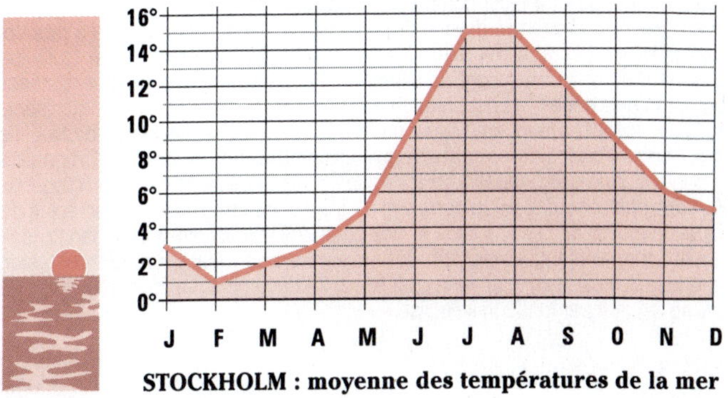

STOCKHOLM : moyenne des températures de la mer

ÉLECTRICITÉ

Voltage standard à 220 V. Prises de courant aux normes européennes.

FÊTES ET JOURS FÉRIÉS

Fêtes nationales

– ***La veille de la Walpurgis :*** le 30 avril au soir. Sans aucun doute la plus païenne des fêtes suédoises, qui date du temps où les Vikings se réunissaient autour d'un feu de joie pour célébrer le printemps. Leurs descendants se rassemblent toujours autour de grands brasiers pour chanter... et boire ! Une tradition particulièrement vivace auprès des étudiants (surtout à Stockholm).

– ***Le 6 juin :*** fête nationale ; ce jour n'est férié que depuis 2005.

– ***La Saint-Jean ou Midsommarafton :*** elle tombe un samedi fin juin, mais les festivités ont lieu la veille, le vendredi donc. Pour célébrer le début de l'été, les Stockholmois partent généralement à la campagne, en famille. Mais une bonne partie reste en ville, et c'est au Skansen que la fête bat son plein. Immanquable si vous êtes dans la capitale à cette date. Décoration des maisons et des voitures. Attention, les Suédois arrêtent de travailler le jeudi à 13h, tout est alors fermé pendant 3 jours consécutifs, dont la majorité des restos.

> **LA NUIT LA PLUS COURTE**
>
> *Dans chaque village, on dresse à la Saint-Jean un mât décoré de verdure et de fleurs autour duquel danses et jeux sont organisés. On partage ensuite un repas traditionnellement composé de différentes variétés de harengs, accompagnés de patates à l'aneth et d'un genre de fromage blanc à la ciboulette. Pour le dessert, fraises et glaces. Le tout est, naturellement, bien arrosé. Et après, on danse toute la nuit (celle-ci étant très claire, voire absente).*

– ***La Sainte-Lucie :*** le 13 décembre. Cette fête marquait autrefois la nuit la plus longue de l'année. Aujourd'hui, cette date est toujours l'occasion de se réunir dans les écoles, les entreprises et les églises. Une jeune fille est choisie, on l'habille de blanc et, accompagnée d'une suite de demoiselles d'honneur, Lucie distribue du café et des petits pains pendant que l'assemblée entonne des refrains traditionnels. Belle atmosphère, qui inspira certains auteurs de polars.

– ***Noël :*** la période de Noël commence traditionnellement dès le 1er dimanche de l'Avent (même si elle tend à devenir de plus en plus précoce, comme dans beaucoup d'autres pays). Les fenêtres des maisons s'illuminent, décorées d'une étoile lumineuse et d'un chandelier dont on allume une nouvelle branche chaque dimanche. Tout le mois de décembre est prétexte à des festivités : les entreprises organisent un repas de Noël pour leurs employés, on fête la Sainte-Lucie, les bières de Noël fleurissent un peu partout (elles sont un peu plus sombres que les bières traditionnelles), on confectionne des *pepparkakor* (des sablés très fins aux épices et au gingembre) que l'on engloutit autour d'un bon verre de *glögg,* une sorte de vin chaud épicé dans lequel on ajoute des raisins secs et des amandes (les épiceries des magasins *Ikea* vendent normalement ces produits dès novembre, pour ceux qui voudraient tester...). La remise des cadeaux et le festin ont lieu le 24 décembre. Le 25 au matin, les Suédois se rendent par tradition à l'église.

Jours fériés

– Le 1er janvier.
– Le 6 janvier : l'Épiphanie.
– Le Vendredi saint et le lundi de Pâques.
– Le 1er mai.

- L'Ascension, 6e jeudi après Pâques.
- La Pentecôte, 7e dimanche après Pâques.
- Le 6 juin : fête nationale.
- Les derniers vendredi et samedi de juin (Saint-Jean).
- Le 1er novembre : la Toussaint.
- Les 24, 25 et 26 décembre.
- Le 31 décembre.

Festivals

Plein de bons tuyaux et le calendrier exact des manifestations sur le site de l'office de tourisme • *visitstockholm.com* • Et, pour une actualité culturelle encore plus pointue, le très intéressant • *totallystockholm.se* •

- ***Parkteatern :*** *juin-août.* Un festival gratuit en plein air (parcs, rues...) : théâtre, cirque, danse, musique, etc. On s'assoit au milieu de la foule, on mange son pique-nique et on profite du spectacle ! • *kulturhusetstadsteatern.se* •
- ***Stockholm Pride :*** *3 j. fin juil-début août.* C'est la plus grande Pride de Scandinavie. Elle célèbre la communauté LGBTQ+ dans une ambiance électrique autour de concerts, conférences et soirées.
- ***Kultur Festival :*** *5 j. mi-août.* Rues et parcs s'animent d'événements culturels gratuits : concerts, DJs, théâtre de rue, conférences, brocante, ateliers et animations pour enfants, etc. • *kulturfestivalen.stockholm.se* •
- ***Stockholm Jazz Festival :*** *10 j. mi-oct.* Un super festival de jazz international. Concerts payants sur les différentes scènes musicales de Norrmalm : Konserthuset, Kulturhuset, club *Fasching...* • *stockholmjazz.se* •
- ***Stockholm Film Festival :*** *12 j. mi-nov.* Un festival de cinéma international, avec de nombreuses projections dans les salles partenaires de la ville. Également conférences, rencontres et animations diverses. • *stockholmfilmfestival.se/en* •
- ***Stockholm International Horse Show :*** *4 j. mi-fév.* L'événement que tous les amateurs d'art équestre de Stockholm attendent avec impatience chaque année. Diverses compétitions, mêlant avec brio technique et élégance à la *Friends Arena.* • *horseshow.se* •

HÉBERGEMENT

L'*Allemansträtt*

Il existe en Suède une coutume ancestrale : c'est l'***allemansrätt,*** qui signifie littéralement le « droit de chacun ». Dans la pratique, cette tradition permet de planter sa tente un peu partout, de faire de la voile ou de se baigner, de ramasser des baies ou des champignons, de puiser de l'eau dans n'importe quels puits, source ou lac, et de faire un feu de camp la nuit. Cela dit, vous ne pouvez rester plus de 3 jours au même endroit, ni vous installer à portée de vue ou d'oreilles d'une habitation. Il est aussi toujours bon de demander au propriétaire d'un champ, s'il se trouve à proximité, la permission de camper... Et puis les pancartes « Camping interdit » commencent à fleurir, surtout sur la côte ouest, tandis que les pancartes « Nature camping » signalent qu'il faudra payer un droit au propriétaire du champ.

Le camping

Stockholm compte, dans ses environs, plusieurs terrains de camping plus ou moins bien équipés. La liste complète se trouve dans le ***Guide du camping suédois,*** disponible sur place à l'office de tourisme, ou encore sur le site • *camping.se* • Attention : la carte de camping internationale n'est pas acceptée. Il faut acheter la carte ***Camping Key Europe*** en vente dans tous les campings ou sur

Internet (environ 200 Sk) : • camping.se • Cette dernière offre également une assurance, des réductions, et peut être utilisée dans les autres pays européens pendant 1 an.
- ***Recharges de gaz :*** en vente dans les magasins *Intersport.*

Les auberges de jeunesse

Stockholm compte de bien belles AJ. Ici, on les appelle *vandrarhem* (retenez bien ce nom) : 5 d'entre elles sont gérées par la *STF (Svenska Turistföreningen ;* • swedishtouristassociation.com •*)*. Elles constituent en quelque sorte les ***auberges « officielles ».***
Particularité de ces AJ : elles ont à la fois des dortoirs (de 2 à 16 lits) dans la partie *hostel* (AJ) et des chambres d'hôtel souvent aussi confortables que dans des 3-étoiles (mais à des prix plus abordables). ***C'est un mode d'hébergement beaucoup plus répandu que chez nous, qui s'adresse vraiment à tout le monde, sans limite d'âge.*** On y croise des familles, des groupes d'amis et même parfois des hommes d'affaires !
Dans ces AJ, la carte de membre (*Hostelling International,* par exemple) n'est pas exigée, mais si vous ne l'avez pas, vous devrez vous acquitter d'un supplément d'environ 50 Sk par nuit et par personne (25 Sk pour les 4-15 ans). On peut se procurer cette carte en France, en Belgique ou en Suisse, mais aussi sur place, dans n'importe quel *STF Vandrarhem,* où elle revient à 30 Sk pour les enfants de 5 à 15 ans, 150 Sk pour les jeunes de 16 à 25 ans et 295 Sk pour les 26 ans et plus. Il existe aussi une carte famille vendue à 450 Sk et comprenant 2 adultes et leurs enfants, quel que soit leur nombre.
Par ailleurs, Stockholm compte aussi de nombreuses ***auberges privées,*** parfois un poil plus chères que les établissements *STF,* mais qui ne demandent aucune carte de membre et qui ont souvent l'avantage de bénéficier d'une localisation plus centrale.
Qu'elles soient publiques ou privées, les AJ disposent presque toujours d'un salon commun, d'une cuisine équipée, d'une laverie, d'une salle à manger ou d'une cafétéria, de casiers individuels et bien sûr de sanitaires, généralement partagés, sauf pour les doubles les plus chères, presque toujours dotées de salles de bains privées. Dire que la propreté y est toute suédoise relève évidemment du pléonasme.
Cela dit, attention à tous les petits suppléments qui alourdissent la note ! Par exemple, il est nécessaire de voyager avec ses propres draps et serviettes, faute de quoi vous devrez en louer (compter environ 60-90 Sk). D'autre part, si vous ne faites pas le ménage dans la chambre en partant, il risque de vous être facturé... Et si vous êtes en voiture, le parking n'est pas toujours gratuit.
Enfin, le ***petit déj*** (en moyenne 70-120 Sk) est quasiment toujours en supplément. Vous pouvez économiser en utilisant la cuisine de l'AJ, mais jetez un œil au buffet, ça vaut parfois le coup (et le coût) de s'empiffrer pour pas cher afin de tenir jusqu'au soir...
- ***Période d'ouverture :*** si certaines auberges de Suède n'ouvrent que de mai à septembre, celles de Stockholm sont en revanche ouvertes toute l'année.
- ***Réservation : prévoyez votre séjour longtemps à l'avance !*** D'une part, ça permet d'assurer votre place aux tarifs les plus bas possibles et, d'autre part, si vous devez arriver après 22h par exemple, on s'arrangera pour vous laisser les clés quelque part.
- ***Les tarifs des nuitées en AJ :*** comptez de 130 à 450 Sk (13-44 €) par nuit et par personne pour les membres. Ces prix varient selon la saison, le nombre de lits dans le dortoir... Une chambre simple (1 personne) coûte environ 400-650 Sk (39-62 €). Une chambre double (pour 2 personnes) entre 500 et 1 600 Sk (48-155 €) selon le confort et la saison.
- Vous trouverez la liste de toutes les auberges *STF,* avec toutes les infos pratiques qui peuvent vous intéresser (notamment, très utile, un petit plan

d'accès pour chaque établissement), à l'office de tourisme, sur le site internet ● *swedishtouristassociation.com* ● ou encore dans certaines auberges.

Hôtels

Chers en général, mais toujours d'un bon niveau de confort. Quitte à s'offrir un rêve d'hôtel, autant piocher une adresse dans la catégorie charme et design, si votre budget le permet. En réservant bien à l'avance, on peut obtenir d'intéressants tarifs promotionnels. Les hôtels sont surtout fréquentés par les hommes et femmes d'affaires, pendant la semaine et en dehors des vacances scolaires. ***C'est donc paradoxalement le week-end et l'été que les tarifs sont les moins élevés*** : entre 30 et 50 % moins chers que le reste du temps. Compter alors, avec un peu de chance, entre 800 et 1 500 Sk, petit déj compris ou non.

Logement chez l'habitant

Les prix sont un peu plus élevés que dans une AJ (et encore, pas toujours), mais bien moins que dans les hôtels. Un bon moyen d'aller à la rencontre du mode de vie suédois, pour un prix raisonnable.
Compter grosso modo entre 700 et 1 500 Sk pour 2 personnes.

Location de studios et d'appartements meublés

Une formule particulièrement intéressante pour les familles ou les groupes d'amis. Seul ou en couple, vous trouverez votre bonheur parmi les studios, mais c'est réellement à partir de 4 personnes que l'on peut louer de beaux apparts à des prix attractifs. Location à la journée, à la semaine ou au mois.

■ ***VRBO :*** ● *vrbo.com* ● Les critères de recherche sont nombreux et permettent une recherche ciblée, mais le choix est beaucoup plus restreint (notamment pour les petits budgets).

LANGUE

L'anglais est couramment parlé partout, sauf rares exceptions. Ne soyez pas non plus surpris de rencontrer quelques Suédois, amusés de vous voir chercher une information dans votre guide, vous renseigner dans un français parfait. Très classe ! Il est vrai qu'ils étudient le français en 3e langue au lycée.

LANGUE FRANÇAISE À LA SAUCE SUÉDOISE

La quantité de mots directement dérivés du français dans le suédois courant est étonnante ! Votre chaufför *vous laisse à l'*entré *du* restaurang. *Manteau déposé à la* garderob, *les dames se repoudrent aux* toalett *et les messieurs se soulagent au* pissoar. *Suit le choix des plats :* meny *ou* á la carte *(avec un drôle d'accent !) ? Le* filé à l'affish *se taille un* succé *fou. Puis on fait un* billjard *avec des amis. Ou bien on prend des* biljetts *d'opéra (1er* balkong*). Sans oublier de passer au* salong *de coiffure. Quel* evenemang *!*

Prononciation : quelques éléments

ö se prononce « eu »	*Malmö* (Malmeu)
ä se prononce « è »	*Tändstift* (Tèndstift)
å se prononce « o »	*Två* (Tvo)

k se prononce « ch » devant *e*, *i*, *y*, *ä*, *ö*
g se prononce « yeu » devant *e*, *i*, *y*, *ä*, *ö*
y se prononce « u »
o se prononce « o » ou « ou »

Mots usuels et politesse

Oui	*Ja*
Non	*Nej*
Excusez-moi	*Ursäkta mig (uchekta mey)*
Pardon	*Förlåt*
S'il vous plaît	*Var så god, snälla*
Merci	*Tack*
Bonjour	*God morgon* (avant midi), *god dag* ou *hej* (plus courant)
Bonsoir	*God afton*
Au revoir	*Hej då*
Aujourd'hui	*I dag*
Hier	*I går*
Demain	*I morgon*
Après-demain	*I övermorgon*

Expressions courantes

D'où venez-vous ?	*Var kommer du från ?*
Je suis français(e), belge, suisse	*Jag är fransman (M)/fransyska (F), belgare (M)/belgiska (F), schweizare*
Parlez-vous le français ?	*Pratar du franska ?*
Je ne comprends pas	*Jag förstår inte*
Je ne sais pas	*Jag vet inte*
Comment t'appelles-tu ?	*Vad heter du ?*
Comment dit-on ?	*Hur säger man ?*
Où ?	*Var ?*
Combien ?	*Hur mycket ?/hur många ?*
Quand ?	*När ?*
À droite	*Till höger*
À gauche	*Till vänster*
Attention !	*Se upp !*
Connaissez-vous ?	*Känner ni till ?*
Quelle heure est-il ?	*Vad är klockan ?*
Avec/sans	*Med/utan*
Plus/moins	*Mer/mindre*

Vie pratique

Ville	*Stad*
Rue	*Gata*
Pont	*Bro*
Maison	*Hus*
Tramway	*Spårvagn*
Poste	*Postkontor*
Lettre, enveloppe	*Brev, kuvert*
Timbre	*Frimärke*
Lac	*Sjö*
Hôtel de ville	*Rådhus*

Ouvert/fermé	*Öppet/stängt*
Centre	*Centrum*
Office de tourisme	*Turistbyrå*
Plan	*Karta*
Banque	*Bank*
Police	*Polis*
Téléphoner	*Ringa*
Entrée/sortie	*Ingång/utgång*
Toilettes	*Toa(lett)*
Hôpital	*Sjukhus*
Pharmacie	*Apotek*
Médecin	*Läkare*

Transports

Train	*Tåg*
Train rapide	*Snälltåg*
Gare des bus	*Busstation*
Billet, ticket	*Biljett*
À quelle heure y a-t-il un bus pour... ?	*När åker bussen till... ?*
Gare	*Järnvägstation*
Aller-retour	*Tur och retur*
Bagages	*Väskor* (ou *resgods* sur les panneaux des aéroports)
Arrivée	*Ankomst*
Départ	*Avgång*
Douane	*Tull*
Quai	*Perrong*
Ferry	*Färja*
Navire	*Fartyg*
Aéroport	*Flygplats* ou *flyghamn*
Voiture	*Bil*
Aller en voiture	*Bila, åka bil*
Faire du stop	*Lifta*
Frein	*Bromspedal*
Accélérateur	*Gaspedal*
Bougie	*Tändstift*
Accident	*Bilolycka*
Crevaison	*Punktering*
Huile	*Olja*
Garage	*Bilverkstad*
Pneu	*Bildäck*
Être en panne	*Få stopp, stanna*
Cassé	*Sönder*
Moteur	*Motor*
Est-ce la route de... ?	*Är detta vägen till... ?*
Station-service	*Bensinstation*
Est/ouest	*Östra/västra*

Argent

Change	*Växel kontor*
Argent	*Pengar/kontanter*
Billet, monnaie	*Sedel, (små)mynt/växel*
Payer	*Betala*
Prix	*Pris*

Cher/bon marché	*Dyr/billig*
Une réduction	*Prisnedsänkning*
Prenez-vous la carte *Visa* ?	*Får jag betala med* Visa *?*
Addition	*Nota*

À l'hôtel

Hôtel	*Hotell*
Camping	*Camping (plats)*
Tente	*Tält*
Chalet	*Stuga*
AJ	*Vandrarhem*
Chambre avec	*Rum med*
Sur la rue	*Mot gatan*
Sur la cour	*Mot gårdsplan*
Lit	*Säng*
Sac de couchage	*Sovsäck*
Petit déjeuner	*Frukost*
Bain	*Bad*

Au restaurant

Restaurant	*Restaurang*
Manger	*Äta*
Petit déjeuner	*Frukost*
Déjeuner	*Lunch*
Dîner	*Middag*
Entrée, plat principal, dessert	*Förrätt, huvudrätt, efterrätt*
Pourboire	*Drickspengar*
Boire	*Dricka*
Plat du jour	*Dagens rätt*
Eau	*Vatten*
Eau gazeuse	*Mineral vatten*
Café	*Kaffe*
Thé	*Te*
Lait	*Mjölk*
Bière légère	*Lättöl*
Eau-de-vie	*Brännvin*
Viande hachée	*Köttfärs*
Lard fumé	*Bacon*
Jambon	*Skinka*
Fromage blanc	*Keso*
Beurre	*Smör*
Pain blanc	*Franskbröd*
Pâté de foie	*Leverpastej*
Agneau	*Lamm(kött)*
Poulet	*Kyckling*
Porc	*Fläsk*
Élan	*Älg*
Renne	*Rådjur*
Cabillaud	*Torsk*
Crevettes	*Räckor*
Hareng	*Sill*
Hareng fumé	*Rökt strömming*
Saumon	*Lax*
Saumon fumé	*Rökt lax*
Fromage	*Ost*

Œuf(s)	*Ägg*
Pommes de terre	*Potatis*
Pommes de terre fourrées et cuites dans l'aluminium	*Bakpotatis*
Fraises	*Jordgubbar*

Jours de la semaine

Lundi	*Måndag*
Mardi	*Tisdag*
Mercredi	*Onsdag*
Jeudi	*Torsdag*
Vendredi	*Fredag*
Samedi	*Lördag*
Dimanche	*Söndag*
Jours ouvrables (du lundi au vendredi)	*Vardagar*
Jours fériés	*Helgdagar*

Nombres

1	*Ett*	16	*Sexton*
2	*Två*	17	*Sjutton*
3	*Tre*	18	*Arton*
4	*Fyra*	19	*Nitton*
5	*Fem*	20	*Tjugo*
6	*Sex*	30	*Trettio*
7	*Sju*	40	*Fyrtio*
8	*Åtta (Otta)*	50	*Femtio*
9	*Nio*	60	*Sextio*
10	*Tio*	70	*Sjuttio*
11	*Elva*	80	*Åttio*
12	*Tolv*	90	*Nittio*
13	*Tretton*	100	*Hundra*
14	*Fjorton*	200	*Två hundra*
15	*Femton*	1 000	*Tusen*

LIVRES DE ROUTE

Spécial polars

Dans le domaine du polar suédois, en dehors de la trilogie *Millénium* de ***Stieg Larsson,*** on peut également citer les enquêtes d'Erik Winter, jeune commissaire brillant et belle gueule venu de Göteborg, par l'écrivain Åke Edwardson (*Danse avec l'ange,* 10/18, 2004) ; ou celles d'Annika Bengtzon, jeune journaliste de Stockholm, ambitieuse, curieuse et culottée, par Liza Marklund (*Studio Sex,* Le Livre de Poche, 2002 ; *Studio 6,* Hachette Jeunesse, 2012...).

Citons aussi les 10 romans mythiques écrits entre 1965 et 1975 par ***Maj Sjöwall*** et ***Per Wahlöö*** (édités chez Rivages/Noir), mettant en scène, généralement à Stockholm, une équipe de flics un peu blasés, précurseurs de tous ceux que les séries TV nous feront connaître par la suite. Des histoires écrites par de vrais auteurs lucides aussi bien sur les mœurs de la classe politique du moment que sur les travers de leurs contemporains.

– ***Millénium*** (2006, 2007, 2008), de Stieg Larsson, Actes Sud, coll. « Babel Noir ». Géniale trilogie de romans policiers au succès mondial (80 millions d'exemplaires vendus), encore amplifié par leurs adaptations au cinéma par Niels Arden Oplev et David Fincher. Nul besoin de les résumer ici, on vous laisse les (re)découvrir sur place, en partant sur les pas des héros aux côtés d'un guide spécialisé (se reporter, dans le chapitre « Stockholm », à la rubrique « À voir. L'île de Södermalm. La saga *Millénium* »). La trilogie a été portée à l'écran avec un casting suédois qui n'a pas dû plaire aux Américains : ils ont tourné une nouvelle version avec Daniel Craig dans le rôle du journaliste Mikael Blomkvist. 10 ans après la saga, David Lagercrantz (qui avait écrit une bio de Zlatan Ibrahimović) a repris le flambeau et créé un véritable buzz avec une suite intitulée *Ce qui ne me tue pas* (Actes Sud).

– ***Les Enquêtes du commissaire Kurt Wallander,*** de Henning Mankell, Seuil, coll. « Points Policier ». Les investigations de ce commissaire en poste dans la petite ville d'Ystad sont nées de l'imagination du gendre d'Ingmar Bergman. Succès mondial pour cette radioscopie au scalpel de la Suède contemporaine : plus de 30 millions d'exemplaires vendus, avec des traductions en 27 langues et de nombreuses adaptations à l'écran. L'auteur lui-même partageait sa vie entre Ystad et le Mozambique. Une partie de ses royalties a été reversée à des causes qui lui étaient chères, telles que l'ouverture d'un théâtre pour conteurs au Mozambique ou la lutte contre le sida. Signalons, pour les fans, la série de 12 enquêtes tournées pour la télévision dans les superbes paysages de Scanie, avec la magistrale interprétation de Wallander par l'acteur Kenneth Branagh. À noter que la série s'est enrichie d'un dernier opus surprise en 2014 *(Une main encombrante),* réécriture enrichie d'une nouvelle parue quelques années plus tôt, et qui préfigure la ruine du héros. Henning Mankell s'est éteint en 2015.

ADIEU POULET !

En 2009, avec L'Homme inquiet, *la 11ᵉ et ultime enquête du commissaire Kurt Wallander, Mankell se débarrasse du personnage qui lui collait à la peau. Flic misanthrope et dépressif, anti-héros mythique d'une Suède désenchantée, célibataire, largué par sa femme, portant comme un fardeau les relations compliquées avec sa fille et son père, traquant le serial killer scandinave avec l'abnégation d'un vieux chasseur de primes, Wallander, à la fin du dernier épisode, victime d'Alzheimer, se dissout dans sa propre mémoire défaillante.*

– ***Les Enquêtes d'Erica Falck,*** de Camilla Läckberg, Actes Sud, coll. « Actes Noirs ». Née en 1974, elle est une des plus jeunes autrices à succès dans son genre. Ses romans policiers se situent tous près de son lieu de naissance, la petite ville côtière de Fjällbacka. Depuis *La Princesse des glaces* (*Isprinsessan,* en suédois, on ne résiste pas à cette douce sonorité), publié en 2003, jusqu'à *La Sorcière* (2017), le dernier en date, Erica Falck (et non Erica Flack !) a déjà convaincu des millions de lecteurs de la profondeur de ses idées noires, mais aussi de son sens aigu de la psychologie et de sa brillante « intuition féminine ».

– ***1793,*** de Niklas Natt och Dag, Sonatine, 2019. Un thriller historique qui, comme son nom l'indique, est planté en 1793, à l'heure où la Révolution française secoue les monarchies scandinaves. La mort du roi Gustave III inaugure un climat de tension et d'agitation politiques sans précédent. Dans ce contexte troublé, un mystérieux cadavre dépourvu de membres et d'yeux est découvert dans le port de Stockholm. Une enquête haletante, d'une rare violence, sur fond de conspiration.

– ***L'Hypnotiseur*** (2010), de Lars Kepler, Actes Sud, coll. « Babel », 2013. Dans la banlieue de Stockholm, le jeune Joseph échappe au massacre sauvage de sa famille. L'inspecteur Joona Linna, en charge de l'enquête, fait appel à Erik, un psychiatre hypnotiseur, afin d'en apprendre plus sur cet intriguant personnage. Un thriller sombre et angoissant. Suite des aventures de Joona Linna dans *Le Pacte* (Actes Sud, 2011).

Pour ceux qui n'aiment pas les polars

– ***Le Médecin personnel du roi*** (2001), de Per Olov Enquist (l'auteur est suédois, mais l'intrigue est danoise !), Actes Sud, coll. « Babel », 2002. Celui-ci a fait l'objet d'un film, *Royal affair* (2012). Auteur majeur en Suède, nombreux sont ses livres traduits en français.
– ***La Saga des émigrants*** (1949-1959), de Vilhelm Moberg, Le Livre de Poche, 2003-2004. Très belle épopée humaine (en 9 tomes !) relatant l'émigration massive des Suédois aux États-Unis à la fin du XIXe s. Chaque volume dépeint les différents stades de cette émigration : *Au pays* (le tome 1) introduit les personnages, originaires d'un village du Småland, qui, poussés par la famine et la pauvreté, quitteront leur patrie pour le Nouveau Monde. Roman considéré en Suède comme l'une des œuvres majeures du XXe s.
– ***Hanna et ses filles,*** de Marianne Fredriksson, J'ai Lu, 2001. C'est l'histoire de 3 femmes, 3 générations : Hanna, née en 1871, sa fille née en 1902 et sa petite-fille, enfant des années 1930. Au gré de leurs vies, de leurs joies, de leurs souffrances, on les suit à travers l'histoire de leurs générations respectives. Une façon humaine et touchante d'en savoir un peu plus sur la place des femmes dans ce pays.
– Et encore toute l'***œuvre d'August Strindberg,*** grand homme de théâtre, né et mort à Stockholm.

Et pour les juniors

La place particulière accordée à l'enfant en Suède se reflète dans une littérature de jeunesse riche et qui traite le jeune citoyen en individu responsable et doué de raison.
Pour pimenter le voyage de junior et le vôtre – car certains de ces livres vous feront autant rire que lui –, n'hésitez pas à embarquer dans votre périple des albums illustrés ou des livres jeunesse. Parmi quelques classiques, citons :
– ***Le Merveilleux Voyage de Nils Holgersson à travers la Suède,*** de Selma Lagerlöf, Le Livre de Poche, 1991. Une institution suédoise à lui seul, ce livre fut une commande de l'État à l'autrice pour qu'elle écrive un manuel de géographie à l'intention des petits écoliers. Ainsi, on découvre le pays à travers les aventures de Nils, un garnement de 14 ans transformé en farfadet par un lutin *(tomte)* dont il s'est moqué. Ce conte est aussi une méditation sur la place de l'homme dans la nature. Prenez garde, en France ce livre est souvent vendu en version abrégée, vérifiez donc qu'il porte bien la mention « texte intégral ».
– ***Fifi Brindacier,*** d'Astrid Lindgren, Le Livre de Poche Jeunesse, 2007. Les aventures de cette orpheline de 9 ans aux tresses rousses, d'une force inouïe et vivant dans la villa *Drôlederepos* avec le singe M. Nilsson et son cheval, firent souffler un vent de liberté sur un genre littéraire volontiers moralisateur. Le milieu s'horrifia des mauvaises idées que l'auteur donnait en modèle à des jeunes âmes en formation (la 1re traduction de *Fifi Brindacier* en français fut même en partie censurée par la traductrice !). Des histoires qui, 60 ans plus tard, n'ont pas pris une ride ! Et qui ont manifestement marqué Stieg Larsson au point de faire de l'héroïne de *Millénium* une Fifi Brindacier adulte mais pas moins rebelle.
– Parmi les nombreux autres ouvrages d'Astrid Lindgren, mention spéciale pour son plus grand roman : ***Nous, les enfants de l'archipel*** (éd. L'École des loisirs, 368 p.), dont la traduction française par Alain Gnaedig a paru en... 2022 seulement. Il met en scène un groupe d'enfants passant un heureux été sur une petite île au large de Stockholm. Un roman... et 13 épisodes à succès à la télé suédoise dans les années 1960, toujours aussi populaires de nos jours lors des rediffusions.
– ***La Maman et le Bébé terrible*** (1985), de Barbro Lindgren, illustrations d'Eva Erikson, Mijade, coll. « Petit Mijade ». Tout droit dans la lignée de Fifi Brindacier pour son insolence et sa vivacité, Juju le bébé terrible en fait voir de toutes les couleurs à sa mère (seule, le plus souvent mal fagotée et avec une coiffure en vrac, elle casse un peu l'image de la maman modèle !).

Bandes dessinées

– ***Lady S., tome 3, 59° Latitude nord :*** de Jean Van Hamme, illustrations de Philippe Aymond, éd. Dupuis, 2006. Une passionnante aventure d'espionnage en plein hiver à Stockholm, à l'époque de la remise des prix Nobel. La belle Suzan déjoue les projets de vilains terroristes qui veulent prendre les lauréats en otage.

– ***Stieg Larsson. Avant Millénium :*** de Guillaume Lebeau, illustrations de Frédéric Rébéna, éd. Denoël, 2012. Pour mieux comprendre l'énigmatique cerveau à l'origine du phénomène *Millénium,* 2 Français se sont penchés sur son existence mouvementée et, plus particulièrement, sur son engagement politique et son expérience de journaliste antifasciste. Un bel hommage posthume.

MAGASINS

La plupart des magasins ouvrent entre 10h et 18h et ferment le samedi vers 14h ou 16h. En revanche, les centres commerciaux et supermarchés sont généralement ouverts tous les jours de 9h à 21h, voire 22h pour certaines grandes enseignes *(NK, Åhléns, Coop...).* Il n'est pas rare non plus que ces dernières soient ouvertes le dimanche entre 11h et 17h.

Notez que la chaîne de supérettes *7 Eleven,* ouvertes comme leur nom l'indique tous les jours de 7h à 23h, propose de nombreux services pratiques : wifi gratuit, vente de titres de transport, de cartes SIM locales pour téléphoner sans se ruiner, de cigarettes, transfert urgent d'argent liquide via *Western Union,* etc. Et, bien sûr... de l'alimentation, mais vraiment en dépannage !

MUSÉES

Les explications à l'intérieur sont fréquemment traduites en anglais, très rarement en français. Cela dit, les musées proposent souvent ***un audioguide multilingue, une appli ou un fichier audio à télécharger sur smartphone.*** Leurs horaires assez restreints (en général ***de 10h ou 11h à 17h***) sont encore plus réduits hors saison touristique. ***Leur jour de fermeture est, pour la plupart, le lundi.*** Ils sont en majorité gratuits pour les enfants et proposent des tarifs réduits pour les seniors et les étudiants. Pour bénéficier des réductions, ***les étudiants doivent présenter la carte ISIC*** (voir plus haut dans la rubrique « Avant le départ »).

Stockholm propose des ***pass*** (*Stockholm Pass* ou *iVenture Card*) qui peuvent s'avérer rentables si on prévoit de visiter beaucoup de musées. Souvent conçus selon une muséographie inventive, les musées sont presque toujours dotés d'un espace ludique réservé aux enfants.

POSTE

Les bureaux de poste ont pratiquement disparu de Suède. Il en existe encore quelques-uns à Stockholm, mais la vente de timbres est désormais surtout assurée par les marchands de journaux et supérettes. Dans ce cas, les horaires d'ouverture sont plus étendus. Les bureaux de poste qui subsistent ouvrent de 8h ou 9h à 18h ou 19h et le samedi de 10h à 14h ou 15h.

Pour trouver la poste la plus proche, consulter • *postnord.se/en/our-tools/search-letter-box-or-service-point#1.63/63.9/15.3* •

Une carte postale pour la France peut mettre 1 à 2 semaines pour arriver !

> **QUESTION DE BON SENS**
>
> *En Suède, les voitures de la poste sont les seules à avoir le volant à droite. Étant du côté du trottoir, le facteur accède aux boîtes plus rapidement et sans prendre le risque de sortir du côté de la circulation.*

POURBOIRE

Le service est toujours compris au restaurant, à l'hôtel ou dans les taxis. ***Laisser un pourboire est apprécié mais pas attendu,*** c'est donc à vous de décider. Dans les restaurants, laisser un surplus de 5 à 10 % est habituel, notamment pour les repas du soir. Si vous prenez un verre au bar, il est bien vu de laisser un peu de monnaie sur le comptoir. Les chauffeurs de taxi attendent généralement quelques couronnes supplémentaires en guise de pourboire.

SAISON TOURISTIQUE

Tout dépend de ce que vous recherchez, mais sachez que c'est entre ***le 15 juin et le 15 août*** que l'activité bat son plein. En dehors de cette période, il est fréquent que les campings, AJ, sites touristiques, cafés, etc. soient fermés. C'est aussi à cette époque que vous avez le plus de chances d'avoir beau temps. Néanmoins, Stockholm perd alors un « petit quelque chose » de son ambiance : les étudiants qui lui donnent toute sa vitalité partent en vacances, tout comme les locaux, vous laissant ainsi seul avec les autres touristes. Autre détail, la plupart des Suédois prennent leurs congés en juillet...
Mais n'oubliez pas que Stockholm reste une belle destination pour un ***week-end en toute saison,*** particulièrement au début de l'automne et pendant la période de Noël.

SANTÉ

Où se procurer une CEAM (Carte européenne d'assurance maladie) ?

Il suffit d'appeler le centre de Sécurité sociale (ou de se connecter au site internet du centre), qui l'enverra sous 15 jours environ (mais on obtient une attestation immédiatement en ligne que l'on pourra imprimer). Cette carte fonctionne dans tous les pays membres de l'UE, ainsi qu'en Islande, en Norvège et en Suisse. C'est une carte plastifiée bleue du même format que la carte Vitale. Elle est valable 2 ans et est gratuite et personnelle (y compris pour les enfants). Elle permet la prise en charge des soins médicaux nécessaires dans les établissements publics. Attention, la carte n'est pas valable pour les soins délivrés dans les établissements privés.

Tabagie et *snus*

Cette petite rubrique pour signaler que les Suédois ont été les 1ers au monde à atteindre un chiffre de moins de 20 % de la population consommant régulièrement du tabac. En revanche, bon nombre de Suédois s'adonnent à la pratique du *snus,* sorte de petite boulette de tabac que l'on place derrière la lèvre supérieure, sur la gencive. Si vous voyez un Suédois aux dents noires et à la lèvre rebondie, pas de doute, c'est un *snusseur* ! Cela dit, aujourd'hui, la gamme s'est enrichie et on trouve du *snus* très léger, contenant peu de nicotine, voire aromatisé, et moins nocif pour les dents. Une consommation d'autant plus étonnante

MAMAN, JE N'AI RIEN AUX DENTS

La Suède est le seul pays au monde où la carie dentaire a pratiquement disparu. Depuis 1979, un programme de prévention prône un contrôle régulier et un vernis fluoré est appliqué sur la dentition des jeunes jusqu'à 19 ans.

qu'elle est interdite au sein de l'Union européenne : la Suède avait dû négocier une dérogation lors de son adhésion en 1994. Une exception périodiquement remise en cause par Bruxelles, qui s'attire ainsi les foudres du gouvernement suédois. Depuis 2005, il est interdit de fumer dans les lieux publics. La loi prévoit que les restos, bars et boîtes peuvent ouvrir une zone fumeurs séparée dans laquelle il est proscrit de servir de l'alcool ou de la nourriture. La vente de tabac est interdite aux moins de 18 ans.

■ ***Santé-Voyages :*** les produits et matériels utiles aux voyageurs, assez difficiles à trouver, peuvent être achetés par correspondance sur le site de *Santé-Voyages* ● *astrium.com* ● Infos complètes toutes destinations, boutique web, paiement sécurisé, expéditions Colissimo Expert ou Chronopost. ☎ *01-45-86-41-91 (lun-ven 14h-19h).*

SITE INTERNET

● ***routard.com*** ● Le site de voyage nº 1, avec près de 800 000 membres et plusieurs millions d'internautes chaque mois. Pour s'inspirer et s'organiser, près de 300 guides destinations actualisés, avec les infos pratiques, les incontournables et les dernières actus, ainsi que les reportages terrain et idées week-end de la rédaction. Partagez vos expériences avec la communauté de voyageurs : forums de discussion avec avis et bons plans, carnets de route et photos de voyage. Enfin, vous trouverez tout pour vos vols, hébergements, voitures et activités, sans oublier nos suggestions pour réserver votre voyage au meilleur prix.

TÉLÉPHONE

Téléphone

– ***Suède → France :*** 0033 + numéro du correspondant (sans le 0 initial). Pour téléphoner en France en PCV, le numéro est le ☎ 00-18.
– ***France → Suède :*** 0046 + indicatif de la ville sans le 0 (8 pour Stockholm) + numéro du correspondant.
– Pour téléphoner d'une région à l'autre de la Suède, il faut composer l'indicatif (avec le 0). En revanche, on ne forme pas l'indicatif pour appeler à l'intérieur d'une région ou d'une ville.
– Pour appeler un téléphone portable suédois, il faut conserver le 0 devant le numéro, comme chez nous.

Le téléphone portable en voyage

Le voyageur européen titulaire d'un forfait dans son pays d'origine peut utiliser son téléphone mobile ***au tarif national*** dans les 28 pays de l'Union européenne, sans craindre de voir flamber sa facture. Des plafonds sont néanmoins fixés par les opérateurs pour éviter les excès... Cet accord avantageux signé entre l'UE et ses opérateurs télécoms concerne aussi la consommation de ***données internet 3G ou 4G,*** dont le volume utilisable sans surcoût dépend du prix du forfait national (se renseigner). Dans ces pays donc, plus besoin d'acheter une carte SIM locale pour réduire ses dépenses. En revanche, si le voyageur réside plusieurs mois à l'étranger, des frais peuvent lui être prélevés...

La connexion Internet en voyage

Dans l'Union européenne, et en Suède en particulier, tous les hôtels, restos, bars et même certains espaces publics disposent du wifi gratuit. Mieux que la connexion 3G et 4G qui peut entraîner un hors-forfait en usage intensif, le wifi permet aussi de profiter d'un débit parfois supérieur.

– Une fois connecté au wifi, vous avez accès à tous les services de la ***téléphonie par Internet. WhatsApp, Messenger*** (la messagerie de *Facebook*), ***Viber, Skype*** permettent d'appeler, d'envoyer des messages, des photos et des vidéos aux 4 coins de la planète, sans frais. Il suffit de télécharger – gratuitement – l'une de ces applis sur son smartphone. Elle détecte automatiquement dans votre liste de contacts ceux qui utilisent la même appli que vous.

Urgence : en cas de perte ou de vol de votre téléphone portable

Suspendre aussitôt sa ligne permet d'éviter de douloureuses surprises au retour du voyage ! Le plus simple est de demander la suspension de votre ligne depuis le site internet ou l'appli de votre opérateur. Voici, sinon, les numéros des 4 opérateurs français, accessibles depuis la France et l'étranger :

– ***Free :*** *depuis la France : ☎ 3244 ; depuis l'étranger : ☎ + 33-1-78-56-95-60.*
– ***Orange :*** *depuis la France : ☎ 3900 ; depuis l'étranger : ☎ + 33-969-39-39-00.*
– ***SFR :*** *depuis la France : ☎ 1023 ; depuis l'étranger : 📱 + 33-6-1000-1023.*
– **Bouygues Telecom :** *depuis la France : ☎ 1064 ; depuis l'étranger : 📱 + 33-6-60-61-46-14.*

Avant de partir, notez (ailleurs que dans votre téléphone portable !) votre numéro IMEI utile pour bloquer à distance l'accès à votre téléphone en cas de perte ou de vol. Comment avoir ce numéro ? Il suffit de taper sur votre clavier *#06#.

Internet

Les Suédois sont très friands de technologie, et Internet supplante peu à peu de nombreux services (les paiements bancaires se font souvent par téléphone portable, les offices de tourisme deviennent virtuels, etc.).
Les réseaux wifi sont évidemment répandus (et le plus souvent gratuits) un peu partout, dans les hôtels, cafés, offices de tourisme et même les supérettes *7 Eleven.*

TRANSPORTS NATIONAUX

Le train

Pour les horaires et d'autres informations, consulter les sites • *sj.se* • *skanetrafiken.se* • Les gares fournissent gratuitement un livret rassemblant les horaires de tous les trains du pays pour la saison en cours. Pratique. La tarification des trains suédois étant très compliquée, bien se renseigner pour pouvoir profiter des différentes possibilités de réductions. Les billets réservés au moins 7 jours à l'avance *(Förköp)* sont moins chers, et les moins de 26 ans bénéficient de tarifs réduits. Les étudiants de plus de 26 ans en possession de la carte ISIC obtiennent aussi des réductions. Un adulte peut voyager avec 2 enfants de moins de 16 ans en n'achetant qu'un seul billet ! Possibilité d'acheter son ticket au maximum 90 jours à l'avance et de profiter d'offres à prix réduits. Dans le cas d'un périple européen, la carte ***InterRail*** *(• interrail.eu •)* est une option intéressante.
– Les trains suédois sont divisés en 2 classes. Pour les grandes lignes, la réservation est obligatoire. Les rames longue distance sont équipées de couchettes. Les X2000 sont des trains à grande vitesse. Dans le nord de la Suède, les trains prennent parfois un peu de retard. Les trains régionaux ont en général des compartiments à vélo.

Le bus

La compagnie ***Flixbus*** (● *flixbus.se* ●) dessert plus de 150 destinations dans le pays. Les billets s'achètent directement dans le car ou en ligne. Les étudiants munis de leur carte ISIC bénéficient de 10 % de réduction. Les jeunes de moins de 16 ans jouissent d'un tarif réduit également.
La compagnie ***Bus4you*** (● *bus4you.se* ●) dessert principalement le sud-ouest du pays, ainsi que Copenhague et Oslo.
Sinon, il existe parfois des agences qui vendent des billets de bus (voire de ferries), comme *Travelshop,* basée à Malmö et Helsingborg.

Le vélo

En ville comme à la campagne, les Suédois sont des inconditionnels de la petite reine. Les parkings à vélos sont impressionnants, à se demander si chaque habitant ne possède pas plusieurs bicyclettes ! Stockholm est sillonnée de nombreuses pistes cyclables, et on trouve partout des vélos à louer ainsi que des réparateurs. Une partie du pays (au sud notamment), relativement plate et ponctuée de campings, se prête bien aux trajets à bicyclette. La conduite des Suédois étant par ailleurs plutôt souple et respectueuse, le risque de se faire accrocher est minime.

La voiture

Le permis de conduire national est reconnu et suffisant au moment de la location de la voiture. Comme dans tous les pays scandinaves, les gens roulent prudemment. Si vous venez ici en voiture ou en camping-car, perdez l'habitude de doubler à la « ça passe ou ça casse ». ***Le taux d'alcoolémie est limité à 0,2 g/l.*** Celui qui prend le volant ne boit pas (même pas 1 bière !). Les contrôles sont suffisamment fréquents pour dissuader les errements bachiques... Question orientation, la signalisation est suffisante en dehors des villes... Néanmoins, l'utilisation d'un GPS est très utile.
– ***Parkings :*** la plupart des stationnements sont ***payants,*** en principe de 9h à 18h en semaine et de 9h à 15h le samedi, mais 24h/24 dans certains quartiers. Les horodateurs n'acceptent plus les pièces de monnaie ni les billets. ***On paie désormais par carte bancaire ou via une application pour smartphone nommée* Betala P.**

Location de voitures

■ **BSP Auto :** ☎ *01-43-46-20-74 (tlj 9h-21h30, w-e 20h).* ● *bsp-auto.com* ● *Réduc de 5 % aux lecteurs de ce guide avec le code « ROUTARD23 ».* Les prix proposés sont attractifs et comprennent le kilométrage illimité et les assurances. *BSP Auto* propose exclusivement les grandes compagnies de location sur place, assurant un très bon niveau de service. Les plus : vous ne payez votre location que 5 jours avant le départ.

Essence

Le coût moyen du litre est comparable à celui pratiqué dans le reste de l'Europe, qu'il s'agisse d'essence (E95 ou E98) ou de gazole. Peu de postes distribuent du GPL. En revanche, on trouve du biocarburant (E85) dans presque toutes les stations. Il est bien moins cher que le sans-plomb classique mais n'est pas compatible avec tous les véhicules !
La majorité des pompes sont automatiques et n'acceptent que le paiement par carte bancaire.

Conduite et vitesse

La conduite en Suède est à droite. Limitations de 50 km/h en ville, 70 ou 90 sur route, entre 100 et 110 sur autoroute. Pour les caravanes : 70 km/h.

Les ***contrôles de vitesse*** pullulent. Il arrive même qu'ils soient installés en batterie à peu de distance d'intervalle sur plusieurs kilomètres. N'ayez donc pas le mauvais réflexe d'accélérer après en avoir passé un sans encombre. Cela dit, ils sont la plupart du temps signalés à l'avance. Attention aux radars en ville, eux ne sont pas indiqués ! On se contente de prévenir poliment l'automobiliste à l'entrée de l'agglomération.

L'ARCHE DE NOÉ

Les panneaux de signalisation suédois mettent en garde contre toutes les bébêtes qui pourraient croiser votre route : renne, cerf ou élan notoirement dangereux, ou encore grenouille qui, à moins qu'elle ne se transforme en bœuf, a peu de chances de vous propulser dans le bas-côté... Entre ces extrêmes, on croise les classiques vaches et moutons, mais aussi la cane suivie de sa flopée de canetons ! Quant aux oiseaux, ils ne sont jamais annoncés, bien que, parfois, ils tardent franchement à s'envoler.

Bonne nouvelle, ***les autoroutes sont gratuites.*** Mais elles alternent souvent avec une simple route où surgissent sans crier gare feux tricolores et passages à niveau. Il est obligatoire de rouler en feux de croisement de jour comme de nuit. Si vous avez une voiture de location, vous n'aurez toutefois pas à vous soucier de les allumer, ça se fait en général automatiquement au démarrage.

- ***Dépassement :*** sur de nombreuses routes, ce n'est pas celui qui double qui doit se déporter, mais celui qui se fait doubler qui doit se ranger sur le bas-côté. Dès que vous manifestez votre intention de dépasser un autre véhicule, celui-ci serre aussitôt à droite sur une voie latérale pour vous laisser passer, même sur une route à simple voie.
- ***Vélos et piétons sont prioritaires.*** Faites très attention en ville et, surtout, arrêtez-vous aux passages protégés. Les piétons sont respectueux des feux et attendent le signal pour traverser : ils attendent donc la même chose de la part des automobilistes. Quant aux vélos, ils filent sans s'arrêter et parfois même sans regarder : redoublez de vigilance lorsque vous coupez une piste cyclable.

Sachez que « EJ » signifie « Ne pas... ». Aux passages à niveau, une lampe blanche clignote constamment. La lampe rouge signifie que le train arrive. Si la lampe blanche ne clignote pas, se méfier en traversant : il y a une panne.

URGENCES

- ***N° d'urgence européen :*** ☎ *112.*
- ***Police :*** ☎ *401-13-00.*
- ***Urgence médicale :*** ☎ *616-10-00.*
- ***Pharmacie :*** ☎ *771-450-450.*

STOCKHOLM

• Pour se repérer, voir le plan détachable comprenant le plan général de la ville, le zoom détachable *Gamla Stan* et le plan du métro en fin de guide. • Plan d'ensemble *p. 68-69*

ARRIVÉE À STOCKHOLM

En avion

À l'aéroport d'Arlanda

À env 40 km au nord de la capitale (hors plan d'ensemble). Infos : ☎ 10-109-10-00 (24h/24). • arlanda.se •

■ ***Bureau d'infos touristiques, distributeurs et bureaux de change :*** *dans le terminal d'arrivée.*

■ ***Agences de location de voitures :*** *les grandes agences sont regroupées dans une zone spéciale à 400 m de l'aéroport. Pour s'y rendre, prendre les bus jaunes gratuits, à la sortie de l'aéroport (ttes les 15 mn env).*

■ Vous trouverez même un ***hôtel*** insolite *(Jumbo Hostel)* qui dépannera ceux qui ont un vol matinal (voir plus loin « Où dormir ? »).

Pour rejoindre le centre-ville

➢ ***En bus :*** des navettes relient l'aéroport au *City Terminalen (plan détachable, B3)*, près de la *Stockholms Centralstation* (gare ferroviaire centrale). On peut acheter son billet à bord, mais seulement par carte. Sinon, bornes automatiques dans chaque terminal et aux arrêts. Départs ttes les 10 mn env (ttes les 30 mn pour les *Flixbus*). Durée : env 40-50 mn selon trafic. Coût : env 120 Sk l'aller simple ou env 240 Sk l'A/R avec *Vy Flygbussarna,* bien moins cher avec *Flixbus.* Réducs importantes pour les jeunes (jusqu'à 17 ans) et pour ts via Internet ; gratuit pour 2 enfants de moins de 8 ans accompagnés d'un adulte payant. • *flygbussarna.se* • *flixbus.se* •

➢ ***En train express :*** l'***Arlanda Express*** vous emmène également jusqu'à la gare centrale *(Stockholms Centralstation ; plan détachable, B3).* Il est aussi fréquent que le bus, met facilement 2 fois moins de temps mais coûte 2 fois plus cher. Attention, il n'est pas inclus dans les *travel cards* ! Achat des billets aux distributeurs disséminés dans l'aéroport : dans le hall de livraison des bagages, au guichet de vente situé dans la salle d'arrivée ou bien sur le quai... 1-2 départs/h. Durée : env 20 mn. Tarif : billet aller env 300 Sk (50 Sk de plus en achetant le billet à bord), 579 Sk l'A/R ; réducs importantes tte l'année pour les seniors et jeunes, ainsi que pour tous les w-e et j. fériés ; gratuit moins de 17 ans accompagné d'un adulte payant ; toujours gratuit moins de 7 ans. • *arlandaexpress.com* •

➢ ***En train et bus publics :*** plus long que l'*Express,* mais nettement moins cher. Emprunter le train de banlieue nº 40, direct jusqu'au centre. Départs ttes les 30 mn ; compter 169 Sk et 40 mn de trajet. Sinon, possibilité de prendre le bus nº 583 jusqu'à Märsta (1-2 bus/h, 5h-1h), puis les trains de banlieue nºs 41 ou 42 jusqu'à la *Stockholms Centralstation* (2-4 départs/h, 4h43-1h13). Compter 50 mn de trajet et 45 Sk (+ 20 Sk pour la carte rechargeable). • *sl.se* •

➢ ***En taxi :*** une option qui coûte jusqu'à 700 Sk. Le tarif figure, pour chaque taxi, sur un autocollant posé sur la vitre arrière. Max 4 passagers. Un tarif étudié, en principe, pour 2 personnes au même prix que 2 billets

pour l'*Arlanda Express.* Prendre une compagnie ayant pignon sur rue (suivre les autocollants au sol), comme *Kurir* (noir), *Topcab* (noir aussi) ou *Sverigetaxi* (jaune).
- Et aussi des bus directs depuis l'aéroport d'Arlanda pour Västerås (env 200 Sk), Örebro, Karlstadt, Nyköping, Norrköping : avec les compagnies **Bus4you** (● bus4you.se ●) et **Flixbus** (● flixbus.se ●). On achète les billets aux bornes (près du bureau d'infos touristiques dans le hall des arrivées) et on paie par CB. Possibilité aussi de l'acheter en ligne avant le départ.

✈ À l'aéroport de Bromma

À 10 km à l'ouest de Stockholm (plan d'ensemble). Infos : ☎ 10-109-40-00 (24h/24). ● swedavia.com/bromma ●
- Il accueille les vols de la compagnie **Brussels Airlines.**

Pour rejoindre le centre-ville

➢ ***En navette :*** des navettes de bus de la compagnie *Vy Flygbussarna* relient l'aéroport au *City Terminalen (plan détachable, B3).* À noter que l'on peut acheter son billet à bord, mais uniquement par CB. Départs ttes les 20-40 mn. Durée : env 20 mn. Coût : 119 Sk (99 Sk si billet acheté en ligne) ; réduc étudiants, seniors et jeunes (jusqu'à 25 ans) ; gratuit moins de 16 ans accompagnés d'un adulte payant. ● flygbussarna.se ●

➢ ***En taxi :*** ils sont tous regroupés à la sortie du terminal. Comparer les prix, fixes ou non, indiqués en chiffres noirs sur un rectangle jaune.

À l'aéroport de Skavsta

✈ Près de Nyköping, à 100 km au sud de Stockholm (hors plan d'ensemble). ● skavsta.se/en/ ●
- Vols avec les pays de l'Est et le sud-est de l'Europe essentiellement.
- En cas d'arrivée tardive ou de vol matinal, on y trouve un hôtel à prix raisonnables : **Connect Hotel Skavsta,** ☎ 08-42-00-30-00. ● connecthotels.se ●

Pour rejoindre Stockholm

➢ ***En bus :*** compagnie *Vy Flygbussarna,* horaires adaptés à ceux des vols. Trajet direct jusqu'au *City Terminalen (plan détachable, B3). Durée : 1h20. Env 440 Sk A/R ; réduc. ● flygbussarna.se/en/skavsta ●*
➢ ***En taxi :*** *à partir de 1 500 Sk et 1h10 de trajet.* Très cher !

✈ À l'aéroport de Västerås

Cet aéroport, situé à 120 km au nord-ouest de Stockholm, est desservi par la compagnie *low-cost* **Ryanair.** ● vst.nu ● Liaisons directes seulement avec Londres, Málaga et Alicante. Transfert en bus (avec *Flygbussarna*) vers la gare centrale de Stockholm aux heures d'arrivée des vols. Compter 1h20 ; prix 219 Sk, réduc.

En train

Stockholms Centralstation *(gare ferroviaire centrale ; plan détachable, B3)* **:** *Centralplan 1. Pour ttes infos : ● skanetrafiken.se ● sj.se ● Ⓜ T-Centralen.* Tous les trains internationaux y arrivent. Au sous-sol, consignes automatiques *(5h-minuit ; env 70-300 Sk/24h selon gabarit),* w-c et tables à langer. Aussi un guichet *Forex,* des supérettes, restos et cafés ouverts assez tard le soir...

En bus

City Terminalen *(plan détachable, B3)* **:** *Klarabergsviadukten 72. ☎ 762-59-97. ● cityterminalen.com ● Ⓜ T-Centralen. Tlj 3h15-0h15. La gare routière est située juste au-dessus de la gare ferroviaire.* Gare

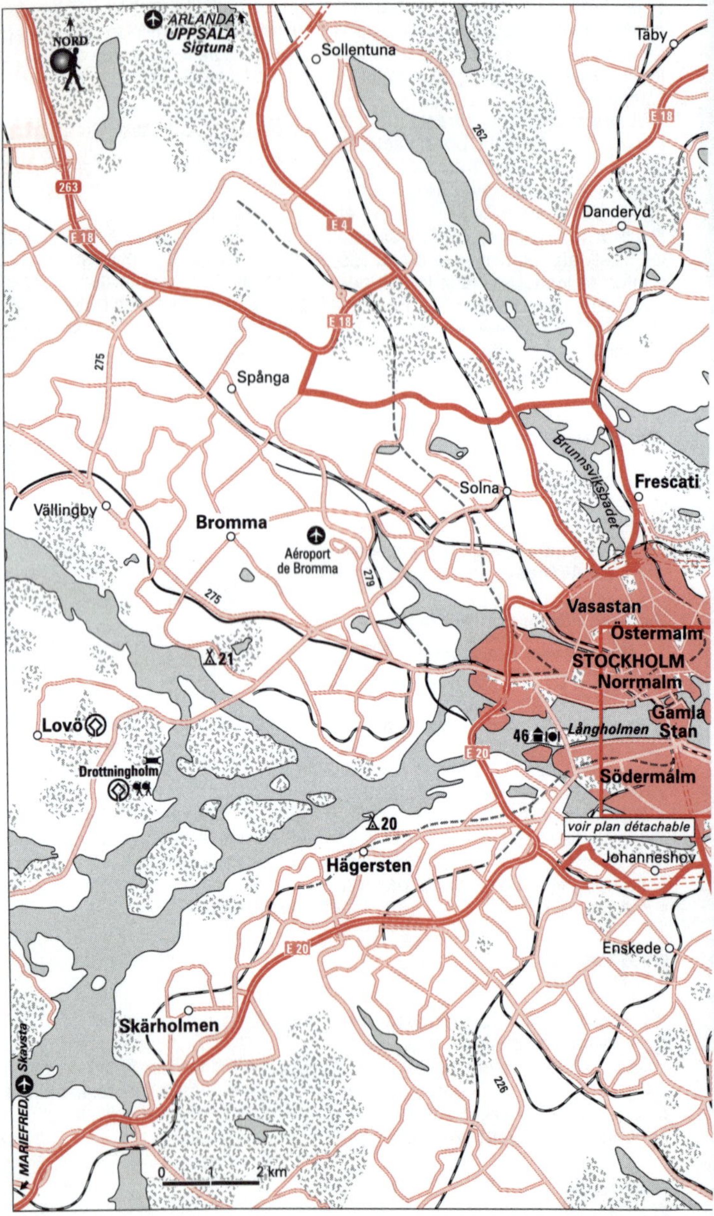
NORD
ARLANDA
UPPSALA
Sigtuna
Sollentuna
Täby
262
E 18
263
E 18
E 4
Danderyd
E 18
275
Spånga
Brunnsviksbadet
Frescati
Solna
Vällingby
Bromma
Aéroport
de Bromma
279
275
Vasastan
Östermalm
STOCKHOLM
Norrmalm
21
Lovö
Gamla
Stan
46
Långholmen
E 20
Drottningholm
Södermalm
20
voir plan détachable
Hägersten
Johanneshov
E 20
Enskede
Skärholmen
Skavsta
MARIEFRED
226
0
1
2 km

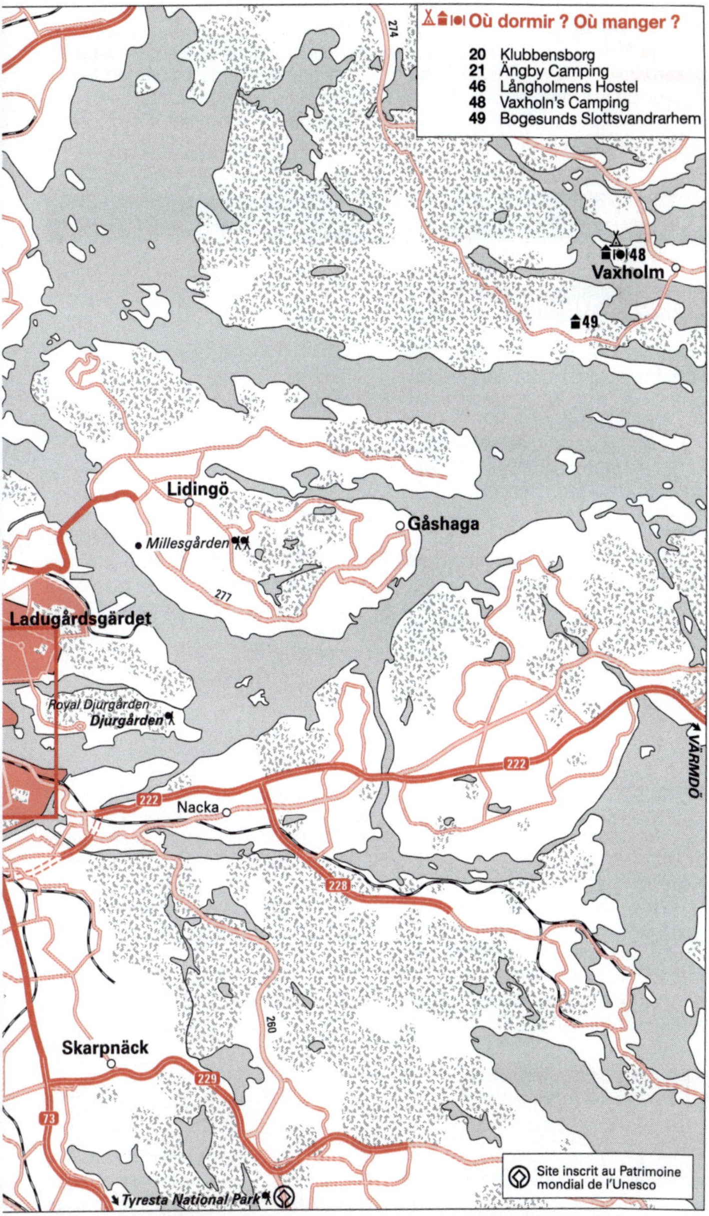

STOCKHOLM – Plan d'ensemble

desservie par de nombreuses compagnies : ***Bus4you*** *(● bus4you.se ●)*, ***Flixbus*** *(● flixbus.se ●)*, ***Eckerölinjen*** *(● eckerolinjen.se ●)*... C'est ici, par exemple, qu'arrivent les bus depuis Copenhague. Vous y trouverez distributeurs de billets, kiosque d'infos touristiques, poste, consigne, etc. Infos et achat de billets au comptoir central pour toutes les compagnies. C'est également d'ici que part le bus *Vy Flygbussarna* pour les aéroports d'Arlanda, de Bromma et de Skavsta (voir plus haut).

ADRESSES ET INFOS UTILES

Services touristiques

ℹ Il n'existe plus d'office de tourisme en ville. Pour obtenir des infos, rendez-vous sur le site *● visitstockholm.com ●*, très complet, ou *● visitsweden.com ●*, bien fait aussi et traduit en français. Sinon, rapprochez-vous du ***Visit Stockholm Contact Center*** *(☎ 508-28-508 ; permanence lun-ven 9h-18h, w-e 9h-15h).* Voici, en pagaille, d'autres sites utiles pour se renseigner sur l'actualité et les tendances de la capitale suédoise : *● viewstockholm.com ● thelocal.se ● international.stockholm.se ●*

■ Si vous comptez enchaîner beaucoup de visites et d'attractions, l'achat d'un ***pass Go City*** peut s'avérer rentable *(compter 444-1 199 Sk selon durée de validité 1, 2, 3 ou 5 j. ; réduc). Pass* à télécharger sur *● gocity.com/stockholm/en-us ●* et à montrer à chaque entrée. Toutefois, les musées publics de la ville sont gratuits.

■ ***Hotelltjänst & Caretaker*** *(plan détachable, D2, **1**) : Nybrogatan 44. ☎ 10-44-37 ou 57. ● hotelltjanst.com ● Ⓜ Stadion T-bana.* Agence privée s'occupant des résas d'apparts et de chambres chez l'habitant. Compter minimum 750 Sk pour une chambre double, 1 200 Sk pour un appart, commission incluse.

■ ***Strömma*** *(plan détachable, C3, **2**) : Nybrohamnen 4. ☎ 12-00-40-00. ● stromma.se ● Permanence téléphonique lun-ven 9h-15h.* Cette agence touristique propose de nombreuses formules pour visiter la ville en toute simplicité. En voici quelques-unes :
– Les formules ***hop-on/hop-off*** permettent de s'arrêter et de reprendre le tour à loisir, le temps de visiter les musées. En bus, en bateau, ou en combinant les 2. *Pour 24h, compter 320 Sk en bateau, 350 Sk en bus ou 560 Sk pour bateau + bus ; réduc ; gratuit moins de 6 ans. Avec en prime des réducs dans différents sites.*
– Sinon, les circuits découverte en bateau combinent les avantages de la visite guidée aux charmes d'une minicroisière. Plusieurs possibilités selon les goûts : ***Tour de Djurgården*** *(260 Sk, durée 50 mn)*, ***Sous les ponts de Stockholm*** *(345 Sk, durée 2h15), visite du petit archipel (345 Sk, durée 2h30). Réduc si achat en ligne. Nombreux départs/j. d'avr à mi-déc. Audioguide en français.*

Transports urbains

À pied

Stockholm se découvre aisément ***à pied.*** Cheminer dans son centre-ville plutôt compact est très agréable. Ne pas hésiter à combiner marche, métro, tram et bateau pour aller d'île en île en revanche.

À vélo

Le vélo est aussi une bonne façon d'arpenter la ville, comme le font un quart des habitants ! Important réseau de pistes cyclables balisées, protégées et éclairées.
De nombreux employés vivant dans les

quartiers périphériques viennent travailler à bicyclette et se changent au bureau ; ils ont un emploi du temps à respecter, et vous avez intérêt à ne pas flâner le nez en l'air en vous mettant sur leur chemin. Prenez le réflexe de marcher sur la partie du trottoir qui vous est réservée.

En transports en commun

Gérés par ***Storstockholms Lokaltrafik*** *(SL ; ● sl.se ●)*, ils desservent efficacement tous les points d'intérêt. Une application très bien faite recense tous les moyens de transports publics et permet de générer son itinéraire.
Le réseau sur rail *(Spårtrafik)* compte une vingtaine de lignes de métro, trams et trains de banlieue. C'est le moyen le plus pratique pour circuler. Les lignes principales de ***métro*** fonctionnent de 5h à 1h. Les vendredi et samedi, le métro circule toute la nuit (toutes les 30 mn). Déambuler dans les couloirs du métro revient parfois à une promenade dans une étonnante galerie d'art : une centaine de stations ont été décorées par des artistes réputés.

Noter que le bus n° 69 ou le tramway n° 7 vont jusqu'à Djurgården avec accès aux curiosités comme le Skansen et le musée Vasa.

Titres de transport

- On vous conseille d'acheter dès votre arrivée une ***carte magnétique rechargeable*** *(20 Sk),* dispo dans les magasins *Pressbyrån, 7 Eleven* (présents partout), ou encore dans les stations de métro, à l'aéroport et à la gare ferroviaire.
Ensuite, on la crédite du montant souhaité, payable par CB ou en espèces. Il existe aussi des distributeurs automatiques aux principaux arrêts, mais ils n'acceptent que la CB. Les billets en papier vendus à l'unité existent encore, mais ils reviennent plus chers et sont voués à disparaître. On les distribue, dans les gares, aux machines et aux comptoirs, ainsi que dans les magasins cités plus haut.
On pourra aussi se procurer des *single tickets* directement sur l'appli de la SL. Pratique !
Impossible d'acheter un titre de transport auprès du chauffeur : assurez-vous d'avoir suffisamment de crédits avant de grimper à bord. Le tramway n° 7 vers Djurgården fait figure d'exception : on peut y acheter son ticket directement à bord... mais il coûte alors 54 Sk !
- Prix du trajet : 39 Sk (44 Sk si billet papier) ; réduc moins de 20 ans et plus de 65 ans ou en activant le tarif réduit sur la carte, sur ● sl.se ●, 1 j. avt (26 Sk) ; gratuit moins de 7 ans. Le billet est valable pendant 1h15, ce qui permet d'assurer les correspondances. Pour info, la carte magnétique reste utilisable pendant 6 ans, alors conservez-la si vous prévoyez de revenir un jour à Stockholm...
- Il existe des ***forfaits*** pour ***24h, 72h*** ou ***1 semaine,*** qui permettent l'accès illimité à tous les transports en commun de la ville et de la province de Stockholm (sauf à l'***Arlanda Express***), ainsi qu'aux ferries urbains. *Prix : 165 Sk pour 24h, 330 Sk pour 72h et 430 Sk pour 1 sem (sans compter l'achat de la carte, 20 Sk) ; réduc.* Intéressant à condition de beaucoup recourir aux transports publics.
- Infos en anglais sur *● sl.se/en/in-english/fares--tickets/visitor-tickets ●*

En ferry

Très agréables et pratiques, les ferries s'utilisent comme des bateaux-bus et permettent de relier les îles entre elles. Arrêts à Djurgården, Riddarholmen et Skeppsholmen. Les vélos sont admis. On achète son billet à l'avance (ce sont les mêmes pour tous les transports publics). La ligne la plus fréquentée (n° 82) relie Gamla Stan, Djurgården et Skeppsholmen. *● sl.se ●*
Des bateaux et compagnies privés proposent aussi des excursions sur les canaux de la ville (mais ce ne sont pas des bateaux-bus et ils coûtent plus cher).

En voiture

Un véritable casse-tête, à éviter autant que possible ! Échangeurs, tunnels,

ponts et sens interdits vous rendront fou. La ville étant répartie sur quantité d'îlots, on met un bout de temps avant de comprendre la complexité des connexions, sans compter l'enfer du parking. Tous les quartiers, même éloignés du centre, sont payants... et pas toujours autorisés. Se méfier des panneaux sournois : sous le « P » sur fond bleu, le panonceau *Avgift* avec un horaire indique quand c'est payant.
Puis le ***panonceau jaune*** précise le jour (et l'heure) du nettoyage de la rue, et donc de l'interdiction de stationner. Enfin, des flèches avec une distance indiquent jusqu'où l'on peut se garer (sachant qu'il faut impérativement laisser un carrefour suffisamment dégagé, surtout s'il y a un passage pour piétons).
À part ça, ***le stationnement est cher*** *(5-50 Sk/h selon quartier)*, et payant, en général, du lundi au samedi de 7h à 21h (jusqu'à 19h le samedi et dans les quartiers périphériques). Dans l'hypercentre (Gamla Stan, Norrmalm), il faut payer même le dimanche. La maréchaussée est très active et l'amende bien salée *(min 900 Sk)*. ***Aux horodateurs, on paie uniquement par CB ou sur l'application* Betala P*, à télécharger sur smartphone.*** Les pièces ne sont plus acceptées. Les ***parkings souterrains*** sont nombreux et pratiques mais hors de prix. *Ledigt* signifie qu'il reste des places. Une fois dans le parking, allez dans la section *Besok* (visiteur) qui est indiquée par un panneau. Vous l'avez compris, laissez votre voiture le plus loin possible du centre et utilisez les transports en commun.
Les ***amendes*** se paient par Internet, faites-vous traduire si vous ne comprenez pas les explications.
– Il y a en plus un ***péage urbain pour les voitures*** *(congestion tax)* qui pénètrent en ville du lundi au vendredi entre 6h et 18h30. C'est gratuit en dehors de ces heures ainsi que les jours fériés et au mois de juillet *(compter 11-45 Sk par passage selon l'heure avec un max de 105-135 Sk/j. selon saison)*. Un cordon de 18 portiques délimite une zone de 35 km². Il ne faut pas s'arrêter : le prix s'affiche sur des panneaux lumineux et le paiement est automatique. Les véhicules immatriculés à l'étranger (sauf les motos) et les voitures de location sont aussi concernés : dans le 1er cas, vous recevrez la facture chez vous et paierez via le site • *epass24.com* • Dans le 2d cas, vous réglerez la note à la remise du véhicule.
– Infos sur • *transportstyrelsen.se/en/road/road-tolls/Congestion-taxes-in-Stockholm-and-Goteborg* •

En taxi

Vous trouverez de nombreuses compagnies, parmi lesquelles :

🚗 ***Taxikurir :*** ☎ *30-00-00.* • *taxikurir.se* •
🚗 ***Taxi Stockholm :*** ☎ *15-00-00.* • *taxistockholm.se* •

Poste

✉ ***Bureaux de poste :*** la plupart des bureaux ont disparu, mais on en trouve encore quelques-uns : *Klarabergsviadukten 84 (plan détachable, B3), Östermalmstorg 2 (plan détachable, C-D2), Dalagatan 13 (plan détachable, A1), Kocksgatan 15 (plan détachable, C5)...* Pour trouver la poste la plus proche, consulter • *postnord.se/en/our-tools/search-letter-box-or-service-point#1.63/63.9/15.3* • Pour acheter des timbres, il est plus simple d'aller chez un marchand de journaux ou dans une supérette.

Argent, change

Les banques ouvrent pour la plupart en semaine de 10h à 15h. Noter que les ***bureaux de change*** *(Forex, X-Change...)* proposent un taux légèrement plus avantageux que celui des banques. On en trouve à la gare ferroviaire, à l'aéroport d'Arlanda, etc.

Représentations diplomatiques

■ ***Ambassade de France*** *(plan détachable, C-D2,* ***3****)* **:** *Kommendörsgatan 13. ☎ 459-53-00. ● se.ambafrance.org ● Ⓜ Östermalmstorg. Lun-jeu 9h-12h30 (sur rdv). Rens par tél lun-ven 9h-17h.* Le consulat peut vous indiquer la meilleure solution pour que des proches vous fassent parvenir de l'argent, ou encore vous assister juridiquement en cas de problème.

■ ***Ambassade de Belgique*** *(plan détachable, A3,* ***4****)* **:** *Kungsbroplan 2. ☎ 534-80-200. ● sweden.diplomatie.belgium.be ● Ⓜ T-Centralen. Sur place sur rdv uniquement. Rens par tél lun-ven 9h30-12h30, 14h-16h (15h ven). En cas d'urgence, en dehors des heures d'ouverture : 📱 070-966-23-46.*

■ ***Ambassade de Suisse*** *(plan détachable, C1,* ***5****)* **:** *Valhallavägen 64. ☎ 676-79-00. ● eda.admin.ch/stockholm ● Ⓜ Tekniska Högskolan. Lun-ven 9h-12h. Rens par tél lun-jeu 8h30-12h, 13h30-16h30 ; ven 8h30-13h.*

■ ***Ambassade du Canada*** *(plan détachable, B3,* ***6****)* **:** *Klarabergsgatan 23, 6ᵉ étage. ☎ 453-30-00. ● canadainternational.gc.ca/sweden-suede ● Ⓜ T-Centralen. Lun-ven 9h-12h, 13h-16h. Section consulaire lun-ven 9h-12h, sur rdv.*

Les sites internet suivants pourront aussi vous être utiles : *● regeringen.se ● government.se ●*

Urgences

■ ***Police :*** *commissariats ouv 24h/24 au Kungsholmsgatan 37 (plan détachable, A3,* ***7****) et au Torkel Knutssonsgatan 20, sur l'île de Södermalm (plan détachable, B5,* ***7****). ☎ 114-14-00.*

■ ***Urgences médicales :*** *☎ 112.*

✚ ***Södersjukhuset*** *(hôpital ; hors plan détachable par B6)* **:** *Sjukhusbacken 10, sur l'île de Södermalm. ☎ 616-10-00. ● sodersjukhuset.se ●*

■ ***Pharmacie ouverte 24h/24*** *(plan détachable, B3,* ***8****)* **:** ***Apoteket CW Scheele,*** *Klarabergsgatan 64. ☎ 771-450-450. Ⓜ T-Centralen. Au-dessus d'un escalier face à la gare, au niveau du pont qui enjambe Vasagatan.*

Loisirs et culture

■ ***Kulturhuset*** *(Maison de la culture ; plan détachable, B3)* **:** *Sergels Torg. ☎ 506-20-212. ● kulturhusetstadsteatern.se ● Ⓜ T-Centralen, sortie Drottningsgatan. Tlj 11h-19h30 (17h w-e).* Médiathèque, expos, jeux, espace pour enfants, bornes de chargement pour téléphones, café panoramique...

■ ***Akademibokhandeln*** *(plan détachable, C2,* ***9****)* **:** *Mäster Samuelsgatan 28. ☎ 744-10-00. ● akademibokhandeln.se ● Ⓜ Hötorget. Lun-sam 10h-19h (18h sam), dim 11h-17h.* Grande librairie, très riche dans tous les domaines. Quelques livres en français.

■ ***Location de vélos et de kayaks :*** ***Sjöcaféet*** *(plan détachable, E3,* ***10****), Galärvarvsvägen 2. ☎ 660-57-57. ● sjocafeet.se ● Avr-sept, lun-ven 9h-21h. Env 275 Sk/j. la loc d'un vélo et 400 Sk/j. pour un kayak.*

Divers

■ ***Objets trouvés :*** *au* ***bureau de police*** *(plan détachable, A3,* ***7****), Kungsholmsgatan 37. ☎ 401-00-00.* Pour les biens perdus dans les bus, métros, trains ou dans la gare, s'adresser au : ***Klara Östra*** *(plan détachable, B3), Klara Östra Kyrkogata 6, à côté de la Central Stationen. ☎ 600-10-00. Tlj sauf dim 10h-18h (16h sam) et lun 11h-19h.*

ADRESSES ET INFOS UTILES

■ **Kartbutiken** *(plan détachable, B3,* ***11****) : Mästers Samueslgatan 54, en face de la poste. ☎ 202-303. ● kartbutiken.se ● Lun-ven 10h-18h, sam 11h-17h, dim 12h-16h.* Magasin qui vend moult cartes détaillées de la Suède (pour la rando notamment) ainsi que des guides de voyage.

OÙ DORMIR ?

Les prix que nous indiquons sont approximatifs, car ils varient d'une semaine à l'autre, voire d'un jour à l'autre, selon le taux d'occupation.

Campings

Les campings, à une exception près, sont tous éloignés du centre, mais accessibles en métro.

⛺ **Klubbensborg** *(plan d'ensemble,* ***20****) : Klubbensborgvägen 27, à* ***Hägersten,*** *à 9 km au sud-ouest de la ville. ☎ 646-12-55. ● klubbensborg.se ● Ⓜ Mälarhöjden (T13, puis 15 mn à pied). En voiture, prendre l'E 4-E 20 vers le sud et sortir à Mälarhöjden-Bredäng. Camping de mi-mai à mi-sept et AJ ouv tte l'année (sauf entre Noël et Jour de l'an). Compter 330-350 Sk pour 2 avec voiture.* Camping très simple à taille humaine près d'un charmant port de plaisance dans un environnement vallonné et verdoyant, au bord du lac Mälaren. Cuisine, sanitaires sommaires, mais douches gratuites. Sur le même site, vous trouverez un café comme les Suédois les adorent, jouissant d'une belle vue sur le lac, idéal pour le déjeuner. L'AJ est installée dans une maison ancienne posée sur une colline et propose des chambres simples mais correctes de 2 à 6 lits *(500 Sk pour 2).*

⛺ **Ängby Camping** *(plan d'ensemble,* ***21****) : Blackebergsvägen 25, à* ***Bromma,*** *à 10 km à l'ouest du centre. ☎ 37-04-20. ● angbycamping.se ● Ⓜ Angbyplan, puis 400 m à travers la forêt. En voiture, prendre l'E 4 et sortir en direction de Vällingby (la 275), puis suivre « Drottningholm ». Forfait tente et voiture 310 Sk. Stugor 2-5 pers 595-890 Sk.* Camping de taille moyenne à proximité du lac Mälaren (on peut s'y baigner). Hormis les emplacements pour caravanes assez près de la route, le terrain est vaste, verdoyant et ombragé. Sanitaires rudimentaires et pas toujours propres mais, pour le prix, on s'en contente... Petites cuisines collectives. Tennis et location de bateaux à proximité. Sauna, café, épicerie.

Auberges de jeunesse et hôtels

Dans la vieille ville
(Gamla Stan)

De bon marché à prix moyens (moins de 1 000 Sk / 95 €)

🏠 **Castle House Inn** *(zoom détachable Gamla Stan,* ***22****) : Brunnsgränd 4. ☎ 155-26. À partir de 750 Sk. Résa à l'avance indispensable.* Situation idéale au sein de la vieille ville, dans une ruelle pavée au calme débouchant sur l'animation des quais. Ce *B & B* est niché dans un ravissant immeuble ancien, ce qui n'empêche pas la cinquantaine de chambres de jouir de tout le confort moderne. *Standard* assez classiques, avec salle de bains partagée ou non, davantage de charme pour les catégories supérieures. Ensemble impeccable et lumineux. Pas de petit déj mais le secteur regorge de cafés sympas.

☗ ǀ●ǀ ***Castanea Old Town Hostel*** *(AJ ; zoom détachable Gamla Stan,* ***23****) : Kindstugatan 1, 2e étage. ☎ 22-35-51. • castaneahostel.com • Nuitée 280-410 Sk/pers en dortoir 4-16 lits ; doubles 720-1 100 Sk selon période. Draps et serviettes en sus. Sacs de couchage interdits.* Cette petite AJ a 2 atouts : un emplacement remarquable au cœur de la vieille ville et des locaux modernes fort bien tenus. Chambres et dortoirs (mixtes ou non) impeccables, avec parquet clair, mobilier sobre et déco assez étudiée, donnant sur les rues pavées (et calmes la nuit). En revanche, espaces communs limités (il y a tout de même une cuisine et une laverie), mais on n'est pas ici pour rester enfermé ! Bagagerie et casiers individuels. Accueil jovial et pro. On reçoit un code d'entrée. Pour manger et boire un verre, voir le bar-resto ***Under Kastanjen,*** sur la charmante placette au-devant de l'AJ *(ouv tlj 8h (9h w-e)-21h (22h mer-jeu, 23h ven) ; prix moyens).*

À Riddarholmen

De chic à très chic (plus de 1 000 Sk / 95 €)

☗ ǀ●ǀ ***Mälardrottningen Yacht Hotel*** *(AJ ; plan détachable, B4,* ***24****) : Riddarholmskajen 4. ☎ 120-902-00. • malardrottningen.se • Ⓜ Gamla Stan. Doubles 1 100-2 500 Sk, petit déj inclus.* Ce superbe yacht de 1924 est un condensé de chic et de charme. Boiseries sombres et salons cossus entretiennent une atmosphère raffinée. Réparties sur 3 niveaux, les cabines ont gardé leur structure d'origine mais sont meublées avec goût et disposent d'un bon confort (salle de bains, bureau...). Lits superposés partout, sauf dans les plus chères. L'espace est restreint mais on s'y sent bien, bercé par le clapotis du lac, rêvassant devant les silhouettes du Stadshuset et de l'église de Riddarholmen. Bar et resto abordable *(plats 165-200 Sk).* Sauna (gratuit). Accueil irréprochable.

À Norrmalm et Vasastan

De bon marché à prix moyens (moins de 1 000 Sk / 95 €)

☗ ***Crafoord's Place*** *(AJ ; plan détachable, A2,* ***25****) : Hälsobrunnsgatan 10. ☎ 074-47-06. • crafoordplace.com • Ⓜ Sankt Eriksplan. Emprunter l'ascenseur jusqu'au 7e étage puis gravir la dernière volée de marches. Lits en dortoir (3-11 lits) 130-230 Sk ; double 720 Sk. Draps et serviettes en sus. Parking payant.* Certes, c'est un peu excentré. Mais cette AJ de poche propose des dortoirs et chambres privées simples à des prix très attractifs pour Stockholm. S'ils ne sont pas particulièrement charmants, ils s'avèrent bien tenus, tout comme les sanitaires, partagés pour tous. Laverie et cuisine. Accueil gentil. À quelques encablures de là, le ***Café Pascal*** est un spot sympa dès le petit déj. Viennoiseries gourmandes et quelques plats plus élaborés le midi *(Norrtullsgatan 4 ; lun-jeu 7h-19h, ven 7h-18h, w-e 8h-17h).*

☗ ***City Backpackers*** *(AJ ; plan détachable, B2,* ***26****) : Upplandsgatan 2. ☎ 20-69-20. • citybackpackers.se • Ⓜ Hötorget. Lits en dortoir (4-12 lits) à partir de 240 Sk ; doubles à partir de 770 Sk. Draps et serviettes en sus.* Réception décorée sur le thème du voyage avec fantaisie et originalité. Déchaussez-vous, c'est la règle ! L'intérieur est nickel, avec des chambres vastes et des dortoirs entretenus avec soin, dont certains réservés aux filles. Aussi des appartements pour 6 à 8 personnes. À l'entresol, salle à manger, cuisine, salle TV, douches et sauna. Consignes, machines à laver, location de vélos. Agréable café juste à côté (ouvert en soirée). Organise des tours de la ville : à vélo, en kayak, tournée des bars... On aime cette ambiance gentiment animée et bien routarde.

☗ ***Hostel Dalagatan*** *(AJ ; plan détachable, A2,* ***27****) : Dalagatan 30. ☎ 22-44-90. • dalagatan.se • Ⓜ Odenplan. Lits en dortoir*

(4-8 places) 150-300 Sk/pers (plus cher ven-sam) ; doubles 600-1 000 Sk. Draps inclus mais pas les serviettes. Au sous-sol d'un immeuble résidentiel assez peu engageant, dans un quartier commerçant. Si cette AJ ne déborde pas de charme (zéro déco, murs blancs...), elle a l'avantage d'être l'une des moins chères du centre-ville. Tout est propre, depuis les dortoirs jusqu'aux chambres privées (dont certaines avec un grand lit), en passant par les sanitaires communs. Quelques chambres et dortoirs ont leur salle de bains à l'intérieur. Attention, certaines sont assez sombres, car elles n'ont pas de fenêtre : à préciser lors de la résa. Cuisine, casiers individuels et bagagerie, mais pas de machines à laver. Accueil très serviable.

Birka Hostel *(AJ ; plan détachable, B2,* ***28****) : Luntmakargatan 14. ☎ 21-84-18. Ⓜ Hötorget. Lits en dortoir (4-14 lits) 130-300 Sk, draps inclus (mais pas les serviettes) ; doubles 440-850 Sk.* En plein centre-ville, entouré d'immeubles modernes, voilà une étrange apparition que ce gros bâtiment évoquant un collège du XVIIIe s. Reconverti en AJ privée, cet édifice à l'intérieur moderne et dépouillé abrite des chambres impeccables avec salle de bains, ainsi que des dortoirs dotés de lits superposés (dont un réservé aux femmes), avec sanitaires à l'intérieur ou sur le palier. Cuisine, laverie. Accueil morose.

Generator Stockholm *(AJ ; plan détachable, A2,* ***29****) : Torsgatan 10. ☎ 50-53-23-70. • generatorhostels.com • Ⓜ T-Centralen. Lits en dortoir (4-6 lits) 165-505 Sk/pers ; doubles 850 à... 3 000 Sk.* Immeuble de 8 étages transformé en une immense AJ moderne et agréable, gérée par une chaîne internationale réputée. Intérieur design très bien aménagé, avec snack et salon au rez-de-chaussée. Aux étages, dortoirs spacieux et fonctionnels, dotés de sanitaires privatifs impeccables. Certaines chambres offrent le même confort que dans un hôtel (et aussi des tarifs comparables !). Plus on monte dans les étages, plus c'est clair et calme. En revanche, dans les parties communes, l'agitation bat son plein !

De chic à très chic (plus de 1 000 Sk / 95 €)

Hobo Hotel *(plan détachable, C3,* ***30****) : Brunkebergstorg 4. ☎ 578-82-700. • hobo.se • Ⓜ T-Centralen. Doubles à partir de 960 Sk (mais parfois le triple !), bon petit déj-buffet inclus.* Situé en plein cœur du quartier commerçant, ce boutique-hôtel nouvelle génération nous a séduits. Dès la réception, des plantes cultivées en hydroponie et une boutique de produits naturels confirment la démarche écoresponsable de l'établissement. Réparties dans un immeuble contemporain de 12 étages, les 200 chambres affichent un confort sans faille assorti d'une déco *punchy*. On peut acheter certains éléments de décor, gadgets et produits de toilette bio (c'est le principe même d'un « boutique-hôtel »). Joli bar à l'entrée, volontiers fréquenté en soirée par une clientèle chic-décontractée. En prime, accueil dynamique et souriant. Dommage que les prix s'envolent en haute saison ! Ceux qui ont les moyens se paieront le luxe d'une nuit dans l'hôtel voisin, le ***At Six,*** au design bien senti *(• hotelatsix.com • ; compter au moins 2 000 Sk la double).*

Freys Hotel *(plan détachable, B3,* ***31****) : Bryggargatan 12. ☎ 506-21-300. • freyshotels.com • Ⓜ T-Centralen. À 100 m du terminal d'Arlanda Express, dans une ruelle au calme. Doubles 950-2 900 Sk, avec petit déj.* Un joli 4-étoiles idéalement situé. Les chambres sont claires et décorées avec faste, toutes différentes, feutrées et dotées d'équipements modernes. Elles donnent sur la rue (en partie piétonne) ou sur l'arrière (plus calme), et certaines jouissent d'un balcon. Bonne literie, *queen* ou *king size*. Le tout avec pas mal de charme. Bar à bières belges (entres autres !) et resto au rez-de-chaussée.

Freys Hotel Lilla Rådmannen *(plan détachable, B2,* ***32****) : Rådmansgatan 67-69. ☎ 506-21-500. • lillaradmannen.se • Ⓜ Rådmansgatan. Doubles à partir de 900 Sk, petit déj-buffet compris. Parking payant et cher (300 Sk/j.).* Immeuble de brique des années 1950, appartenant à la chaîne des hôtels *Freys.* Dans une atmosphère cossue, chambres personnalisées et fonctionnelles, au confort appréciable. Le décor mêle design contemporain et esprit rétro avec une touche de kitsch. En demander une sur l'arrière de préférence. Propose aussi des apparts. Resto-bar belge au rez-de-chaussée.

Hotel With Urban Deli *(plan détachable, B2,* ***33****)* **:** *Sveavägen 44. ☎ 30-30-50. • hotelwith.se • Ⓜ Rådmansgatan. Resto tlj 11h-23h (minuit mer-jeu ; 1h ven-sam). Doubles 1 000-1 600 Sk, petit déj inclus.* *Urban Deli* est une chaîne d'épiceries-restauration locale qui compte plusieurs adresses à Stockholm (voir plus loin « Où manger ? »). Au sous-sol, celle-ci accueille un hôtel agréable et aménagé avec goût, proposant des chambres sympas et impeccables, quoique sans fenêtre. La déco soignée, faisant la part belle aux matériaux de qualité et aux teintes chaudes, compense l'absence de lumière naturelle. Sans compter que les tarifs sont très attractifs pour le centre-ville. Au rez-de-chaussée, on trouve le magasin, très bien achalandé, et un resto sympa comme tout. Bon accueil.

Hotel Hellsten *(plan détachable, B1,* ***34****)* **:** *Luntmakargatan 68. ☎ 661-86-00. • hellsten.se • Ⓜ Rådmansgatan. Doubles 1 090-2 090 Sk, avec petit déj. Parking payant (275 Sk/j.).* Dans un immeuble de 1889, voici un hôtel très stylé, décoré avec goût et fantaisie à l'initiative de Per Hellsten, globe-trotteur et ancien photographe. Il a rapporté de ses multiples périples des statues et des masques africains, du mobilier indonésien, qu'on retrouve disséminés dans le salon cosy, le bar ou les 80 chambres luxueuses, toutes différentes. Sauna et concerts de jazz le jeudi soir. Si c'est complet, voyez s'il reste de la place dans leur annexe, l'***Hotel Rex Petit,*** juste en face *(Luntmakargatan 68 ; plan B1,* ***35*** *; mêmes coordonnées)* : les chambres sont de petite taille, avec ou sans fenêtre, mais agréables et à tarifs doux.

Downtown Camper by Scandic *(plan détachable, B3,* ***36****)* **:** *Brunkebergstorg 9. ☎ 517-263-00. • scandichotels.com • Ⓜ T-Centralen. Doubles 1 200-2 100 Sk (parfois beaucoup plus !), petit déj inclus.* Très bien placé, à 2 pas de la gare, un hôtel au design décapant. Le charme opère dès le lobby, aux dimensions impressionnantes, qui décline bois et béton, distillant une atmosphère chaleureuse mâtinée d'une agréable touche industrielle. Dans les chambres (dont les moins chères sont aveugles), pas de fausse note non plus. Elles sont de bonne taille, meublées avec goût, depuis les plaids et oreillers épais jusqu'aux belles salles de bains ultra-contemporaines. Le *rooftop* abrite un bar à cocktails douillet, *The Nest.* Resto sur place. Attention cependant, les tarifs peuvent s'envoler en semaine !

À Södermalm

De bon marché à prix moyens (moins de 1 000 Sk / 95 €)

Skanstulls Boutique Hostel *(AJ ; plan détachable, D6,* ***37****)* **:** *Ringvägen 135. ☎ 643-02-04. • skanstulls.se • Ⓜ Sankstull. Lits en dortoir (5-12 lits) 250-400 Sk ; doubles à partir de 750 Sk.* Au sud du quartier de Södermalm, mais proche du métro, cet immeuble ancien restauré abrite une petite AJ privée. On adore ou on déteste l'aménagement pour le moins farfelu et chargé, dans une atmosphère atypique. Mais comme les chambres et dortoirs sont au sous-sol et certaines n'ont pas de fenêtres, un peu de gaieté n'est pas superflue. Les chambres privées (avec ou sans salle de bains) sont dignes d'un hôtel. Quant aux dortoirs, ils sont propres et agréables, adjoints de sanitaires collectifs fort bien tenus. À dispo : cuisine équipée, laverie, coin lecture (échange de livres possible). Mention spéciale au staff très accueillant.

Zinkensdamm Hotell & Vandrarhem *(AJ ; hors plan détachable par A5,* ***38****)* **:** *Zinkens Väg 20. ☎ 616-81-00. • zinkensdamm.com •*

Ⓜ *Zinkensdamm. À 100 m de Hornsgatan. Lits en dortoir (4-8 lits) et doubles côté AJ 270-700 Sk ; draps et serviettes en sus. Doubles (partie hôtel) 1 300-2 300 Sk. Parking 175 Sk.* Située au bord d'un grand parc, une bonne combinaison AJ/hôtel dans le style « Old Södermalm » coloré. En tout, plus de 200 lits répartis en chambres très simples mais nickel, avec ou sans sanitaires privatifs. Il y a aussi des chambres plus cossues, avec douche et w-c privés, recommandées pour les familles. L'ensemble est convivial et très bien équipé : vélos en location, distributeurs, sauna (payant), cuisine, laverie, resto, etc. Bar accueillant aux allures de pub (cuisine locale à prix sages). Cour intérieure et terrasses à l'avant et à l'arrière. Pensez simplement à apporter des boules *Quies,* car les murs sont minces. Excellent accueil, pro et serviable.

The Red Boat Hostel & Hotel *(AJ ; plan détachable, B4,* ***39****) : Södermälarstrand 10. ☎ 644-43-85. • theredboat.com • Ⓜ Slussen. Lits en dortoir (3-10 lits) env 310-400 Sk, draps inclus ; doubles 650-1 600 Sk.* Sympathique hôtel dans un bateau rouge en bois de 1914, amarré sur le quai nord-ouest de l'île de Södermalm. Cabines privées un peu datées, d'un confort simple, avec de petits hublots. Salle à manger pittoresque, encombrée de bibelots. Cuisine interdite, mais petit déj-buffet copieux et cafétéria à bord. Terrasses pour prendre le soleil. Les dortoirs, eux, se trouvent dans le bateau blanc voisin mais les prix nous ont paru surestimés par rapport au confort proposé.

Mosebacke Hostel *(AJ ; plan détachable, C5,* ***21****) : Högbergsgatan 26. ☎ 641-64-60. • mosebackehostel.se • Ⓜ Medborgarplatsen. Compter 750-1 200 Sk pour 2.* Une AJ bien située dans le quartier, tranquille avec des chambres simples mais bien tenues, pour 1 à 4 personnes maximum, avec ou sans salle de bains privée. Pas toujours de fenêtre, mais des puits de lumière. Vaste cuisine à dispo et espaces communs plaisants, dans un style nordique fonctionnel, spacieux et chaleureux, agrémenté de photos de grands noms du cinéma.

Chic (1 000-1 500 Sk / 95-143 €)

Hotel Hornsgatan *(plan détachable, B5,* ***40****) : Hornsgatan 66B, 1er étage. ☎ 658-29-01. • hotelhornsgatan.se • Ⓜ Mariatorget. Doubles 800-1 600 Sk, petit déj inclus ; triples et quadruples.* Dans un immeuble bourgeois de 1905, cet hôtel est en fait un grand appart arrangé avec goût. Et on s'y sent comme à la maison. Déco chaleureuse (mobilier, peintures), planchers anciens, double vitrage côté boulevard... Les chambres, confortables, sont toutes différentes. Sanitaires privatifs ou sur le palier. Accueil charmant et pro.

Très chic (plus de 1 500 Sk / 143 €)

Hotel Frantz *(plan détachable, C5,* ***41****) : Peter Myndes Backe 5. ☎ 442-16-80. • hotelfrantz.com • Ⓜ Slussen. Doubles « Petite » ou supérieures 1 600-3 300 Sk, petit déj copieux inclus. Parking payant.* Établissement niché dans un vénérable immeuble du XVIIe s. Retiré au fond d'une ruelle calme, il s'organise autour d'une courette centrale, dans un style vintage chic, et abrite des chambres agréables et lumineuses, même si les plus petites sont vraiment étriquées. Vu la différence de prix, mieux vaut privilégier les catégories supérieures. Aussi des chambres plus économiques mais avec lits superposés... Resto très recommandable et bar sur place.

Hotel Rival *(plan détachable, B5,* ***42****) : Mariatorget 3. ☎ 545-789-00. • rival.se • Ⓜ Mariatorget. Doubles standard env 2 000-3 200 Sk, avec petit déj.* Cet ancien cinéma des années 1940 appartient, entre autres, à Benny Andersson, du groupe ABBA. Il fait partie des lieux les plus emblématiques de Södermalm. La déco s'inspire du cinéma donc, et les chambres sont équipées en audiovisuel high-tech. Les *standard,* assez confortables et spacieuses, sont d'un rapport qualité-prix honnête avec leur design rétro-chic et chaleureux. En revanche, les *superior* et surtout les *deluxe* du 7e étage, avec leur balcon qui donne sur une adorable place ombragée, coûtent un bras ! Resto *Tavernan Rival* au rez-de-chaussée (voir « Où manger ? »).

À Skeppsholmen

De bon marché à prix moyens (moins de 1 000 Sk / 95 €)

STF af Chapman & Skeppsholmen Hostel *(AJ ; plan détachable, D4,* **43***) : Flaggmansvägen 8. ☎ 632-22-80. • swedishtouristassociation.com • Env 20 mn de marche depuis la gare ou bus nº 65. Pour les membres, lits en dortoir env 200-500 Sk/pers, doubles 700-1 000 Sk (1 400-1 800 Sk en cabine d'officier, la classe !). Ajouter 50 Sk/pers pour les non-membres.* Le *Chapman,* c'est le superbe 3-mâts blanc amarré à l'île de Skeppsholmen, que l'on voit de loin. Il fait partie intégrante du paysage de la ville. Ancien navire-école de la Marine suédoise, construit en Angleterre en 1888, il fut transformé en AJ en 1949 et modernisé dans les années 2000. L'AJ propose 2 types d'hébergements : sur le bateau ou à quai, dans le bâtiment de réception. Près de 300 lits répartis en chambres (ou cabines) de 2 à 16 personnes. Sympa en familles ! Le bateau en lui-même est une merveille, même si l'espace est évidemment limité. Les cabines sont plus séduisantes et cosy que les chambres et dortoirs (apporter son cadenas) dans le bâtiment, assez standard. Sanitaires communs propres et en nombre suffisant. Aussi une poignée de chambres type hôtel. Salles communes sur le quai avec équipement complet (cuisine, consigne, machines à laver, salle TV, billard et resto-bar...). Également un café ouvert toute la journée et un resto sur le bateau.

Très chic (plus de 1 500 Sk / 143 €)

Hotel Skeppsholmen *(plan détachable, D4,* **44***) : Gröna gången 1. ☎ 407-23-00. • hotelskeppsholmen.se • Doubles standard 2 390-3 100 Sk, petit déj compris ; supérieures et suites.* Charme et délicatesse à la scandinave. Dans un ancien casernement de la garde royale du XVIIIe s, à 2 pas des musées et de l'embarcadère pour Djurgården, une oasis de tranquillité et de bien-être. 80 chambres et suites au design épuré, sans manquer de chaleur. On y profite du calme, de la vue sur les autres îles, des jardins et d'une terrasse idéale pour la pause *fika.* Accueil très pro, côté hôtel comme côté resto, où vous vous régalerez de poissons de la Baltique. Beau petit déjeuner-buffet.

À Kungsholmen

De bon marché à prix moyens (moins de 1 000 Sk / 95 €)

City Hostel *(AJ ; plan détachable, A3,* **45***) : Fleminggatan 19. ☎ 410-038-30. • cityhostel.se • Ⓜ Rådhuset. Lits en dortoir (6-12 lits) 240-280 Sk ; doubles à partir de 680 Sk. Draps compris, mais pas de petit déj sur place.* Située à portée de marche du centre, sur une île résidentielle tranquille, cette AJ occupe le sous-sol d'un immeuble. Son cadre moderne et propret, entretenu par des murs d'une blancheur immaculée, parvient à créer une atmosphère accueillante. Les chambres n'ont qu'un puits de lumière en guise de fenêtre mais elles sont très calmes. Environ 80 lits répartis entre dortoirs et chambres privées, de la *single* à la familiale. Sanitaires en commun. Cuisine bien équipée, laverie, salle TV, casiers individuels...

Un peu plus loin

De bon marché à prix moyens (moins de 1 000 Sk / 95 €)

Långholmens Hostel *(AJ ; plan d'ensemble,* **46***) : Langholmsmuren 20, sur l'île de* ***Långholmen,*** *à l'ouest de Stockholm. ☎ 720-85-00. • langholmen.com • Ⓜ Hornstull. Résa en ligne impérative. Lits en*

OÙ DORMIR ?

dortoir (2-8 lits) 250-300 Sk ; doubles 660-950 Sk. Supplément de 50 Sk/pers pour les non-membres. Buffet petit déj 100 Sk. Draps et serviettes en sus. Plus cher pour la partie hôtel (env 1 100-2 000 Sk). Mais lors des périodes creuses, ce sont les chambres de l'hôtel qui servent pour l'AJ. Décidément, les AJ de Stockholm ne manquent pas d'originalité : il s'agit ici d'une ancienne prison reconvertie avec beaucoup d'esprit en hôtel et en AJ. Vous dormirez dans d'anciennes cellules conçues pour 2, 4, 6 ou 8 personnes. Douche et w-c extérieurs très bien tenus pour les dortoirs, mais privatifs pour les chambres. Cuisine et laverie. Belles salles de resto (il y en a 4 différents) et, aux beaux jours, cafétéria en plein air. Parc et petite plage à proximité. Des conditions dans lesquelles la détention devient un réel plaisir... surtout quand on a la clé de son cachot ! Un petit musée *(ouv 11h-16h, entrée : 25 Sk pour les non-résidents)* évoque le passé du bâtiment. C'est surpeuplé en été et lors des grands événements. Location de vélos, parking gratuit... Une adresse remarquable et un accueil très pro.

Où dormir dans un avion-hôtel près de l'aéroport d'Arlanda ?

Jumbo Hostel *(hors plan d'ensemble par le nord)* **:** *Jumbovägen 4, Stockholm Arlanda, en bordure de l'autoroute, à la sortie de l'aéroport. ☎ 593-604-00. • jumbostay.com • Lits en dortoir 450-550 Sk, doubles à partir de 1 895 Sk ; petit déj inclus.* Rien de plus insolite que ce Boeing 747 transformé en *hostel* de 76 lits ! L'aménagement, fort bien pensé, permet d'exploiter au mieux l'espace. Outre les dortoirs (2 ou 4 lits, non mixtes) et les chambres dans de petites cabines étonnamment cosy (avec couchettes superposées), on adore les minuscules cabines suspendues aux ailes, dans les anciens turboréacteurs *(engine room)* ! Les sanitaires sont collectifs à l'exception de la suite dans le cockpit, bluffante, et de 3 chambres privées. Tout est impeccable, et surtout, hyper insolite ! Rien ne manque... jusqu'au plateau-repas du petit déj servi par une équipe en uniforme.

OÙ MANGER ?

La très chic et branchée Stockholm compte une douzaine de tables étoilées et de nombreux restos gastronomiques. Mais évidemment pas à la portée de toutes les bourses ! Pour éviter de vous ruiner, profitez des formules déjeuner avec plat du jour, buffet d'entrées et café, généralement proposées en semaine de 11h à 14h, y compris dans certaines adresses chics. Rapport qualité-prix remarquable. Le soir et le week-end, rabattez-vous sur des options plus populaires ou sur les kiosques qui vendent du poisson fumé ou grillé à moindres frais. Sinon, la petite chaîne locale *Urban Deli* propose des plats simples, assiettes de fruits de mer et autres à des tarifs très raisonnables *(Nytorget 4 ; quelques autres adresses en ville ; tlj jusque tard le soir).* **Prévoyez tout de même de casser votre tirelire de temps à autre, afin d'appréhender la variété de la cuisine scandinave, qui s'attache à sublimer le terroir avec virtuosité.**

Dans la vieille ville

(Gamla Stan)

Sans surprise, les restos de la vieille ville sont souvent plus chers que les autres, fréquentation touristique oblige. Mais cela n'empêche pas la qualité d'être au rendez-vous.

De très bon marché à bon marché (moins de 200 Sk / 19 €)

Café Schweizer *(zoom détachable Gamla Stan,* ***60****)* **:** *Vasterlanggatan 9. ☎ 411-51-77. Tlj 7h-20h. Snacks et* *petits déj 70-150 Sk.* À 2 pas du palais royal *(Kungliga Slottet).* Niché derrière une charmante devanture ancienne, un café de poche que l'on fréquente dès le petit déj. Entre les murs recouverts de signatures de clients, on savoure de délicieux sandwichs et salades à prix doux, souvent à base de hareng ou de saumon ainsi que des jus d'orange pressée. C'est simple, frais, léger et servi avec bonne humeur.

Hermitage *(zoom détachable Gamla Stan,* ***61****)* **:** *Stora Nygatan 11. ☎ 411-95-00. Tlj 11h (12h w-e)-20h. Buffets à partir de 120 Sk le midi, 160 Sk le soir et le w-e.* Décor chaleureux et coloré dans ce petit resto végé qui fait aussi de la vente à emporter. Le buffet se compose de crudités variées ainsi que 4 ou 5 plats chauds, parfumés aux herbes et aux épices. Vraiment goûteux, et on mange à sa faim. Une aubaine pour le quartier !

Grillska Huset *(zoom détachable Gamla Stan,* ***67****)* **:** *Stortorget 3. ☎ 588-316-49. Tlj 10h-20h (19h ven-lun). Plats 100-150 Sk.* Face aux jolies façades colorées de Stortorget et au musée Nobel, une terrasse impec pour une boisson, une réjouissante sélection de gâteaux maison ou un petit plat à prix raisonnables. Sans prétention, mais très bien pour se requinquer dans cette adresse à but social et solidaire. Boulangerie attenante, que l'on adore au petit déj.

Panem Café *(zoom détachable Gamla Stan,* ***63****)* **:** *Stora Nygatan 26. ☎ 10-98-00. Lun-mar 8h-19h, mer-sam 9h-21h, dim 9h-19h. Petits plats 100-130 Sk.* Une vitrine de boulangerie à dévorer du regard avant de goûter aux petits pains, pizzas, salades et *buns* à la cannelle. Appétissant, accueillant avec ses quelques tables jusque dans la rue et bien pratique pour se rebooster vite fait bien fait. Sert même de la bière.

De bon marché à prix moyens (100-300 Sk / 9,50-28,50 €)

Zum Franziskaner *(zoom détachable Gamla Stan,* ***64****)* **:** *Skeppsbron 44. ☎ 411-83-30. Tlj 16h (15h ven-dim)-23h (minuit jeu-sam). Plats 100-290 Sk.* Le plus vieux bistrot de la ville, paraît-il (1421 !), même si le cadre actuel date du XIXe s. Déco de style germanique, avec boiseries sombres, paysages peints au mur, box intimes et clientèle d'habitués. Cuisine de brasserie où chacun trouve son bonheur, mais où l'on peut aussi se contenter de harengs marinés ou d'une tarte flambée arrosés d'une *pils* bien fraîche, le tout pour un prix tout à fait correct.

Pastis *(zoom détachable Gamla Stan,* ***65****)* **:** *Baggensgatan 12. ☎ 20-20-18. Tlj 11h30 (12h w-e)-1h (minuit dim) ; hors saison, fermé le midi lun-mer. Lunch menus env 175-200 Sk ; plats env 145-255 Sk.* Un resto-bar français, comme son nom le laisse entendre, dans un mouchoir de poche (même pas 20 couverts) face à la statue de saint Georges. Déco Belle Époque, quelques tables dehors en été. Cuisine d'excellente facture : poulet rôti, confit de canard, gigot d'agneau... Bien aussi pour un cocktail ou un verre à l'apéro ou en soirée.

Österlånggatan 17 *(zoom détachable Gamla Stan,* ***66****)* **:** *Österlånggatan 17. ☎ 557-773-00. Tlj 11h30 (12h w-e)-22h (23h ven-sam, 16h dim). Plats lunch 145 Sk, sinon 145-285 Sk, voire plus.* Situé au pied de la statue de saint Georges terrassant le dragon, ce resto très tendance sert une honnête cuisine de bistrot qui prend volontiers des accents français et italiens. C'est aussi un bar spécialisé dans les cocktails. Agréable salle chic et tendance, et plaisante terrasse extérieure.

Under Kastanjen *(zoom détachable Gamla Stan,* ***62****)* **:** *Brända Tomten. ☎ 21-50-04. Tlj 8h (9h w-e)-22h (23h sam). Plats 125-300 Sk le midi, 215-335 Sk le soir.* Aux beaux jours, un air méditerranéen flotte sur cette placette aux adorables façades, égayée de quelques tables, à l'ombre d'un vénérable châtaignier (le *kastanjen* de l'enseigne). Un décor parfait pour apprécier le menu qui tire la nappe vers la Suède, du genre burgers et salades à midi, *toast skagen* et boulettes de viande le soir. Avantageux rapport qualité-prix vu l'emplacement et la qualité du service.

À Södermalm

Un de nos quartiers préférés le soir, à l'atmosphère gentiment bobo et branchée. On y trouve une foultitude de tables de tous horizons et à des prix encore abordables. Noter que la Skånegatan *(plan détachable, C-D5-6)* est particulièrement animée et fréquentée (excepté en juillet, quand les Suédois partent au soleil).

De très bon marché à bon marché (moins de 200 Sk / 19 €)

Café Blå Lotus *(plan détachable, C-D6, **68**) : Katarina Bangata 21. ☎ 644-50-43. Ⓜ Medborgarplatsen ou Skanstull. Tlj 9h (10h w-e)-19h (17h30 sam-lun). Menu du jour env 120 Sk ; sandwichs et salades 50-100 Sk.* En entresol, un petit café chaleureux et intimiste, à la déco orientale colorée. On y sert petits déj, salades, tartes, sandwichs et de nombreuses variétés de thés et cafés, accompagnés de délicieux gâteaux. Service adorable et clientèle relax.

Falloumi *(plan détachable, D6, **69**) : Ringvägen 127. ☎ 462-96-29. Ⓜ Skanstull. Tlj 11h (12h w-e)-21h. Sandwichs et bowls env 100-150 Sk.* Cette petite cantine acidulée débite des sandwichs et des *bowls* d'inspiration méditerranéenne, comme l'indique son nom, contraction de « falafel » et « halloumi » (un fromage chypriote). Une adresse très appréciée des jeunes pour ses portions généreuses et ses tarifs très raisonnables. Service souriant et attentionné.

Dans Skånegatan, mais aussi entre Götgatan et Renstiernasgata *(plan détachable, C-D5-6)*, plusieurs troquets font office de café le jour et de bar le soir. Allez donc grignoter le midi au **Kaffe** *(Sankt Paulsgatan 17, à l'angle de Kvarngatan ; plan détachable, C5, **70** ; lun-sam 8h (10h sam)-18h, dim 10h-17h)*, adresse discrète devenue célèbre depuis que Daniel Craig s'y est approvisionné en cigarettes dans *Millénium*. Le patron, qui nourrissait Stieg Larsson bien avant qu'il ne soit célèbre, n'a plus besoin de publicité. Une popularité qui se lit dans le service empressé !

Häktet *(plan détachable, B5, **76**) : Hornsgatan 82. ☎ 84-59-10. Ⓜ Mariatorget. Lun-jeu 17h-1h, ven 16h-3h, sam 17h-3h. Fermé dim. Plats et petites assiettes env 50-150 Sk.* En retrait de la rue principale, une petite adresse confidentielle qui a tout pour plaire. Dans l'agréable cour ou en salle, on partage avec plaisir des assiettes gourmandes et originales, dont le contenu change au fil des saisons. Clientèle bobo et branchée, tout comme le service, jeune et sympa. Tout est fait maison, jusqu'au beurre baratté. Beaux cocktails et belle carte des vins, mais là, attention au porte-monnaie.

Crêperie Fyra Knop *(plan détachable, C5, **71**) : Svartensgatan 4. ☎ 640-77-27. Tlj 17h-21h. Galettes env 130-160 Sk.* Une crêperie qui aurait sa place en Bretagne ! Pour les aficionados en mal de repères (ou repaire ?) culinaires, on y sert des galettes minute bien tournées et généreusement garnies. À déguster dans l'une des 3 petites salles chaleureuses et intimistes.

Primo Ciao Ciao *(plan détachable, D5, **75**) : Bondegatan 44 (à l'angle de Nytorgsgatan). ☎ 640-01-10. Service en continu tlj 11h (12h w-e)-22h (21h dim). Plats 140-190 Sk.* Très prisé par les gens du quartier dans un bout de rue où s'alignent les terrasses pas chères et populaires. On fait la queue pour passer commande et on essaie de trouver une table dans la petite salle obscure aux allures d'épicerie fine. Spécialité : la pizza napolitaine. Aussi des pâtes, *antipasti*, risottos... Plusieurs succursales dans la ville.

Kajsas i Parken *(plan détachable, E6, **97**) : Stora Mejtens Gränd 16. 📱 076-044-45-41. Ⓜ Skanstull. Mars-oct, tlj à partir de 10h, selon météo. Plats 110-170 Sk.* Stockholm côté parcs, pour ceux qui s'aventurent jusque dans Vita Bergen. Cette guinguette familiale et de plein air ne désemplit pas. Sympa et pratique pour un verre, un hamburger, un sandwich, une quiche, une glace... On a toujours une bonne raison de s'y poser.

OÙ MANGER ?

De prix moyens à chic (plus de 200 Sk / 28,50 €)

Meatballs for the People *(plan détachable, D5, **72**) : Nytorgsgatan 30. ☎ 466-60-99. Tlj 11h-22h30. Plats lunch 145 Sk, le soir 215-245 Sk.* Ici, on sert des boulettes à toutes les sauces. Enfin, surtout à toutes les viandes : bœuf, porc, veau, sanglier et même... vegan. On choisit sa barbaque à moins de préférer panacher. Rien de bien raffiné mais la qualité est vraiment au rendez-vous. Produits sélectionnés avec le plus grand soin, locaux et dans un souci écolo.

Nytorget Urban Deli *(plan détachable, D5-6, **73**) : Nytorget 2-4. ☎ 500-30. Ⓜ Medborgarplatsen. Tlj 8h30-23h (1h30 ven-sam). Lunch menu 145 Sk ; plats env 200-400 Sk. CB uniquement.* Une petite chaîne d'épiceries où l'on peut aussi s'attabler dans une salle immense aménagée à la manière des *food courts* new-yorkais. C'est le repaire des hipsters du coin qui viennent se sustenter d'une cuisine simple mais efficace, à toute heure de la journée. Quantité incroyable de produits du monde entier, dont pas mal de bio, à des prix tout de même assez élevés. Beaucoup d'autres adresses en ville, dont le **Hotel With Urban Deli** (voir plus haut « Où dormir ? »).

Hermans *(plan détachable, D5, **74**) : Fjällgatan 23B, accessible par un escalier depuis le musée Fotografiska. ☎ 643-94-80. Tlj 11h-21h (18h dim) ; la cuisine ferme 1h plus tôt. Buffet vegan env 160 Sk le midi en sem, 250 Sk le soir et le w-e, thé ou café compris.* On a un faible pour ce très agréable salon de thé et resto végé et vegan. L'emplacement est exceptionnel : des terrasses plantées à flanc de colline, descendant en paliers vers le port, avec vue panoramique sur la ville. Véranda pour les jours frisquets. Tout est conçu dans un esprit bio, sain, écolo et relax. Le buffet est suffisamment varié pour contenter tout le monde. On peut aussi y prendre un délicieux goûter : super gâteaux et biscuits, belle sélection de thés et cafés...

Tavernan Rival *(plan détachable, B5, **42**) : Mariatorget 1C. ☎ 545-789-25. Tlj 11h30-21h. Plats 150-260 Sk, jusqu'à 350 Sk le soir.* C'est l'annexe de l'*Hotel Rival* (ancien cinéma), temple du glamour et du design. Décor élégant et cosy de brasserie parisienne chic. Terrasse sur rue avec poufs, divans, vue sur le parc de Mariatorget et glouglou de la fontaine en fond sonore. Intéressant rapport qualité-prix : salades, croques et petits plats du jour font parfaitement le travail. Le soir seulement, côté bistrot, davantage de choix et plats suédois plus travaillés (mais plus chers).

Restaurang Kvarnen *(plan détachable, C5, **77**) : Tjärhovsgatan 4. ☎ 643-03-80. Ⓜ Medborgarplatsen. Tlj 11h (12h w-e)-3h (minuit dim-mar). Lunch à prix avantageux à midi ; plats 190-335 Sk.* Signalé par une enseigne représentant un moulin (*kvarnen* en suédois). Grande salle de brasserie haute de plafond, aux murs recouverts de dessins. Ce resto centenaire est à la fois le lieu de rendez-vous d'ex-communistes, d'anarchistes et de supporters du club de foot Hammarby. Cuisine traditionnelle généreuse et portions copieuses. À l'arrière, le bar ***ELD 2.0,*** orné de carrelage de métro, de casseroles en cuivre, et de portes de récup, accueille une clientèle plus jeune et sert de bonnes bières artisanales.

Magnolia *(plan détachable, B4-5, **78**) : Blecktorngränd 9. ☎ (0763) 397-97-77. Ⓜ Mariatorget. Tlj 11h (12h w-e)-23h (minuit ven-sam). Lunch 115-160 Sk ; le soir, plats 200-300 Sk ; menu 350 Sk. CB uniquement.* Bistrot asiatique niché au calme dans une adorable ruelle en pente qui donne sur Hornsgatan. Aux beaux jours, on s'attable à même les marches des escaliers. Le reste du temps, la salle design s'avère accueillante quoiqu'un peu froide. Au menu, une cuisine asiatique moderne et créative, délicieusement parfumée, riche en épices et condiments. Parmi les plats en vedette, citons les *bao* (pains vapeur fourrés) et les riz garnis.

Östgötakällaren *(plan détachable, D5, **79**) : Östgötagatan 41.*

☎ *643-22-40. Tlj 16h (12h ven-dim)-23h30 (ferme plus tard mer-sam). Plats 175-285 Sk. Âge requis : 20 ans (23 ans ven-sam).* Resto de quartier dans le style pub à l'ancienne avec une mezzanine et des banquettes sur le trottoir en été. Courte carte affichant une cuisine pour le moins roborative : hamburger maison, ragoût, *schnitzel,* viandes juteuses...

|●| ***Pelikan*** *(plan détachable, C6,* ***80****) : Blekingegatan 40.* ☎ *55-60-90-90.* Ⓜ *Skanstull. Tlj 11h30-minuit (1h ven-sam). Plats 200-350 Sk.* Un resto typiquement suédois et très couru, plutôt chic. Grande salle haute de plafond avec moulures, boiseries, tableaux et fresques au mur, où les habitués babillent allègrement, avec parfois un sacré tintamarre à la clé ! Plats traditionnels bien tournés à défaut d'être originaux. Si vous n'avez pas encore craqué pour les boulettes aux airelles, c'est le moment. Service attentif.

À Norrmalm

Bon marché (100-200 Sk / 9,50-19 €)

|●| ***Kajsas Fisk*** *(plan détachable, B2,* ***81****) : Hötorgshallen 3.* 📱 *070-583-68-75. Tlj sauf dim 11h-18h (19h ven, 16h sam). Plats 115-150 Sk.* Une bonne cantine de marché, planquée au sous-sol des *Hötorgshallen.* On s'installe dans une agréable salle tout en sobriété, en face d'un étal de poissonnier. Très populaire le midi. La soupe de poisson est exquise, les harengs, saumon et autre cabillaud sont préparés de plusieurs manières, sans chichis mais savoureux et d'un rapport qualité-prix convaincant pour le quartier.

De prix moyens à chic (plus de 200 Sk / 19 €)

|●| 🍸 ***Knut Bar*** *(plan détachable, C2,* ***83****) : Regeringsgatan 77.* ☎ *30-40-57. Tlj sauf dim 11h-minuit (1h ven-sam, 23h lun-mar). Lunch en sem à partir de 155 Sk ; pizzas 215-235 Sk ; plats 240-315 Sk.* Un joli resto-bar tendance, aménagé dans un style sophistiqué et branché mais pas snob pour un sou. Comptoir de bois clair où les papotages vont bon train, banquettes et tables hautes le long des baies vitrées, éclairages subtils... On s'y sent tout de suite bien. La cuisine fait la part belle aux produits typiques du nord de la Suède : élan, canard sauvage, cerf et truite sont apprêtés avec brio, et accompagnés de mayo aux chanterelles ou de ketchup aux airelles. Aussi des pizzas au *västerbottensost* (un fromage rappelant le parmesan). Service gentil et efficace. Bien aussi pour boire un cocktail (chérot) ou une pression de qualité.

|●| 🍸 ***Duvel Café*** *(plan détachable, B2,* ***84****) : Vasagatan 50.* ☎ *23-48-70. Tlj sauf dim 11h (13h sam)-23h (1h ven-sam). Plats 210-290 Sk ; menus théâtre 415-525 Sk. CB uniquement.* Dans le quartier des théâtres et de la presse, juste en face du *Vasa Teatern,* une petite brasserie chaleureuse et élégante pour manger à toute heure. Plafond à caissons, boiseries, bar bien pourvu... Ambiance joviale le midi, plus feutrée le soir. Saumon mariné, fameux *toast skagen* (tartine recouverte de petites crevettes fumées)... Tous les classiques se côtoient à la carte, tournée vers la mer. Bien aussi pour siroter une bière belge ou un verre de vin. Service cordial.

|●| ***Bistro Bestick*** *(plan détachable, B2-3,* ***85****) : Bryggargatan 8.* ☎ *20-31-20. Tlj sauf w-e 11h-14h, plus tlj 17h-minuit (1h ven-sam) ; fermeture de la cuisine à 22h30. Résa très conseillée. Lunch en sem à partir de 175 Sk (165 Sk à emporter) ; le soir, plats 255-365 Sk.* Un bistrot réputé pour son intéressante cuisine traditionnelle suédoise revisitée, servie dans une petite salle à la déco un poil kitsch. Malgré des tarifs élevés, c'est souvent plein, le midi comme le soir. Vin au verre (vraiment ruineux). Accueil cordial.

|●| ***Smak*** *(plan détachable, B2,* ***86****) : Oxtorgsgatan 14, sous le pont.* ☎ *22-09-52. Tlj sauf w-e 11h30-14h, plus tlj sauf dim 17h-minuit (1h ven-sam). Le midi, plats 155-170 Sk (à*

partir de 125 Sk à emporter) ; le soir, formules 3-7 plats 475-765 Sk. À côté du *Konserthuset,* un resto très design décoré dans des teintes chaudes et meublé avec soin, qui attire une clientèle branchée au portefeuille bien garni. Sa cuisine est renommée pour son inventivité et sa finesse. Carte originale qui suit les saisons, où chaque plat correspond à un numéro. Selon l'appétit et les saveurs, on en choisit de 3 à 7, mais 5 c'est déjà un bon score (surtout eu égard aux prix !). À l'heure du déjeuner, essayez le plateau-repas déjà composé, comme dans les avions... mais la comparaison s'arrête là !

Luzette *(plan détachable, B3,* ***87****) : Centralplan 25. ☎ 519-316-00. Tlj sauf dim 11h (17h sam)-22h (23h jeu, ven et sam). Plats 205-365 Sk.* Au rez-de-chaussée de la gare ferroviaire (Central Stationen), accès par l'esplanade piétonne (Centralplan) ou par le hall. Une belle brasserie modernisée dans le style vintage chic. Une partie bistrot pour boire un café et une salle assez grandiose pour déguster une cuisine soignée dans une déco à la parisienne. Serveurs en noir et blanc, ambiance vibrante.

À Vasastan

Si ce quartier nord de la ville n'est pas le plus touristique, il est en revanche apprécié des Stockholmois pour ses cafés et restos d'un bon rapport qualité-prix.

De très bon marché à bon marché (moins de 200 Sk / 19 €)

Blåbär *(plan détachable, A1,* ***88****) : Upplandsgatan 54. ☎ 32-54-75. Lun-ven 10h-20h, w-e 11h-18h. Plats 100-110 Sk.* Un adorable café de quartier tout indiqué pour une pause salée ou sucrée. Dans un décor simple et douillet, agrémenté de quelques tables sur le trottoir, on choisit en vitrine de délicieux sandwichs chauds ou froids, des quiches, toasts, lasagnes ou salades à composer avec les ingrédients de son choix... Beaux gâteaux pour le dessert ou le goûter.

Namami *(plan détachable, B2,* ***89****) : Drottninggatan 85. ☎ 22-44-18. Lun-ven 10h-16h. Plats env 100-150 Sk.* Au pied de l'immeuble (musée) où vécut l'écrivain Strindberg. 2 tables sur le trottoir et un local minuscule où on prépare de savoureuses salades et *bowls* à base d'ingrédients frais (légumes, saumon...). On les accommode de diverses sauces, toutes faites maison. Jus de fruits naturels. C'est sain et économique, parfait pour faire le plein d'énergie avant de repartir arpenter la ville.

Prix moyens (200-300 Sk / 19-28,50 €)

Tennstopet *(plan détachable, A1,* ***90****) : Dalagatan 50. ☎ 32-25-18. Tlj 11h30 (12h w-e)-1h (minuit dim-mar). Résa conseillée le soir. Menus le midi en sem 165-175 Sk ; plats 170-405 Sk.* Un resto-pub à l'ancienne, qui régale depuis plus de 150 ans d'une généreuse cuisine familiale suédoise où l'on retrouve notamment du gibier en saison. Steaks, côte de bœuf, boulettes, tartares, filets... Ici, la viande tient le haut du pavé ! Côté pub, on dévore à toute heure un bon plat du jour arrosé d'une bière dans une ambiance sage, parmi une clientèle de quadras, quinquas et plus. Le décor est un peu lourdingue mais chaleureux : boiseries sombres, moquette de style tartan écossais, tête de cerf accrochée au mur... La salle de resto adjacente est plus épurée.

Rolfs Kök *(plan détachable, B2,* ***91****) : Tegnérgatan 41. ☎ 10-16-96. Tlj 11h30 (17h ven-sam)-1h (minuit dim-jeu). Résa conseillée. Lunch menu en sem env 200 Sk ; le soir, plats 200-400 Sk (et même jusqu'à 700 Sk !).* Une adresse pour les becs fins qui ont les moyens. Décor minimaliste de type bistrot, cuisine ouverte au centre de la salle... On y mitonne des spécialités suédoises revues à la sauce d'aujourd'hui et sublimées par des produits d'exception (truffe, foie gras...). Carte des vins longue comme le bras. Ne pas manquer les w-c biplaces pour les couples inséparables.

À Östermalm

Bon marché (100-200 Sk / 9,50-19 €)

|●| ***Mom's Kitchen*** *(plan détachable, D2,* ***92****)* **:** *Nybrogatan 40. ☎ 661-27-27. Tlj sauf dim 11h-19h (17h sam). Menu déj env 105 Sk ; plats 120-145 Sk.* Minuscule cantine proposant chaque jour une dizaine de plats simples, du genre cuisine familiale sans chichis, présentés dans une vitrine et réchauffés à la commande. Boulettes, lasagnes, ragoûts, rosbif, pudding de saumon... C'est à la fois bon et très économique. Seulement une poignée de tables, mais on peut aussi emporter sa pitance pour aller pique-niquer dans un parc.

|●| ***Omaka*** *(plan détachable, C1,* ***96****)* **:** *Uggleviksgatan 2. ☎ 8-400-50-440. Lun-sam 11h30-23h (minuit ven-sam). Plats 130-235 Sk.* Une brasserie artisanale qui fait aussi bar-resto, on en a vu d'autres, mais celle-ci joue la carte de la créativité et de la qualité sur tous les plans. Depuis sa cuisine ouverte, le chef réinvente sans cesse des plats soignés, matchant les bières maison aux saveurs subtiles et détonantes, à l'image de la *dragon,* la *weiter* ou la *svartskog* (fruits rouges, herbes aromatiques, chocolat...). Une sélection de 16 bières à la pompe (plus celles en cannette) que l'on se surprend à déguster comme des grands crus. Une nouvelle génération de brasseurs qui mérite bien la balade pour y aller.

|●| ***Nybrogatan 38*** *(plan détachable, D2,* ***92****)* **:** *Nybrogatan 38. ☎ 662-33-22. Tlj 7h30 (12h w-e)-23h (minuit ven-sam). Plat du jour 125 Sk ; sinon, compter 165-250 Sk.* Une adresse gentiment tendance, en plein cœur du quartier chic, tout indiquée pour s'octroyer une pause entre 2 visites (ou 2 boutiques...). Belle et immense salle à la déco contemporaine coquette, divisée en divers espaces plus ou moins intimistes. On y sert une cuisine honnête, d'inspiration méditerranéenne, plutôt légère. Belles salades, poissons bien assaisonnés, tartares et belle déclinaison d'œufs pour le brunch (servi le week-end de 12h à 15h). Une bonne option à midi ; rapport qualité-prix moins avantageux le soir.

De prix moyens à chic (plus de 200 Sk / 19 €)

|●| ***Östermalms Saluhall*** *(plan détachable, C2,* ***93****)* **:** *Östermalmstorg. Lun-ven 9h30-19h, sam 9h30-17h, dim 11h-17h.* Cet imposant ensemble de brique rouge datant de 1888 abrite des halles animées et très chics. Attention, l'addition grimpe vite ! On y trouve de tout, sur des étals tous plus attrayants les uns que les autres. Dans le coin réservé au poisson, on peut consommer des produits de la mer d'une fraîcheur optimale. La meilleure table, mais vraiment pas donnée, est incontestablement celle de ***Lisa Elmqvist*** *(☎ 55-34-04-10 ; mieux vaut réserver le soir et le w-e ; plats 285-495 Sk).* Mais on recommande aussi ***Tysta Mari*** *(☎ 667-58-54 ; plats 165-275 Sk)* qui propose de bons plats à des prix plus abordables que le précédent.

|●| ⛱ ***Artilleriet*** *(plan détachable, D2,* ***94****)* **:** *Artillerigatan 13. ☎ 664-34-30. Tlj sauf dim-lun 11h-23h (1h ven-sam). Lunch en sem 135-155 Sk ; plats 205-335 Sk.* C'est le resto du musée de l'Armée. Cadre parfait, avec sa jolie salle raffinée sous des voûtes blanches et son agréable terrasse donnant sur la cour du musée. La carte change régulièrement au gré des saisons. Produits de qualité, sauces savoureuses, garnitures soignées... Franchement, on s'est régalés ! Service gentil et délicat.

À Skeppsholmen et Djurgården

Bon marché (100-200 Sk / 9,50-19 €)

|●| ⛱ ***Restaurant du Moderna Museet*** *(plan détachable, D4,* ***95****)* **:** *dans le*

musée d'Art moderne. ☎ 52-02-36-60. Tlj sauf lun 10h-17h. Plats 145-185 Sk. Tous les grands musées possèdent un café ou un resto. Mais celui-ci se distingue par sa situation : la vaste salle est bordée de baies vitrées et d'une terrasse, et comme le bâtiment est perché sur une hauteur, la vue sur le port de Stockholm est magnifique. Soupes, salades, plats du jour, tout est frais et copieux. Aussi 2 bars *(11h-17h, ferme à 19h mar et ven).*

Blå+ *(plan détachable, E4,* ***99****) : Djurgårdsvägen 64. ☎ 663-87-59. Tlj 11h-19h (jusqu'à 20h l'été). Plats 145-210 Sk.* Adjoint à la galerie d'art *Liljevalchs,* ce resto classique côté patio, végé et bio côté salle, est une vraie aubaine pour les familles, entre 2 visites de musées. À la fois pour l'addition raisonnable et aussi pour la qualité des plats, en self-service côté patio : quiches, hareng mariné, boulettes de viande, pâtisseries de ouf ! Et le patio se révèle bien agréable aux beaux jours.

OÙ FAIRE UNE PAUSE SUCRÉE ? OÙ BOIRE UN CAFÉ ?

La pause ***fika*** est une religion en Suède. Pas d'équivalent en français pour cette coutume locale. Rien d'extravagant, il s'agit en fait de s'octroyer une pause autour d'un café en grignotant un en-cas salé ou sucré ! Voir la rubrique « Cuisine » dans « Hommes, culture, environnement » en fin de guide pour plus d'infos.

Dans la vieille ville (Gamla Stan)

Chokladkoppen *(zoom détachable Gamla Stan,* ***100****) : Stortorget 18. ☎ 20-31-70. Tlj 9h-23h en été ; lun-ven 10h-22h (23h ven), w-e 9h-23h (22h dim) le reste de l'année.* Dans un superbe immeuble du XVIIe s, à la façade la plus lumineuse de Strotorget, la charmante place de la vieille ville. Un agréable café fréquenté à tout moment de la journée. Belle terrasse calme et ensoleillée, parfaite pour un petit déj. Salle pas mal non plus avec ses poutres apparentes et son massif mobilier de bois. Service affairé. Sandwichs et glaces à emporter.

Sundbergs Konditori *(zoom détachable Gamla Stan,* ***101****) : Järntorget 83. ☎ 10-67-35. Tlj 9h (10h w-e)-20h. Dagens lunch env 100-130 Sk.* Fondée en 1785, c'est la plus vieille pâtisserie de Stockholm encore en activité. Self-service (de qualité honorable). On dit que le roi Gustav III aimait y boire son café ou y goûter quelques gâteaux gourmands. La déco vieillotte et classique s'inspire d'ailleurs du style gustavien. Agréable terrasse sur la place.

Café Sten Sture *(zoom détachable Gamla Stan,* ***102****) : Trångsund 10. ☎ 20-06-50. Tlj 10h-minuit. Sandwichs, salades et plats chauds 130-280 Sk.* Un des cafés insolites de Stockholm : à 5 m sous terre, on peut y boire son chocolat chaud ou sa bière dans d'anciens cachots du Moyen Âge. Et surtout y déguster une délicieuse cuisine suédoise, desserts compris. On n'y enfermait que des prisonniers de marque, tel Johan Ankarström, assassin du roi Gustav III. La prison est restée en service jusqu'à la fin du XIXe s. Repérer les pierres des années 1300 sous les vitres au sol. Une adresse particulièrement appréciable en hiver ou les jours de pluie.

À Norrmalm

Vete-Katten *(plan détachable, B2,* ***104****) : Kungsgatan 55. ☎ 20-84-05. Lun-ven 7h30-20h, w-e 9h30-19h. Plats 100-150 Sk.* Ce charmant café est dispatché dans plusieurs salles à la déco éclectique, ainsi que sur une ravissante terrasse prise d'assaut aux beaux jours. Rendez-vous au comptoir où une multitude de gâteaux, viennoiseries et autres douceurs font de l'œil au chaland, avant d'aller vous installer (on apprécie particulièrement la petite salle donnant sur la cour intérieure). Bien aussi au déjeuner pour se repaître d'une bonne soupe, d'une salade ou d'un plat tout simple mais savoureux.

À Södermalm

La grande île du sud distille une atmosphère particulièrement branchée, matérialisée par une tripotée de cafés-bars originaux. Parmi les coins les plus *in* : *SoFo,* soit Söder om Folkungagatan, délimité par Folkungagatan au nord, Götgatan à l'ouest, Ringvägen au sud et Renstiernas gata à l'ouest.

Chokladfabriken *(plan détachable, D5,* ***106****)* **:** *Renstiernas gatan 12.* ☎ *640-05-68. Tlj 10h (11h dim)-18h.* Si vous êtes dans le quartier, une petite halte s'impose dans cette remarquable chocolaterie artisanale. On fait la queue au comptoir pour commander ses gourmandises et sa boisson. Une adresse typique de SoFo, qui possède des succursales dans *Vasastan* et *Norrmalm.*

À Vasastan

Konditori Ritorno *(plan détachable, A1,* ***108****)* **:** *Odengatan 80.* ☎ *32-01-06. Lun-ven 7h-22h, sam 8h-18h, dim 10h-18h. Fermé en juil.* Une vénérable boulangerie-café (1959) avec belle terrasse ensoleillée donnant sur le parc de Vasaparken. La salle au fond conserve un charmant style rétro des années 1960. Joli choix de pâtisseries.

OÙ BOIRE UN VERRE ? OÙ ÉCOUTER DE LA MUSIQUE ? OÙ DANSER ?

Sortir à Stockholm, mode d'emploi

Attention, l'âge minimum d'entrée dans les endroits où l'on peut consommer de l'alcool (boîtes, discos, etc.) varie entre 20 et 25 ans selon les soirs. Le principe étant que dans la semaine on accepte les jeunes à partir de 20 ans, tandis qu'en fin de semaine on fixe l'autorisation d'entrée à 23 ou 25 ans (afin de faire une sélection par le porte-monnaie). N'oubliez pas vos papiers d'identité, ils seront souvent exigés à l'entrée. Par ailleurs, renseignez-vous au préalable sur le *dress code* spécifique à chaque établissement : il est parfois d'une grande souplesse, parfois carrément psychorigide... ça dépend ! Voir aussi « Où manger ? », car beaucoup de restos sont également des bars.

Sortir gratuit

Tout l'été, on peut assister à des concerts pop, des représentations théâtrales... gratuitement et en plein air. Renseignez-vous sur les programmes des endroits suivants : le parc **Kungsträdgården,** avec concerts fréquents 19h-21h *(plan détachable, C3 ; • kungstradgarden.se •)* ; l'île de **Långholmen** *(plan d'ensemble)* ou encore le parc de **Vita Bergen** *(plan détachable, D-E5-6).*

Les quartiers les plus vivants le soir

– ***La vieille ville*** *(Gamla Stan ; zoom détachable Gamla Stan)* accueille les noctambules dans ses pubs, bars à cocktails et bars musicaux où l'on peut parfois danser. Dans ce dernier cas, il faut souvent s'acquitter d'un droit d'entrée, incluant ou non une consommation. D'une manière générale, Gamla Stan n'est pas un quartier bon marché, et ce n'est d'ailleurs pas le meilleur

endroit pour sortir non plus. Le samedi, les touristes inondent les débits de boisson dès 21h-22h et il faut parfois faire la queue sur le trottoir pour dégoter une place.
– Dans Östermalm, le micro-quartier de ***Stureplan*** *(plan détachable, C2)* est garni de terrasses où se retrouvent les 25-35 ans. Plusieurs boîtes autour de cette place et le long de Kungsgatan. La plupart sont ouvertes jusqu'à 3h le vendredi et le samedi, voire 5h. Longues files d'attente après minuit. Un peu snobs et très chers, le ***Riche,*** au Birger Jarslgatan 4 *(plan détachable, C2),* et le ***Berns,*** au Näckströmsgatan 8 *(plan détachable, C3),* sont indémodables. On se contente de vous les indiquer en passant, vous n'avez pas besoin de nous pour les trouver !
– La place ***Kungsträdgården*** *(plan détachable, C3)* est l'un des lieux animés de Norrmalm, de jour comme de nuit. Beaucoup profitent de la musique qui déborde des terrasses de cafés. Ambiance populaire et concerts gratuits de temps en temps.
– Sur l'***île de Södermalm*** *(plan détachable, A-E5-6),* les bars de Götgatan (surtout la partie nord) et de la Medborgarplatsen drainent une foule nombreuse et composite. D'autres rues, comme Skånegatan, sont aussi très animées et mêlent ambiance branchée et vie de quartier. C'est là qu'on trouvera les adresses les plus sympas.

Dans la vieille ville
(Gamla Stan)

Engelen *(zoom détachable Gamla Stan,* ***110****)* ***:*** *Kornhamnstorg 59B. ☎ 20-10-92. • engelen.se • Pub ouv tlj 16h-1h (2h mer-jeu, 3h ven-sam). Boîte mer-sam 22h-3h. Après 20h, entrée payante. Âge requis : 23 ans. Tenue correcte exigée.* Ce vaste pub-resto sert de bons hamburgers et steaks et renferme aussi 2 scènes pour les concerts (au rez-de-chaussée et au sous-sol), où se produisent des groupes d'excellente qualité, rock et pop le plus souvent *(résas : 077-182-68-26).* Les caves se transforment en boîte le week-end.

Stampen *(zoom détachable Gamla Stan,* ***111****)* ***:*** *Stora Gråmunkegränd 7. ☎ 20-57-93. • stampen.se • Tlj sauf lun. Mar-ven et dim 17h-1h, sam 13h-1h. Entrée payante.* Incontournable boîte de jazz et de rythm & blues traditionnel. Dizzy Gillespie et Woody Allen y ont joué. Super déco composée d'un tas de vieux objets et d'instruments de musique. Une salle est réservée aux groupes, l'autre fait night-club (rock'n'roll, au sous-sol).

Pharmarium *(zoom détachable Gamla Stan,* ***112****)* ***:*** *Stortorget 7. ☎ 820-08-10. • pharmarium.se • Tlj 16h-23h (minuit mer-jeu, 1h ven-sam).* Emplacement de choix, sur la plus jolie place de la ville, dans une très ancienne pharmacie, ouverte dès la fin du XVIe s. Finies les potions amères : l'endroit est désormais spécialisé dans les cocktails sophistiqués... qui coûtent bonbon ! Autour d'un noble comptoir ovale en marbre, des recoins intimes éclairés à la chandelle. Classe mais pas guindé, clientèle bien mise, venant converser dans le calme et la distinction. Terrasse en face du musée Nobel.

À Norrmalm

Glenn Miller Café *(plan détachable, C2,* ***113****)* ***:*** *Brunnsgatan 21A. ☎ 882-45-49. • glennmillercafe.se • Tlj sauf lun-mar 18h-1h. Résa conseillée par tél. Concerts de jazz ven-sam. Compter 50 Sk/pers par set + 1 conso obligatoire. CB refusée.* On peut être discret et faire de belles choses ! C'est le cas de ce bar minuscule et chaleureux qui donne des concerts live de très bonne qualité. Les amateurs de jazz et de blues de tous les âges s'y entassent dans la bonne humeur. Fait aussi resto (moules-frites et grillades principalement).

Fasching *(plan détachable, B3,* ***114****)* ***:*** *Kungsgatan 63. 077-147-70-70. • fasching.se • Tlj 18h-minuit (4h ven-sam). Entrée chère. Âge requis : 20 ans pour la discothèque, 18 ans* *pour les concerts.* *Fasching* signifie « carnaval » mais, depuis 1977, c'est le nom d'un des meilleurs clubs de jazz de la ville. Il propose des concerts plusieurs soirs par semaine. Salle tout en longueur, aux pierres apparentes. Excellente programmation.

Melt *(plan détachable, B2,* ***115****) : Malmskillnadsgatan 45. • meltbar.se • Ⓜ Slussen. Seulement jeu 17h-23h et ven-sam 18h-1h. Entrée gratuite jeu tte la soirée, plus ven-sam avt 19h. Sinon 150 Sk. CB uniquement.* À l'angle d'une rue et d'un escalier en pierre, pas d'enseigne, le nom a disparu, reste une seule lettre M mystérieuse au-dessus de la porte. Ce bar excentrique et rétro rappelle les speakeasies des années 1920, à l'époque de la prohibition. Les serveuses, en robe d'époque, préparent des cocktails sophistiqués derrière le bar sur lequel évoluent des danseuses burlesques.

Tak *(plan détachable, C3,* ***30****) : Brunkebergstorg 2-4. ☎ 587-220-80. Tlj sauf dim 11h30 (17h sam)-minuit.* Au 14e étage, entre le *Hobo Hotel* et le *At Six* (voir plus haut « Où dormir ? »), un *rooftop* agréablement branché, offrant un panorama à 360° sur l'ensemble de la ville. Repaire d'une clientèle jeune et plutôt *hype*, venue déguster une bière ou un cocktail maison en contemplant le soleil décliner à l'horizon. Bon, comme on pourrait s'y attendre, les prix sont aussi élevés que la vue !

Icebar *(plan détachable, B3,* ***116****) : dans l'Hotel C, Vasaplan 4. ☎ 50-56-31-40. • icebarstockholm.se • Tlj 11h45 (15h l'hiver)-minuit (1h ven-sam). Résa en ligne vivement recommandée, surtout en fin de sem. Entrée, cocktail inclus : 225 Sk.* Le concept est aujourd'hui largement répandu. Pour une somme non négligeable (exorbitante en fait), on enfile une parka afin de supporter le froid du bar : - 5 °C pour boire un cocktail dans un verre... en glace ! Les curieux et les fauchés pourront observer ce bar depuis le hall de l'hôtel... à travers la glace.

Spesso *(plan détachable, C2-3,* ***126****) : Malmskillnadsgatan 38b. ☎ 480-043-98. Tlj 11h30 (midi w-e)-1h. Résa conseillée. Snacking moins de 100 Sk ; plats 250-350 Sk.* L'entrée discrète se fait par une galerie d'art puis l'ascenseur nous emmène au 12e étage. Vue top sur les toits de Stockholm, dans un espace design intérieur ou extérieur, tout vitré et contemporain, assez nature. Impec pour un cocktail, une soirée DJ et surtout un repas italien de beau niveau parmi des habitués venant autant pour voir que pour se voir.

Operabaren et Strömterrassen *(Opéra royal de Stockholm ; plan détachable, C3,* ***98****) : Karl XII Torg et Strömgatan 14. ☎ 676-58-00 et 📱 073-345-99-24. Tlj (sauf dim-lun pour le 1er ; seulement en saison pour le 2d).* En faisant le tour de l'opéra, on a flashé, du côté de l'église rouge, pour les boiseries et la verrière Art déco de l'*Operabaren,* son ambiance feutrée et son menu délicieusement suédois *(plats 225-425 Sk tt de même).* Côté palais royal, terrasse-balcon extra au bar *Strömterrassen.* Cocktails et plats *(235-285 Sk)* pas donnés non plus, mais quelle vue ! L'été, on est aux 1res loges pour le défilé de la garde royale vers midi.

À Östermalm

Omnipollos Flora *(plan détachable, C2,* ***117****) : Kungliga Humlegården 1. Tlj 12h-23h ; fermé en cas de mauvais temps.* Ce petit *biergarten* est niché dans le verdoyant Humlegården. Ambiance guinguette avec guirlandes colorées et grandes tablées. Très sympa pour siroter une bière (mais pas beaucoup plus vu les prix) sous la tonnelle jaune et blanc. Quelques petites choses à grignoter si jamais la faim se fait sentir.

Strandbryggan Sea Club *(plan détachable, E3,* ***118****) : Strandvägskajen 27. ☎ 660-37-14. Avr-oct 11h-1h.* Pour profiter des jours ensoleillés, voici un café-resto posé dans le port de plaisance de Stockholm. On peut y manger, mais la cuisine ne présente guère d'intérêt. Autant se contenter de prendre un verre sur la terrasse flottante (en été) ou à quai, en profitant de la magnifique lumière du soir qui baigne *Strandvägen.*

À Södermalm

Katarina Ölkafé *(plan détachable, D6,* ***119****)* **:** *Katarina Bangata 27. Tlj 16h-minuit.* Comment ne pas tomber sous le charme de ce minuscule bar à bières. Derrière de larges baies vitrées, les autochtones socialisent autour des tables hautes en se régalant de l'une des bières bouteille ou pression affichées à l'ardoise. Lumière tamisée, boiseries peintes et banquettes en font un petit nid cosy. Revers de la médaille, il faut s'y pointer assez tôt pour espérer avoir une place.

Mosebacke Etablissement – Sodra Teatern *(plan détachable, C5,* ***120****)* **:** *Mosebacke Torg 1-3. ☎ 48-00-44-00. • sodrateatern.com • Ⓜ Slussen. Tlj 11h-14h (16h w-e) ; bar ven-sam uniquement, 21h-3h. Pas de résa possible. Spectacles payants. Lunch-buffet 125 Sk 11h-14h en sem ou petits plats env 100 Sk après 17h.* Depuis 1885, les Stockholmois viennent se détendre au cabaret *Mosebacke Etablissement* et danser, les soirs d'été. Passez le portail en forme d'arc de triomphe et montez sur cette terrasse où vous pourrez, comme le narrateur des 1res pages du roman de Strindberg *Le Cabinet rouge*, admirer la vue sur la ville et le port, et siroter une mousse devant le buste de l'écrivain. Stands à saucisse et ambiance d'enfer. Sinon, dans le bâtiment adjacent, 2 bars, une scène et une piste de danse pour garantir des soirées fiévreuses, même en plein hiver !

Akkurat *(plan détachable, C4-5,* ***121****)* **:** *Hornsgatan 18. ☎ 644-00-15. • akkurat.se • Ⓜ Slussen. Tlj 16h (13h ven-dim)-minuit (voire 1h selon affluence).* Un des bars à bière les plus fréquentés pour l'*afterwork*, avec un comptoir où il faut jouer des coudes pour se faire servir. Grand tableau avec les promos du jour en matière de bières du monde entier et de single malt. Ambiance électrique lors des concerts live du dimanche.

Omnipollos Hatt *(plan détachable, C5,* ***122****)* **:** *Hökens gata 1A. 📱 076-119-48-44. Tlj 12h-1h.* Décidément, les fidèles aiment venir s'entasser dans ce tout petit bar à bières. Au milieu d'un brouhaha intense, on y écluse gaiement une pression artisanale de qualité, debout ou accoudé aux tables hautes. On y sert aussi des pizzas cuites au four à bois : surtout à emporter, vu l'exiguïté des lieux !

Southside Pub *(plan détachable, A5,* ***123****)* **:** *Hornsgatan 104. ☎ 669-50-52. • southsidepub.se • Ⓜ Zinkensdamm. Tlj sauf lun 16h (13h sam, 14h dim)-minuit (1h ven-sam, 22h dim).* Un grand pub irlandais avec sa batterie impressionnante de bières à la pompe, ses écrans pour suivre les matchs de foot, ses jeux de fléchettes, ses *happy hours*, sa *pub-food* bien consistante et ses petits concerts au sous-sol plusieurs fois par semaine. De quoi passer une bonne soirée sans casser sa tirelire.

Krogen Soldaten Svejk *(plan détachable, C-D5,* ***125****)* **:** *Östgötagatan 35. Ⓜ Medborgarplatsen. ☎ 641-33-66. Tlj 16h (15h sam)-minuit (23h dim).* Un parquet usé plus que de raison, un comptoir qui en a vu d'autres et des écus médiévaux aux murs, bref, un cadre chaleureux et patiné pour se délecter des incomparables bières tchèques comme la *Staropramen*.

Détour possible par le **Nytorget Urban Deli** *(plan détachable, D5-6,* ***73*** *; lire plus haut « Où manger ? À Södermalm »)* pour une flûte, une bière ou un jus de fruits pressés. Tout dépend de l'heure, de votre état de fatigue... et de celui de votre porte-monnaie.

À Kungsholmen

AG *(hors plan détachable par A3,* ***124****)* **:** *Kronobergsgatan 37, au 2e étage. ☎ 410-68-100. • restaurangag.se • Tlj 17h (13h sam)-1h.* Dans une ancienne fabrique d'argent, un resto et bar à tapas spécialisé dans la viande. Juste une discrète enseigne lumineuse sur la rue, puis on grimpe un escalier miteux. Sur les murs, souvent des expos décapantes. Des pièces de boucherie y sont suspendues. La cuisine étant vraiment ruineuse, on se contente d'y prendre un verre, juste pour l'ambiance.

BALLETS ET CONCERTS CLASSIQUES

Kungliga Operan *(Opéra royal de Stockholm ; plan détachable, C3)* **:** *Gustav Adolfs Torg 2. ☎ 791-44-00. Résas en ligne • operan.se • Ⓜ Kungsträdgården. Résas téléphoniques tlj sauf dim 13h-15h ou achat du billet dans le hall 2h avt la représentation.* Accueille souvent de grands artistes internationaux. Petite réduction pour les étudiants.

Kungliga Musikhögskolan *(Académie royale de musique ; plan détachable, D1)* **:** *Valhallavägen 105. ☎ 57-21-00-00. • kmh.se • Ⓜ Stadion T-bana. GRATUIT.* Au nord d'Östermalm. De septembre à juin, durant l'année scolaire, allez donc écouter les élèves de cette prestigieuse académie. Plusieurs concerts par semaine, gratuits, avec des œuvres et formations très variées.

Konserthuset *(plan détachable, B2)* **:** *Hötorget 8. ☎ 50-66-77-88. • konserthuset.se • Ⓜ Hötorget. Résas par tél. Tlj sauf dim 11h-17h (14h sam).* C'est ici que joue l'Orchestre philharmonique de Stockholm. Ici aussi que se tient la cérémonie annuelle de remise des prix Nobel (en décembre). Belle programmation à tous les tarifs (les places les moins chères sont originalement situées derrière l'orchestre).

ACHATS

Bien sûr, le design suédois est incontournable. De nombreux magasins spécialisés vendent des objets de déco, à la fois pratiques et esthétiques. Mais à des prix pas toujours très économiques... On peut aussi acheter de petits objets insolites, rétro, vintage, grunge... bref, il y en a pour tous les goûts. Pour un cadeau de dernière minute, les boutiques des musées sont tout indiquées. Elles proposent une foule d'objets originaux, souvent très actuels, à tous les prix.
Les boutiques spécialisées dans les lutins et les trolls, ou les jouets suédois en velours, sur Österlanggatan (dans Gamla Stan ; *zoom détachable*), font le plein de visiteurs. Mais la qualité n'est, elle, pas forcément au rendez-vous.
Le quartier branché de Södermalm s'avère idéal pour une agréable séance de lèche-vitrines !

À Norrmalm et Östermalm

La plupart des adresses design se concentrent dans le fameux ***triangle d'or de l'art et du design,*** entre la Linnégatan au nord *(plan détachable, C-D2)*, l'Artillerigatan à l'est *(plan détachable, D2-3)* et la Birger Jarlsgatan à l'ouest *(plan détachable, C2)*. Facile à repérer avec ses larges avenues et ses immeubles cossus.

Myrorna *(plan détachable, B2, 130)* **:** *Adolf Fredriks Kyrkogata 5-7. ☎ 545-208-91. • myrorna.se • Tlj sauf dim 10h-18h (11h-17h sam).* Une petite chaîne de magasins de 2de main où l'on trouvera un peu de tout, de la vaisselle aux vêtements en passant par le mobilier. Quelques pépites à chiner en fouillant bien, à des prix très abordables.

Sturegallerian *(plan détachable, C2)* **:** *Stureplan 4. • sturegallerian.se • Lun-sam 10h-19h (17h sam), dim 12h-17h.* Très centrale, cette luxueuse galerie marchande a été dessinée et conçue par le designer Jonas Bohlin. Près de 70 boutiques (beauté, mode, accessoires...) et une dizaine de bars et restos très tendance.

Asplund *(plan détachable, D2, 131)* **:** *Sibyllegatan 31. ☎ 662-52-84. • asplund.org • Tlj sauf dim 11h-18h (16h sam).* Pléthore de tapis de laine, aux formes et couleurs originales, créés par 2 célèbres designers suédois : Thomas Sandell et Pia Wallén. Également d'élégants meubles, mais moins facile de les emporter dans sa valise...

DesignTorget *(plan détachable, B2, **132**) : Sergelgatan 20. ☎ 21-91-50. • designtorget.se • Lun-sam 10h-19h (17h sam), dim 11h-16h.* Chaîne nationale créée par Jerry Hellström et John Hamberg. On y trouve de tout et pour toutes les bourses. L'esthétique et le pratique se mêlent dans chaque accessoire ou objet. C'est là le génie du design suédois. Autres boutiques en ville, dont les plus centrales se situent dans la gare ferroviaire (Stockholms Centralstation ; *plan B3, **132** ; lun-ven 7h-21h, sam 8h-20h, dim 9h-20h*), au *Kungsgatan 52 (plan B2, **132** ; tlj 10h-19h – 18h sam, 17h dim)* ou encore *Götgatan 31 (plan C5, **132** ; tlj 10h-19h – 18h sam, 17h dim).*

Svenskt Tenn *(plan détachable, D3, **133**) : Strandvägen 5. ☎ 670-16-00. • svenskttenn.se • Lun-sam 10h-18h (17h sam), dim 11h-16h.* Nombreuses créations d'Estrid Ericson et de Josef Frank, les fondateurs de l'établissement. Accessoires, textiles, meubles, vaisselle... Vraiment pas donné.

Filippa K *(plan détachable, C2, **138**) : Biblioteksgatan 2 et Grev Turegatan 18. • filippa-k.com •* Une styliste suédoise à l'esprit plutôt jeune. Beaux vêtements pour hommes comme pour femmes, classiques mais bien coupés. Pas donné du tout... D'autres adresses dans le secteur *(Hamngatan 18-20, Klarabergsgatan 50...).*

À Södermalm

C'est une tout autre vision de Stockholm qu'offre l'île de Södermalm, ce grand quartier de la capitale où le design fleurit dans chaque vitrine. Au milieu des bars et pubs de Götgatsbacken, de petites boutiques originales donnent à voir des collections peu communes et attrayantes. Quant aux magasins de design à proprement parler, leurs noms vous sont probablement déjà familiers : ***Ording & Reda*** *(plan détachable, C5, **134** ; Götgatan 32 ; • ordning-reda.com • ; lun-ven 10h-19h, sam 11h-17h, dim 12h-16h),* qui vend des carnets, des sacs, de la vaisselle. Au n° 31 de Götgatan, ***Granit*** *(plan détachable, C5, **134** ; • granit.com • ; lun-ven 10h-19h, sam 10h-18h, dim 11h-17h30),* spécialisé dans la déco intérieure de la maison, et ***DesignTorget*** *(plan détachable, C5, **132** ; voir ci-contre),* sur le même concept que *Granit* mais en plus design encore.

On y trouve donc les grands noms du design, mais aussi plein de petites adresses plus confidentielles dont celles-ci :

Pärlans Konfektyr *(plan détachable, D5, **137**) : Nytorsgatan 38. ☎ 660-70-10. Lun-sam 11h-18h (17h sam), dim 12h-16h.* Une alléchante boutique où l'on débite une gamme impressionnante de caramels. Des friandises remarquables, aux saveurs diverses, distribuées dans les meilleurs hôtels-restos de la ville. Vue sur l'atelier derrière une baie vitrée. On peut déguster une boisson chaude sur place. Sachets ou coffrets à la présentation soignée.

Galleri Hantverket *(plan détachable, C5, **136**) : Götgatan 63. ☎ 641-66-08. • gallerihantverket.se • Lun-sam 11h-18h (16h sam), dim 12h-16h.* Une galerie sympa qui rassemble des pièces imaginées par des créateurs locaux. Il y en a pour tous les goûts et toutes les bourses. Bijoux, déco, œuvres d'art... Pour dégoter un souvenir original.

Pet Sounds *(plan détachable, D5-6, **135**) : Skånegatan 53. ☎ 702-97-98. Lun-sam 11h-18h (16h sam).* Une caverne d'Ali Baba mythique pour les amateurs de musique : vinyles, CD, affiches et accessoires. Rock, blues, jazz, alternatif, techno, électro-pop, etc. Il y a tellement de collectors qu'on ne sait où donner de la tête ! Le magasin possède aussi un bar sur le trottoir d'en face.

Emmaüs Vintage *(plan détachable, C5, **139**) : Peter Myndes backe 8. 📱 073-673-45-21. Lun-ven 10h-19, sam 11h-18h, dim 12h-17h.* Le royaume de l'occaz' en vêtements, déco, maison, et aux standards suédois...Très grand, tentant et c'est pour une bonne œuvre.

À VOIR

Si vous comptez enchaîner les visites, l'achat d'un ***pass Go City*** peut s'avérer rentable (voir la rubrique « Adresses et infos utiles » dans « Stockholm »). Rappelez-vous toutefois que ***les musées publics sont GRATUITS.***
– Lecteurs étudiants, ***n'oubliez pas d'emporter votre carte internationale*** afin de bénéficier des tarifs réduits.

Stockholm gratuit

L'entrée des musées publics est gratuite pour tous. Une aubaine pour les passionnés de culture et d'histoire ! La plupart sont fermés le lundi. Voici les principaux musées que vous pourrez visiter à l'œil :
– National Museum (musée des Beaux-Arts) ;
– Historiska Museet (musée d'Histoire) ;
– Moderna Museet (musée d'Art moderne) ;
– Centre pour l'architecture et le design ;
– Armémuseum (musée de l'Armée) ;
– Medeltidsmuseet (musée de la Stockholm médiévale) ;
– Etnografiska Museet (musée d'Ethnographie) ;
– Sjöhistoriska Museet (Musée maritime) ;
– Östasiatiska Museet (musée d'Extrême-Orient).

LA VIEILLE VILLE

(Gamla Stan ; zoom détachable Gamla Stan)

C'est ici que Stockholm est née, il y a plus de 700 ans. La petite cité ceinte de murailles s'est agrandie indolemment, outrepassant cet écrin fortifié. Autrefois, *Köpmangatan,* doyenne de la ville, était bordée de maisons en brique.
Gamla Stan forme un ensemble remarquablement bien conservé. C'est une cité au tracé médiéval, blottie sur son île, jalonnée de paisibles placettes, sillonnée par des rues pavées et tortueuses, de vieilles maisons à pignons peintes de teintes chaudes... et beaucoup de touristes. Les rues, à la circulation restreinte, regorgent d'échoppes de souvenirs, notamment son axe principal, *Västerlånggatan.* Le jour, les visiteurs se bousculent pour visiter le ***château royal*** et jeter un œil aux boutiques d'antiquités et aux galeries d'art. Le soir, les restos et les bars font le plein et l'animation se prolonge jusque tard dans la nuit.
– Au mois de décembre, un ravissant petit ***marché de Noël*** s'installe sur *Stortorget,* où l'on trouve des objets d'artisanat en bois peint et des décorations pour les fêtes, sur fond de chants de Noël.

➢ ***Petite balade dans Gamla Stan :*** de vénérable palais en devanture délicieusement surannée, la déambulation prend des allures de voyage dans le temps. Le cœur de ce quartier historique bat sur la ***place Stortorget,*** bordée de hautes maisons à pignons (XVIIe s) avec une jolie fontaine au centre. Autrefois, c'est là que l'on se rencontrait, que l'on faisait son marché. Les maisons en bois furent remplacées aux XVIIe et

JEU DE BOULES MACABRE

C'est sur le Stortorget que Christian II de Danemark fit décapiter, le jour de son sacre, en 1520, 88 nobles suédois déclarés hérétiques. Ces aristocrates étaient soupçonnés de soutenir le mouvement nationaliste mené par Sten Sture. Leurs têtes furent empilées en pyramide au milieu de la place, comme des boulets de canon. « On ne fait rien avec la douceur », avait-il déclaré pour se justifier.

XVIIIe s par des structures plus solides. On détruisit donc les vieux édifices, ou on redessina les façades. Le château royal ***(Kungliga Slottet)*** se trouve juste à côté sur la place Slottbacken. *Gamla Stan* se découvre à pied en arpentant les 2 rues principales ***Stora Nygatan*** et ***Västerlånggatan,*** entrecoupées de ruelles très étroites.
L'axe le plus effilé de la ville, ***Mårten Trotzigs Gränd,*** semé de petits escaliers, relie *Prastgatan* et *Västerlånggatan.* De-ci de-là, on remarque des fenêtres très basses dont les volets se déployaient pour former de petits comptoirs. L'expression française « trier sur le volet » vient de là, puisque c'est à cet endroit, comme dans toutes les cités médiévales, que l'on disposait les meilleures marchandises. Il faut imaginer la Stockholm d'autrefois grouillante de vie, mais d'une vie tellement rude que l'on comptait au XVIIe s près de 700 débits de boisson sur l'île. En partie parce que les veuves de guerre étaient autorisées à ouvrir un troquet. Les passants, pour se réchauffer, s'envoyaient une eau-de-vie en chemin.

Kungliga Slottet *(château royal ; zoom détachable Gamla Stan) : sur Gamla Stan. ☎ 402-61-30. • kungligaslotten.se • Mai-sept, tlj 10h-17h ; oct-avr, tlj 10h-16h. Horaires différents pour l'Armurerie royale.* ***Fermé lors des visites de la famille royale, se renseigner.*** *Billet combiné : 160 Sk (180 Sk mai-sept) ; réduc ; gratuit moins de 7 ans. Ce billet donne accès à ts les centres d'intérêt du château (trésor, appartements royaux, musée des Trois Couronnes, ainsi que, mai-sept, le musée d'Antiquités de Gustave III), sachant que l'entrée de l'Armurerie royale est gratuite. Achat des billets possible sur le site internet. Les visites guidées (30 Sk) se paient sur place.*
Le château comporte en tout 9 points d'intérêt, mais à notre avis, seules les visites des appartements, du trésor et de l'Armurerie royale valent vraiment le coup. Le reste peut paraître un peu désuet. À vous de voir.

Un peu d'histoire
Le château occupe la partie nord de la ville ancienne et se compose de plusieurs édifices formant un vaste quadrilatère. Cet ensemble de plus de 600 pièces fut à plusieurs reprises modifié au fil des siècles. Édifié au XIIIe s à partir d'un simple donjon, il fut agrandi en permanence pour devenir un bel ensemble Renaissance à la fin du XVIe s.
En 1697, les parties les plus anciennes partirent en fumée lors d'un ***grand incendie.*** Par la suite, un nouveau plan fut élaboré, d'un esprit très classique, inspiré par l'architecture baroque romaine. Un peu lourd, il faut bien l'avouer.
Les nouveaux édifices s'élevèrent petit à petit, et ce jusqu'au milieu du XVIIIe s, même si la construction fut maintes fois interrompue par les guerres. Au XVIIe s, le château fut la résidence de l'extravagante ***reine Christine*** (voir « Personnages » dans « Hommes, culture, environnement » en fin de guide) et de sa Cour. Une Cour baignant dans la culture française, mais sur la conscience de laquelle pèse la mort de ***Descartes.*** Notre si sérieux grand homme y séjourna quelques mois et y mourut (il n'aurait pas supporté le froid !). Aujourd'hui, la famille royale ne l'habite plus, lui préférant une résidence plus... confortable, et plus tranquille, dans une île à l'écart des flux touristiques.

PÊCHE ROYALE

Rencontrer des pêcheurs devant le château royal et le Parlement, ça surprend ! Mais ne vous moquez pas. Vous aimeriez bien vous régaler de ces saumons, d'autant que les eaux locales sont redevenues d'une pureté idéale. La plus grosse prise pesait quand même 21,8 kg...

Relève de la garde
Depuis 1523, le château royal est gardé par un escadron d'hommes armés. La relève se fait en musique, avec une fanfare en uniforme d'apparat et casque à pointe azur et or. Les inconditionnels reviendront plusieurs fois dans l'année : la musique varie au fil des saisons.

Horaires à vérifier sur ● forsvarsmakten.se/en ● Lun-sam à 12h15 et dim et j. fériés à 13h15 (sept-fin avr, seulement mer et w-e). Fin avr-fin août, la garde défile depuis le musée de l'Armée (plan détachable, D2). Venir un peu en avance pour être aux 1res loges car il y a énormément de monde en saison. Essayer de se placer dans la cour, adossé à l'entrée des appartements (c'est le meilleur point de vue).

Visite

– ***Les appartements :*** *tour guidé en anglais (env 45 mn ; 30 Sk/pers) à 10h30, 13h30 et 15h30 l'été ; à 10h30 et 13h30 oct-avr, mais on peut aussi les visiter seul.* ***Attention, les appartements royaux ferment régulièrement quand la famille royale vient y faire un tour...*** La visite consiste en une enfilade de salles toutes plus pompeuses les unes que les autres.

– Commençons par le ***2e étage,*** où l'on trouve les appartements d'apparat (aussi appelés *Stora Gästvanigen,* appartements d'État), dessinés par l'architecte suédois Tessin avec la collaboration d'artistes français à la fin du XVIIe s. Voir la ***grande galerie de Charles XI*** avec son plafond peint chantant la grandeur nationale. Elle sert de salle de banquet lors des réceptions officielles. Le roi y convie pour un dîner privé les lauréats du Nobel, le lendemain de la cérémonie de remise des prix. Vitrines de verreries (coupes incrustées de pierreries), d'ivoires, d'ambre orange, de miniatures et de porcelaine. Belles tapisseries des Gobelins. Nombreuses autres pièces à la décoration témoignant des différents styles en vogue au cours des XVIIIe et XIXe s : baroque, rococo, classique. Mobilier, galerie de portraits (dont certains de Frans Hals), il y en a pour tous les goûts. On découvre aussi la ***chambre du Conseil*** où le roi Gustave III tenait un banquet hebdomadaire. Plus loin, la ***salle des audiences*** (plafond allégorique). Sur la gauche de l'escalier : les appartements des hôtes. Enfilade de salles aux styles composites, avec toutefois une dominante rococo.

UN ROI DE SUÈDE FRANÇAIS... ET ANTIROYALISTE !

Maréchal de Napoléon devenu roi de Suède, Bernadotte se baignait toujours habillé, ce qui surprenait la Cour. À la fin de sa vie, il souffrit d'une gangrène de la jambe droite. Ayant jusqu'alors refusé toute saignée, il finit par accepter à la dernière minute qu'on lui prenne un peu de sang. Le médecin retroussa sa manche et découvrit sur son bras un tatouage avec l'inscription « Mort aux rois », témoignage de l'époque où il combattait pour la Révolution française...

Parmi les différents salons, juste avant d'accéder à la salle *Vita Havet* (la Mer Blanche), on passe par le ***salon Don Quichotte,*** un peu sombre mais qui abrite de remarquables tapisseries.

– ***Le 1er étage :*** sur la gauche de l'escalier, on visite les ***appartements de Bernadotte.*** Ce maréchal de Napoléon fut choisi comme successeur par le roi de Suède Carl XIII, qui n'avait pas d'héritier. Il y vécut de 1818 à sa mort en 1844. Ces appartements présentent des collections de meubles, de tapisseries et d'objets du XVIe s à nos jours. La grande galerie Bernadotte, au décor rococo, ornée de portraits de famille, est particulièrement saisissante. Le maréchal devenu roi y apparaît avec sa femme Désirée et leur fils Oscar Ier. Portrait de la gracieuse Joséphine, petite-fille de Joséphine de Beauharnais, qui a perpétué la tradition familiale. Parmi les très belles salles, le *cabinet de travail d'Oscar II,* encombré de portraits et de meubles lourds, et la *galerie Bernadotte* qui expose une série de portraits des membres de la dynastie des Bernadotte. Et encore la *salle du Jubilé de Carl XVI Gustav,* moderne et lumineuse comme un jour d'été, et qui fait clairement de l'œil à l'Art déco.

Sur la droite de l'escalier en descendant, les ***salles des ordres de chevalerie*** (Étoile polaire, Vasa...), costumes, médailles... Tout au fond, la salle du Trône, avec le lourd ***trône en argent*** du XVIIe s de la reine Christine, offert par Magnus Gabriel De La Gardie, un des favoris. La reine Christine était si farouchement opposée au mariage qu'elle créa l'ordre de l'Amarante destiné à honorer les célibataires refusant l'union maritale. Au XVIIe s, dans un pays luthérien, eh oui !

– Au sous-sol des appartements, le ***Museum Tre Kronor*** (*musée des Trois Couronnes,* inclus dans le billet combiné) présente des maquettes et divers témoignages sur les origines du château.

– ***Skattkammaren*** (*trésor royal*) **:** *entrée incluse dans le billet combiné. Tour guidé en anglais à 14h30 : 30 Sk.* Dans 3 petites salles faiblement éclairées, on découvre une orfèvrerie rare et des couronnes royales d'une incomparable richesse, ciselées entre le XVIe et le XVIIIe s. Sceptres, fonts baptismaux et trône en argent, cape d'hermine. Belles épées dont les lames finement gravées narrent les épopées guerrières du XVIe s.

– ***Livrustkammaren*** (*Armurerie royale*) **:** *à côté du trésor royal. Entrée par l'extérieur du château, sur le côté. ☎ 402-30-30. • livrustkammaren.se • De mi-juin à août, tlj 11h-17h ; sept-déc, tlj sauf lun 11h-17h (20h jeu). Fermé de janv à mi-juin. Entrée : 150 Sk (expos temporaires incluses) ; gratuit moins de 18 ans. Audioguide en français indispensable pour bien comprendre les collections.*

De loin la visite la plus intéressante du château royal. Installé dans de belles salles voûtées, ce musée étonne par sa richesse et la grande clarté de sa présentation. Armes, cottes de mailles, splendides ***collections d'armures ciselées*** autant pour les hommes que pour les chevaux... et les enfants. Noter, au fil des commentaires, le nombre de rois assassinés dans ce pays ! On traverse une ***galerie de costumes*** des XVIIe et XVIIIe s. Ceux des rois Gustave II (l'une des vitrines abrite *Streiff,* son cheval empaillé), Gustave III (assassiné lors d'un mémorable bal masqué en 1792) et Charles XII (tué au combat en 1718) sont dans un état de conservation remarquable. Les 2 derniers portent les stigmates des coups qui coûtèrent la vie aux souverains qui les arboraient. À l'étage, expos temporaires de qualité.

Au sous-sol, ne pas manquer la somptueuse ***collection de carrosses*** des XVIIe et XVIIIe s. Plusieurs de ces chefs-d'œuvre ont été fabriqués en France. À l'entrée, sur la droite, un petit carrosse pour le prince. On est frappé par la richesse et la finesse des motifs baroques ou classiques, colorés ou traditionnels. Carrosses de cérémonie, de mariage, de promenade (incroyables marqueteries). Un de nos préférés est peut-être celui du roi Gustave III, du milieu du XVIIIe s, réalisé pour son accession au trône. D'un grand raffinement, doré à la feuille, il est orné de dragons sculptés, d'une couronne royale. Les armoiries du royaume (uni) de Suède et de Norvège figurent sur ses portes. Admirer aussi, dans un autre genre, le traîneau baroque que lui offrit Marie-Thérèse d'Autriche. Au fond, superbes harnachements de parade.

Pour un cadeau princier (ou royal), une boutique spécialisée, à l'ombre de la cathédrale, propose quelques souvenirs frappés des armoiries royales.

Nobel Prize Museum (*musée Nobel ; zoom détachable Gamla Stan*) **:** *Stortorget 2. ☎ 534-818-00. • nobelprizemuseum.se • Juin-août, mar-dim 10h-17h (21h ven) ; sept-mai, mer-dim 11h-17h (21h ven). Entrée : 130 Sk ; réduc ; gratuit moins de 18 ans et le ven 17h-20h (sept-mai). Visites guidées gratuites (35 mn, en anglais) : en été, tlj à 10h15, 11h15, 13h15 et 15h15, plus ven à 17h et 19h ; hors saison, visites plus restreintes. Audioguide (en français) gratuit.*

Ce musée, installé dans l'ancien bâtiment de la Bourse, a ouvert ses portes en 2001 pour les 100 ans du prix Nobel. C'est ici qu'est dévoilé chaque année en octobre le nom du lauréat du prix de littérature, mais la cérémonie de remise des prix a lieu en décembre dans le *Konserthuset* (tous sauf le prix Nobel de la paix qui est remis à Oslo).

Intérieur contemporain, avec des panneaux accrochés à un rail aérien, sur lesquels figurent les lauréats du célèbre prix. Leurs vies et travaux sont détaillés sur des bornes digitales. Une salle est consacrée aux différents cadeaux offerts par les lauréats : Le Clézio a laissé une noix de l'île Maurice. Un autre, Prix Nobel d'économie, a donné ses gants de base-ball... Enfin, 3 salles sont dédiées à la vie d'Alfred Nobel, inventeur de la dynamite et créateur du prix qui porte son nom.

Storkyrkan *(cathédrale Saint-Nicolas ; zoom détachable Gamla Stan)* **:** *Trångsund 1. Sur la place, à côté du château royal. Tlj, en principe 9h30-17h. Entrée : 75 Sk ; réduc ; gratuit moins de 18 ans. Audioguide inclus.*
Elle se dresse sur la place *Slottsbacken* (entrée du château royal). Fondée en même temps que le château primitif au XIIIe s, la cathédrale connut de multiples transformations, notamment au XVe s. Ses dimensions restent modestes. Rebâtie en gothique tardif après un incendie, elle passa au protestantisme luthérien en 1527. ***Presque tous les rois de Suède y furent couronnés*** depuis les années 1300, dont l'actuel roi Carl XVI. Sur le plan architectural, c'est une cathédrale à 3 nefs, aux épais piliers en brique et croisées d'ogives, qui possède une certaine élégance et des proportions harmonieuses. Si l'extérieur n'est pas particulièrement séduisant (refait au XVIIIe s), l'intérieur est richement orné. Décoration intéressante, à commencer par cette exceptionnelle sculpture médiévale en bois de chêne (fin du XVe s) représentant ***saint Georges*** terrassant le dragon sous les yeux de la princesse Elya. Ce chef-d'œuvre gothique d'un artiste de Lübeck fut offert à l'église par Sten Sture en 1489, après la victoire contre les Danois. Cet ensemble symbolise, vous l'avez compris, les velléités d'indépendance suédoises.
On notera encore, à gauche du chœur, le gigantesque tableau d'inspiration baroque figurant le ***Jugement dernier.*** Grande expressivité, c'est le moins qu'on puisse dire... Dans la nef principale, la chaire baroque, et juste derrière, de part et d'autre de la nef, les sièges royaux, utilisés pour les grandes cérémonies. Voir encore le chandelier monumental de 3,70 m de haut et à 7 branches, qui date de plus de 600 ans, ainsi qu'un retable en argent et ébène, du XVIIe s.
– L'été, l'église accueille quelques concerts classiques (généralement payants).

PHÉNOMÈNE CÉLESTE

Juste à droite en entrant dans la cathédrale par la porte principale, un petit tableau qui a son importance : il s'agit des Parhélies. *Peint en 1630, il témoigne d'un phénomène optique constaté en 1535. 6 étranges halos de lumière ont alors illuminé le ciel de Stockholm. L'Église s'empara de ce mystère et fit réaliser une toile pour effrayer les mécréants. Sur le plan historique, cette œuvre constitue la 1re représentation de la ville.*

Medeltidsmuseet *(musée de la Stockholm médiévale ; plan détachable, C3)* **:** *Strömparterren 3, Norrbro, sous le pont (prendre les escaliers). ☎ 50-83-16-20. • medeltidsmuseet.stockholm.se • Ⓜ Gamla Stan ou Kungsträdgården. Tlj sauf lun 12h-17h (20h mer). GRATUIT. Audioguide en français : 30 Sk.* En sous-sol, à partir de quelques vestiges mis au jour par les archéologues, ce musée raconte l'histoire de la ville et son développement tout au long du Moyen Âge. Restes d'un mur d'enceinte, de bateaux vikings, maquettes, mannequins, images de synthèse, reconstitutions d'un bout de port, d'une ruelle aux maisonnettes en toc... Rien d'exceptionnel, mais une muséographie bien pensée où les explications en anglais pallient la modestie des collections. Quelques armes tout de même et des instruments de torture dans un paysage apocalyptique, ainsi qu'une drôle de carte du monde datant de 1448, inversant nord et sud !

Tyska Kyrkan *(église allemande ; zoom détachable Gamla Stan)* **:** *Svartmangatan 16. Juin-août, tlj 11h-15h, ven-dim seulement le reste de l'année.* Bâtie au XVe s à l'époque de la Hanse et dédiée à sainte Gertrude, patronne des voyageurs et des marchands, cette église allemande domine Gamla Stan de son imposante flèche. Belle chaire en ébène et albâtre soutenue par un ange agenouillé. Splendide tribune royale couverte de dorures et peintures dans les caissons au-dessus de l'entrée.

Judiska Museet *(Musée juif ; zoom détachable Gamla Stan)* **:** *Själagårdsgatan 19. ☎ 30-15-00. • judiskamuseet.se • Tlj sauf lun 11h-17h (20h mar, 16h ven).*

Entrée : 100 Sk ; réduc ; gratuit moins de 19 ans. Le Musée juif s'inscrit dans un lieu chargé d'histoire puisqu'il abrita la 1re synagogue de Stockholm, qui accueillit la 1re congrégation à partir de 1795. L'expo retrace l'implantation de cette obédience en Suède, favorisée par une politique religieuse plutôt libérale. La collection reste, cela dit, assez modeste : objets liturgiques, œuvres contemporaines et, surtout, le superbe pupitre qui trônait dans la synagogue originelle.

L'ÎLE DE RIDDARHOLMEN *(plan détachable, B4)*

Riddarholmen, littéralement l'« îlot des chevaliers », est une petite île paisible d'à peine 200 m entre *Gamla Stan* et *Kungsholmen.* Elle abrite l'ancien Parlement et de nombreux palais du XVIIe s construits par de grandes familles aristocratiques comme les Wrangel, les Sparre ou les Stenbock.
Le plus vieux nom connu de l'île est *Kidaskär.* Au XIIe s, un monastère franciscain y fut construit et le nom de l'île devint *Gråmunkeholmen.* À la Réforme, le monastère fut fermé et transformé en église et, en 1638, l'île prit son nom actuel.

🚶🚶 ***Riddarholmskyrkan*** *(église de Riddarholmen ; plan détachable, B4)* **:** *mai-sept, tlj 10h-17h ; oct, w-e seulement 10h-16h. Fermé nov-avr. Entrée : 50 Sk ; réduc ; gratuit moins de 7 ans. Visite guidée gratuite (en anglais) en principe à 16h.* Cette austère église de brique à la flèche en fonte ajoutée au XIXe s a été bâtie en 1270 par les franciscains. C'est le lieu de sépulture des souverains suédois depuis le XVIe s. Une statue de ***Birger Jarl,*** considéré comme le fondateur de la ville, trône sur un des piliers nord. Devant le chœur, on peut admirer les tombeaux des rois médiévaux Magnus III (XIIIe s) et Charles VIII (XVe s). Ce sont les plus vieux tombeaux de la nécropole. La ***chapelle Gustave-Adolphe*** expose les tombeaux de Gustave II Adolphe de Suède. Une crypte située en dessous abrite 16 autres sépultures royales dont celles de Gustave III et de Gustave IV. À l'extérieur de l'église, la ***chapelle Caroline*** renferme le tombeau de Charles XII, dont Voltaire écrivit la biographie.
Quant à la ***chapelle Bernadotte,*** elle contient les sépultures des rois et reines de la dynastie Bernadotte, de Carl XIV (1763-1844), Jean-Baptiste Bernadotte, ex-maréchal de Napoléon (originaire de Pau), à Gustave V de Suède, qui y fut enterré en 1950. En plus des chapelles funéraires et des cryptes, on peut détailler les blasons de toutes les personnalités qui ont été décorées de l'ordre des Séraphins, l'ordre de chevalerie le plus important de Suède. En cherchant un peu, vous y trouverez les souverains belges, mais aussi le blason de François Mitterrand dont on ignorait qu'il ait été doté d'armoiries...

⋞ La ***côte ouest*** de l'île offre, depuis une vaste esplanade, une vue exceptionnelle sur la baie de Riddarfjärden et l'hôtel de ville, surtout au coucher du soleil.

L'ÎLE DE KUNGSHOLMEN *(plan détachable, A2-3)*

🚶🚶 ***Stadshuset*** *(hôtel de ville ; plan détachable, B3)* **:** *Hantverkargatan 1. ☎ 508-290-58. • cityhall.stockholm • Ⓜ Rådhuset ou T-Centralen. Pas de visites individuelles. Visite guidée obligatoire (en anglais ; 45 mn), se renseigner sur le site pour les horaires (sinon, brochure en français distribuée pdt les autres visites). Attention, certains tours peuvent être annulés en fonction du calendrier des réceptions et galas. Entrée : 140 Sk ; réduc ; gratuit moins de 6 ans.*
L'accès à la tour *est payant (90 Sk, gratuit moins de 11 ans) et limité à 30 pers à la fois et à 30 mn de visite. Seulement mai-sept, en principe 10h-16h-jusqu'à 17h juin-août. Accès partiel en ascenseur pour éviter les 400 marches, mais il en reste tt de même une centaine. Pensez à réserver votre créneau horaire au guichet.*
Célèbre œuvre architecturale de Ragnar Östberg, inaugurée en 1923. C'est l'un des fleurons du style national romantique. Édifice tout en brique, reconnaissable

à sa ***grande tour carrée,*** haute de 106 m, tout juste plus haute que celle de Copenhague (l'ennemi historique), qui ne fait que 105 m. La cour intérieure est majestueuse et hospitalière avec ses murs aux couleurs chaudes, ainsi que ses arcades au bord de l'eau, joliment aménagées. L'intérieur abrite des salles de gala et de réunion dans un style néo-Renaissance épuré, ainsi que les locaux administratifs de la ville.
Arrêt prolongé dans la ***salle du Conseil.*** Sur les 101 membres, 52 sont des femmes (encore une fois, la Suède est la championne de la parité). Il y a même une salle dévolue à l'allaitement ! On poursuit dans l'entrée d'honneur coiffée d'une voûte originale comportant 100 sections. La galerie voisine est connue pour sa fresque, peinte par le prince Eugène de 1918 à 1923.
La salle la plus intéressante est sans doute le ***Golden Hall*** *(Gyllene Salen),* où ont lieu les ***réceptions*** et le bal pour les « nobélisés » et leurs invités, le 10 décembre. On ne manquera pas de vous rappeler, au cours de la visite, que tous les prix Nobel sont attribués à Stockholm, sauf celui de la paix, qui est remis à Oslo.
Les murs du Golden Hall sont recouverts de plus de 18 millions de tesselles d'or à 14,5 carats (financement assuré par un donateur anonyme entre 1917 et 1919). Ces mosaïques remarquables racontent l'histoire du pays, sa christianisation... Style assez naïf : yeux globuleux, corps massifs. Au fond, la ***Reine du Lac*** porte la ville sur ses genoux. La laideur de son exécution fut l'objet de controverses lors de sa présentation officielle. À ses pieds, l'Occident (à gauche), où l'on distingue la tour Eiffel et des gratte-ciel américains. À droite, l'Orient (éléphants, mosquées...). Autre sujet de polémique : le château des Trois Couronnes, représenté au-dessus de l'entrée, n'en comporte que 2. Fâcheux oubli...
En été, possibilité de monter en haut de la ***Stadshustornet,*** pour découvrir une vue panoramique magnifique sur Stockholm et particulièrement la vieille ville.

LE QUARTIER DE NORRMALM
(plan détachable, A-C2-3)

Norrmalm, c'est le centre-ville, la *City,* comme on dit aujourd'hui, mélange d'édifices du XIXe s et de grandiloquentes réalisations de verre et d'acier des années 1970.

➢ ***Petite balade dans Norrmalm :*** partons de la longue et piétonne ***Drottninggatan*** *(plan détachable, B1-3),* le cœur commercial du quartier, qui démarre au sud, juste au niveau de la vieille ville. C'était le grand axe de sortie qui menait vers la douane au nord de la ville. Administrative dans sa partie sud, elle devient commerciale quand on la remonte vers le nord. La ***Kungsgatan*** *(plan détachable, B-C2),* qui lui est perpendiculaire, fut la 1re grande artère monumentale, conçue pour le trafic automobile.

Sur Hörtorget, on trouve la ***Konserthuset*** (*plan détachable, B2* ; voir plus haut « Ballets et concerts classiques »), la salle philharmonique de Stockholm, où se déroule la cérémonie de remise des prix Nobel. Juste devant, magnifique ensemble de bronze ***Orpheus,*** de Carl Milles, avec à ses pieds de jeunes éphèbes dont un des visages rappelle celui de Beethoven. Tous les jours s'y tient le plus important marché de la ville (fruits, légumes et fleurs). Le dimanche, place au marché aux puces. Quelques babioles à dénicher, dans une ambiance bon enfant.

Un peu au sud, du côté de ***Sergels Torg*** *(plan détachable, B3),* repérable à son obélisque de verre de 37 m de haut, le modernisme des années 1960 et 1970 a légué tous ces immeubles d'affaires et voies rapides qui ont sensiblement défiguré le quartier.

Dans le même quartier, les amateurs de culture digitale se dirigeront vers ***Space Center*** *(plan détachable, B3)* : *Sergelgatan 2 ; tlj à partir de 10h ;* • *space.cc* • Un lieu dévolu aux jeux vidéo avec des dizaines d'ordis, un ring d'e-sport, une boutique démente comprenant plus de 400 *game stations...* Un espace est dédié à Avicii, l'un des meilleurs DJs au monde, mort trop jeune en 2018, ***Avicii Experience*** : *● aviciiexperience.com ● ; tlj 10h-17h ; entrée chère : 220 Sk.*

🎭 Dans un autre genre, illusions d'optique à gogo au ***Paradox Museum*** *(plan détachable, B2) : Sergelgatan 20. ● paradoxmuseumstockholm.com ● Tlj 10h-19h (21h ven-sam). Entrée : 160 Sk ; réduc.* Plus de 70 expériences qui dérouteront vos sens et vos repères dans l'espace. Pour petits et grands.

🎭🎭 ***Hallwylska Museet*** *(plan détachable, C2-3) : Hamngatan 4. ☎ 402-30-99. ● hallwylskamuseet.se ● Ⓜ Östermalmstorg. Juil-août, tlj sauf lun 10h-19h ; sept-juin, tlj sauf lun 12h-16h (19h mer, 17h w-e). Entrée : 120 Sk (expos temporaires incluses). Suivre la visite guidée en anglais à 12h30 (w-e seulement hors juin-août) pour voir ttes les collections. Audioguide en anglais.* Une improbable collection d'œuvres et d'objets accumulés et méticuleusement répertoriés par la non moins improbable comtesse ***Wilhelmina von Hallwyl.*** Riche héritière de la fin du XIXe s, cette aristocrate fit bâtir son palais par l'architecte du *Nordiska Museet* avec un budget illimité. Elle constitua la plus grande collection d'art de son temps. Celle-ci fut léguée à l'État suédois en 1930. Le palais, à l'intérieur luxueux (tapisseries des Gobelins, piano Steinway marqueté de bois précieux, mobilier doré...), recèle de magnifiques collections de faïence, d'argenterie, de bijoux. La galerie où sont exposées les peintures de l'école flamande (XVIe et XVIIe s) a même dû investir les combles tant le bâtiment regorgeait d'œuvres. On pourra également admirer l'une des 1res salles de bains suédoises (seulement avec la visite guidée). N'y cherchez pas le robinet, l'eau arrivait par le fond de la baignoire.

🎭 ***Kungliga Dramatiska Teatern*** *(Théâtre dramatique royal ; plan détachable, C3) : Nybroplan. ☎ 667-06-80. ● dramaten.se ●*
Plus couramment appelé le ***Dramaten,*** ce grand et beau monument de style Art nouveau (1908) domine les eaux du port de Stockholm. Sa façade est ornée de colonnes et de sculptures abondamment dorées. Un buste de Strindberg monte la garde au pied de l'escalier extérieur. De grands comédiens suédois y ont commencé leur carrière en suivant les cours du conservatoire : Greta Garbo, Ingrid Bergman, Max von Sydow...
Le cinéaste ***Ingmar Bergman*** (qui n'a aucun lien de parenté avec Ingrid) dirigea ce théâtre prestigieux de 1963 à 1966. Il avait l'habitude de manger au *Teatergrillen,* une brasserie chic située à l'angle de *Nybrogatan* et *d'Almlöfsgatan.* Sa table habituelle est toujours là, à gauche en entrant dans la salle (un coin avec 2 banquettes en velours rouge face à face). Au bar du resto, une photo, retravaillée en peinture, montre Bergman mécontent faisant un doigt d'honneur aux paparazzi...

🎭🎭 ***National Museum*** *(plan détachable, C-D3) : Södra Blasieholmshamnen, juste avt l'île de Skeppsholmen. ☎ 519-543-00. ● nationalmuseum.se ● Ⓜ Kungsträdgården. Fin juin-fin août, tlj sauf lun 10h-17h. Le reste de l'année, mar-ven 11h-17h (21h jeu), 10h-17h w-e. GRATUIT, sauf expos temporaires.* Ce vaste édifice Renaissance du milieu du XIXe s abrite un ***musée des Beaux-Arts*** de haut vol, nanti d'une riche collection de peinture, sculpture (dans le patio couvert d'une verrière) et arts décoratifs, de la fin du Moyen Âge au début du XXe s. Rien que les salles et escaliers valent le coup d'œil. Toutes les œuvres furent accumulées au cours des siècles par la famille royale. Pour la chronologie, commencer par le dernier étage et redescendre progressivement. On y admire, entre autres, *Lucas Cranach l'Ancien,* un *autoportrait* de *Rembrandt* (dérobé ici même en 2000 puis retrouvé en 2005, les voleurs avaient fui en canot à moteur !), *Goya, Canaletto, Van Gogh, Renoir, Monet* et *Gauguin,* mais aussi, naturellement, des maîtres suédois *(Anders Zorn, Carl Larsson, Ernst Josephson...).* De *Cederström,* un monumental retour de la dépouille du roi Karl XII, porté par des soldats dans la neige. Voir aussi le portrait de Marie-Antoinette par *Wertmüller* qui valut cette réflexion pleine de tact de la reine : « C'est censé me représenter ? » Très vaste collection d'arts appliqués et

décoratifs : textiles, céramiques, mobilier... Pour les amateurs, importante section de porcelaines (plus de 45 000 objets !) de la fabrique *Gustavsberg*.
Café-resto : *plats 100-200 Sk.* Plusieurs salles stylées pour des plats et pâtisseries bien appétissants. Pratique dans ce coin de la ville manquant de tables abordables pour se poser.

LE QUARTIER D'ÖSTERMALM
(plan détachable, C-E1-3)

Un quartier agréable et distingué, où touristes en goguette et prospères propriétaires de yachts se mêlent dans un joyeux tohu-bohu. Notamment sur *Strandvägen,* où s'amarrent de plantureux voiliers de bois au long cours. Sur la terre ferme, ce sont les restos *lounge* et les glaciers qui s'alignent comme à la parade, tandis que les capitaines prennent le thé sur le pont avec, en toile de fond, la vieille ville, le Liseberg et les chalutiers... De l'autre côté de la rue, de pimpants immeubles rivalisent d'élégance et d'ornementation : tours, pignons, balcons ouvragés... Et des façades Art nouveau comme celle de l'hôtel *Diplomat.* Plus haut, dans la partie commerçante située autour d'*Östermalmstorg,* se dresse un « monument » emblématique : le vieux marché couvert **Saluhall** (*plan détachable, C2,* **93** ; voir plus haut « Où manger ? »), au cadre et à l'ambiance inimitables. Cet imposant édifice de brique, bâti en 1888, a été restauré de fond en comble.

Historiska Museet (*musée d'Histoire ; plan détachable, D2*) **:** *Narvavägen 13-17 ; à l'angle de Linnégatan.* ☎ *519-556-00.* ● *historiska.se* ● Ⓜ *Karlaplan. Juin-août, tlj sauf lun 10h-17h ; le reste de l'année, mar-dim 11h-17h (20h mer). Fermé certains j. fériés. GRATUIT. Audioguide en français : 40 Sk.*
Des œuvres magnifiques et précieuses mises en valeur par une muséographie ingénieuse, à la fois instructive et ludique. Décidément, en Suède, les musées n'ont rien de barbant !
– *Au rez-de-chaussée :* collections de pierres taillées et d'outils des âges du bronze et du fer. La partie la plus passionnante est celle consacrée aux **Vikings.** Elle expose les découvertes des différents sites de fouilles : bijoux, outils, armes, costumes, pierres runiques gravées, maquettes de drakkars et d'un village. Remarquez les admirables pommeaux d'épées en forme d'animaux mythologiques. Une visite qui permet de corriger les idées reçues sur ce peuple où hommes et femmes bénéficiaient de droits équivalents. Les Vikings vivaient d'agriculture, d'artisanat, de commerce et, occasionnellement, de pillages. Paisibles fermiers, commerçants pacifiques ou redoutables pirates ? Probablement les 3 tour à tour, en fonction des besoins, mais avec une préférence pour les affaires. On y apprend aussi qu'un aventurier viking (islandais d'origine norvégienne) du nom de ***Leif Erikson*** découvrit les côtes de l'Amérique du Nord (actuels Labrador, Nouvelle-Écosse et Terre-Neuve) autour de l'an 1000, soit 5 siècles avant Christophe Colomb.
En définitive, les Vikings n'avaient rien à voir avec la récupération mystique opérée en Allemagne par les nazis, ni avec les stéréotypes distillés jusque dans les

BONNET D'ÂNE

Les Vikings n'ont jamais été coiffés de casques à cornes. Une confusion historique a inspiré la légende : ce sont leurs ancêtres, à l'âge du bronze nordique (entre 1500 et 500 av. J.-C.), qui en auraient porté, mais uniquement lors des demandes en mariage et des grandes cérémonies, afin de montrer leur richesse. Ce mythe fut remis au goût du jour au XIXe s par des sociétés littéraires comme la Ligue gothique (Geatish Society), *dont les membres portaient occasionnellement ce type de casque et buvaient dans des cornes à boire : la mode était alors au renouveau national.*

magasins de souvenirs suédois... Par ailleurs, sachez que le terme « viking », dont l'étymologie demeure incertaine, fut popularisé au XIXe s par des poètes et écrivains, dans le sillage du romantisme nordique.

– *Au sous-sol :* c'est la section la plus tapageuse ***(Guldrummet** – Salle dorée)*, conçue comme un coffre-fort, avec une des plus importantes collections d'Europe d'***objets en or et en argent*** de différentes époques : bijoux, médaillons, monnaies, sceaux, parures, pommeaux d'épées et autres magnifiques œuvres d'orfèvrerie qui démontrent l'habileté et le raffinement des civilisations nordiques. Certains du Mésolithique, d'autres du Moyen Âge, dont le reliquaire de sainte Élisabeth du XIIIe s (fondatrice du seul ordre catholique issu des pays scandinaves). Vous pouvez jeter votre piécette dans la fontaine centrale et contribuer à l'entretien du musée.

– *À l'étage :* ***section historique*** abordant notamment le rôle des abbayes, les siècles médiévaux et les ravages de la peste noire. Belle mise en scène interactive d'une bataille célèbre en 1361 contre les Danois, qui fit 1 800 morts.

Ensuite, ***art religieux gothique*** où sont rassemblés des sculptures, retables, triptyques des XVe et XVIe s et fonts baptismaux, dont un en bois sculpté du XIIe s de toute beauté. Plus vieux caisson d'orgue du monde (1370). Voir ensuite le ***Baroque Hall*** avec son plafond de bois peint provenant d'une église démontée en 1880 et abritant quelques peintures et sculptures... baroques. Puis une ***section textile*** (collection d'étoffes religieuses du XIIIe au XVe s) et on en passe. Une visite à notre avis incontournable pour comprendre l'histoire scandinave.

NEUTRALITÉ TROP BIENVEILLANTE

Si la Suède est bien restée à l'écart des 2 conflits mondiaux du XXe s, elle a néanmoins collaboré en vendant son minerai de fer à l'Allemagne nazie. Pire, elle autorisait le libre passage de la Wehrmacht sur son territoire et lui concédait l'usage de ses lignes de chemin de fer vers la Norvège occupée et la Finlande, alliée des nazis. À sa décharge, le pays a accueilli également de nombreux juifs, notamment ceux venant du Danemark.

Armémuseum *(musée de l'Armée ; plan détachable, D2) :* *Riddargatan 13. ☎ 519-363-01. • armemuseum.se • Ⓜ Östermalmstorg. Juin-août, tlj 10h-17h ; le reste de l'année, tlj sauf lun 11h-17h (20h mar). GRATUIT (sauf certaines expos temporaires). Audioguide gratuit à télécharger.*

Ancienne armurerie de l'artillerie, ce musée est centré sur l'histoire militaire suédoise, des années 1500 à nos jours. Pour suivre la chronologie, commencer au ***3e étage,*** où l'on aborde les réalités de la guerre pour les soldats et leurs familles par le biais de mises en scène réalistes, avec des mannequins grandeur nature, notamment pendant la ***guerre de Trente Ans*** *(1618-1648)* où l'armée suédoise joua un rôle de 1er plan. Dans la chambre des trophées, on peut découvrir d'inestimables trésors, comme des drapeaux, étendards et instruments de musique saisis par les soldats suédois en période de guerre. Notez que perdre l'étendard de son camp lors d'une bataille était considéré comme une faute gravissime, souvent sanctionnée par la peine de mort.

Différentes salles à thème présentent les soldats volontaires, les délits et punitions, les animaux et la guerre, ainsi qu'une très riche collection d'armes. L'une d'entre elles est dédiée à ***Raoul Wallenberg*** (1912-?), diplomate suédois en poste à Budapest pendant la Seconde Guerre mondiale qui sauva des dizaines de milliers de juifs. Il disparut à l'arrivée de l'armée Rouge dans la capitale hongroise et n'a jamais été retrouvé ; sa mort officielle n'a été proclamée qu'en 2016.

L'armée suédoise n'a plus participé à des conflits armés depuis la période napoléonienne, mais son armée a été sur le pied de guerre durant le dernier conflit mondial puis a participé à de nombreuses ***missions de paix*** sous la bannière de l'ONU. En 2017, le service militaire obligatoire a été rétabli, après avoir été supprimé en 2010 : le nombre de volontaires s'est avéré insuffisant pour couvrir les besoins en nouvelles recrues, surtout dans le contexte de tensions avec la Russie. Désormais, 5 000 jeunes (filles et garçons) sont sélectionnés chaque année pour un service qui dure 1 an. En 2018, un livret intitulé « Si une crise ou une guerre survient » a même été diffusé auprès des citoyens afin de leur exposer la marche à suivre en cas de conflit. En été, le musée est le point de départ quotidien de la ***relève de la garde*** qui défile dans les rues jusqu'au palais royal.

Scenkonstmuseet *(musée des Arts scéniques ; plan détachable, C-D2) : Sibyllegatan 2. ☎ 519-567-00. • scenkonstmuseet.se • Ⓜ Östermalmstorg. Tlj sauf lun 11h-17h. Entrée : 140 Sk ; réduc ; gratuit moins de 18 ans et pour ts le mer.*
Dans l'ancienne ***Boulangerie de la Couronne,*** une admirable bâtisse du XVIIe s qui a nourri l'armée suédoise pendant plus de 3 siècles. Désormais, au lieu de débiter du pain, elle accueille un musée interactif dédié aux arts de la scène. Au rez-de-chaussée, le ***Swedish Music Hall of Fame*** retrace à coups de vidéos, bandes sonores et objets personnels les carrières des grands noms de la musique suédoise : *Roxette, Europe, The Cardigans, Neneh Cherry* pour ne citer que les plus connus à l'étranger.
Au 1er étage, section ***danse, opéra et théâtre*** marquée par une chatoyante collection de costumes et chaussures de scène. Le reste de l'expo (maquettes, vidéos, jeux de lumière) n'est pas mal conçu, mais pourra sembler un peu abstrait. Au 2e étage, ne pas manquer la collection d'***instruments de musique*** du XVIIe s à nos jours, dont certains rares et étonnants, comme ce « Tubon », le 1er clavier portatif cylindrique (1964), ou ce hautbois de chasse (1724) dont il n'existe plus que 2 exemplaires au monde. Pour finir, petite salle consacrée aux spectacles de marionnettes.
– Des ***concerts*** sont donnés de temps à autre dans l'auditorium.

À L'EST D'ÖSTERMALM, DANS LADUGÅRDSGÄRDET
(hors plan détachable par E2 et plan d'ensemble)

Les musées suivants se trouvent tous dans le quartier de *Ladugårdsgärdet,* dans le prolongement direct d'*Östermalm* vers l'est. Pour les visiter, si vos jambes ne sont pas trop fatiguées par les précédentes balades, octroyez-vous une promenade de santé au fil de l'eau, le long de l'agréable *Strandvägen,* où les occasions de se poser ne manquent pas, jusqu'au *Nobelparken (plan détachable, E3),* que vous pourrez traverser pour poursuivre l'aventure. Comptez ensuite 20 bonnes minutes de marche jusqu'aux musées, fléchés sur la gauche.

Etnografiska Museet *(musée d'Ethnographie ; hors plan détachable par E2) : Djurgårdsbrunnsvägen 34. 10-456-12-99. • etnografiskamuseet.se • Pour y aller, bus n° 69 de Sergels Torg, arrêt Museiparken. Tlj sauf lun 11h-17h (20h mer). GRATUIT.*
Remarquables collections en provenance des ***5 continents*** présentées à travers une muséographie superbe : lumières tamisées, couleurs thématiques, installations insolites, fonds sonores, tout y est ! Il y flotte même un petit parfum d'aventure, puisque bon nombre des objets exposés ont été rapportés dès le XVIIIe s par des ethnologues et des explorateurs suédois. Une partie du musée a d'ailleurs l'allure d'un véritable

LA BIBLE DU DIABLE

Conservé à la Bibliothèque royale de Suède, ce manuscrit du XIIIe s, écrit pendant 20 ans par un moine de Bohême, est le plus imposant de tous les temps. Il mesure 92 cm de haut et pèse 75 kg. L'écriture n'a aucun défaut ni rature, comme s'il avait été écrit par une main surnaturelle. On y découvre d'ailleurs, page 290, un diable grimaçant...

À VOIR

cabinet de curiosités. Vaste section consacrée à certaines ethnies africaines, ainsi qu'aux Indiens d'Amérique (dont un étonnant certificat d'adoption du consul de Suède par une tribu huronne... écrit en français, et contresigné par l'« Agent des sauvages »...).
À voir également, les superbes effigies de Bouddha et les *tangka* tibétains rapportés par ***Sven Hedin,*** un explorateur suédois du début du XXe s qui explora principalement l'Asie centrale. En 1892, il se rendit en Perse, chargé d'une mission officielle par le roi de Suède, Oscar II. Il remit l'*ordre du Séraphin* au shah d'Iran. Le grand regret de Sven Hedin est de n'avoir pas pu rentrer dans la ville interdite de Lhassa, capitale du Tibet, ce que réussira plus tard Alexandra David-Néel. Seule zone d'ombre dans la carrière de cet explorateur (et pas des moindres) : il collabora sans retenue avec les nazis, qui le couvrirent d'honneurs.
Au ***1er étage,*** évocation de la présence humaine dans 3 types de milieux : Australie, Bassin amazonien et Arctique. Bruits de vents polaires, kayaks, harpons, c'est la partie la plus suédoise du musée. Enfin, petite expo sur le ***Bhoutan,*** ce petit royaume himalayen coincé entre l'Inde et la Chine.
À l'extérieur, dans le charmant ***salon de thé japonais,*** est organisée, en saison, la cérémonie du thé.

Tekniska Museet *(musée des Techniques ; hors plan détachable par E2) : Museivägen 7. ☎ 450-56-00. • tekniskamuseet.se • À côté du musée d'Ethnographie. Bus n° 69 de Sergels Torg. Tlj 10h-22h. Entrée : 160 Sk (150 Sk sur Internet) ; réduc ; gratuit moins de 7 ans.* Fondé en 1924, cet immense musée tente de retracer les ***développements technologiques*** du siècle précédent. On pourra aller voir la salle des machines (avec ses turbines, moteurs et autres véhicules centenaires : voitures, motos, avions, et même un camion de pompiers de 1929). La ***mine de charbon*** juste en dessous est une belle reconstitution grandeur nature, avec mannequins et bruitages. Ensuite, en fonction de ses préférences, on déambulera dans les galeries consacrées au développement des télécommunications ou à l'industrie du fer... Mais les familles privilégieront les espaces de découverte, remplis d'expériences et de jeux interactifs pour les enfants. Seulement si vous avez du temps.
Restaurant à côté, ouvert aux mêmes horaires.

Sjöhistoriska Museet *(Musée maritime ; hors plan détachable par E2) : Djurgårdsbrunnsvägen 24. ☎ 519-549-00. • sjohistoriska.se • Près du musée d'Ethnographie. Bus n° 69 de Sergels Torg. Tlj sauf lun 10h-16h. GRATUIT. Atelier enfants (le w-e, sept-mai) : 50 Sk.*
La visite commence par la reconstitution en taille réelle de la cabine de l'*Amphion* (yacht royal de 1778 qui appartenait au roi Gustave III), très fastueuse, et finit par une impressionnante ***collection de maquettes*** de navires plus ou moins anciens, et de tailles diverses. Épisode intéressant : de 1719 à 1721, la marine russe utilisait des *Gallär* (sortes de galères à voiles ou à rames) pour piller les îlots des archipels suédois. Équipée de navires plus lourds et moins maniables, la marine suédoise s'en souvient encore.
Au cours de cette visite, on apprend que la Suède avait créé dans les années 1700 sa propre ***Compagnie des Indes orientales*** : la *Svenska Ost-Indiska Compagniet.* Les navires suédois allaient de Stockholm ou Göteborg jusqu'à Canton (Chine), le seul endroit où les commerçants européens avaient le droit d'acheter des produits chinois (thé, soieries, épices...) et de vendre leurs marchandises. Le drapeau suédois comme celui du Danemark flottaient sur les quais de Canton, à côté de ceux de la France et de la Hollande. Il est probable que l'usage fréquent de la cannelle dans la cuisine suédoise vienne de ces voyages lointains en Asie.

L'ÎLE DE SKEPPSHOLMEN *(plan détachable, D3-4)*

Pour les musées de cette île, l'accès le plus sympa reste le bateau, l'embarcadère étant tout proche. Mais on peut aussi venir à pied, en empruntant le pont

« couronné » une fois passé le National Museet. Ne pas hésiter à longer le quai de part et d'autre du pont, la balade est superbe et les bateaux très photogéniques !

Moderna Museet *(musée d'Art moderne ; plan détachable, D4) : ☎ 520-235-00. • modernamuseet.se • Ⓜ Kungsträdgården. Tlj sauf lun 10h-18h (20h mar et ven). GRATUIT, sauf expos temporaires. Flashs interdits. Audioguide en anglais très bien fait, gratuit.* Précédé au-dehors d'œuvres monumentales de ***Niki de Saint Phalle,*** côté parc, le musée d'Art moderne est aujourd'hui l'une des grandes références de la ville. Très lumineux et spacieux, il fut conçu par Rafael Moneo et se déploie sur 5 000 m². Remarquable collection, dont vous ne verrez certainement qu'une petite partie, selon le thème du moment, de *Matisse* à *Fernand Léger, Duchamp, Dubuffet, Ernst, Magritte, Picasso, Nolde, Chagall* et *Dalí* jusqu'au mouvement pop art et *Warhol* en passant par *Pollock, Klein* et les vidéos et installations contemporaines. Superbes ***expos temporaires*** et grande ***librairie d'art*** dans l'entrée. Vraiment un lieu remarquable.

– Dans le même bâtiment, le ***Centre pour l'architecture et le design (ArkDes),*** petit mais très dense, mérite votre attention car il propose lui aussi des expos régulièrement renouvelées sur l'histoire de l'architecture suédoise, mais pas que. Voir entre autres les différentes maquettes de bâtiments et monuments à travers le pays. *Mêmes horaires que le musée. GRATUIT. • arkdes.se •*

Un ***café-resto*** *(plan détachable, D4, **95**)* particulièrement agréable, avec terrasse panoramique dominant les flots, permet de faire une pause sucrée-salée à tout moment (voir plus haut « Où manger ? »). On vient là en famille, on s'assied, on déguste son plat du jour face aux bateaux, dans l'une des plus belles cafétérias du pays.

LE TERRIBLE SECRET DE NIKI DE SAINT PHALLE

Abusée par son père, aristocrate décadent et ruiné, elle s'échappa d'un asile psychiatrique pour se réfugier dans le travail. Ses célèbres « Nanas » sont un souvenir de sa souffrance : les seins, les hanches, attributs de la féminité, sont exagérés, voire provocants.

Stockholm Toy Museum (plan détachable, D3) **:** *Svensksundsvägen 5. ☎ 599-084-30. • toymuseum.se • Ⓜ Kungsträdgården. Tlj sauf lun-mar 10h-17h. Entrée : 140 Sk ; réduc ; gratuit moins de 3 ans.* Un étonnant musée troglodytique, niché dans des galeries souterraines creusées sous la colline. Avec plus de 40 000 pièces, c'est ***la plus grande collection de jouets d'Europe du Nord.*** Mais la quantité n'est rien comparée à la rareté des jouets exposés, dont certains ont appartenu aux bambins de la famille royale. On trouve de tout : des théâtres de carton du XIXᵉ s aux figurines *Star Wars,* sans oublier les voiturettes à pédales, petits trains, robots, chevaux à bascule, soldats de plomb... Les plus vieux ont 1 400 ans (2 poupées trouvées au Pérou dans la tombe d'un enfant). De quoi attiser la curiosité à tout âge car chacun peut y retrouver les souvenirs de sa génération. Précieux rayon de bandes dessinées recelant quelques pièces uniques : 1er magazine *Mickey* (1938), planches originales de Tintin des années 1930, etc.

Östasiatiska Museet *(musée d'Extrême-Orient ; plan détachable, D3)* **:** *Tyghusplan. 📱 10-456-12-97. • ostasiatiskamuseet.se • En principe, tlj sauf lun 11h-17h (20h mar). GRATUIT sauf expos temporaires.* Collections provenant de Chine, du Japon, de Corée, d'Inde et d'Asie du Sud. Côté chinois, très riche série de peintures, de céramiques et de bronzes. Ces derniers sont présentés dans une salle plongée dans la pénombre. Intéressants départements bouddhique et indien.

L'ÎLE DE DJURGÅRDEN *(plan détachable, E3-4)*

Cette « île des musées » est avant tout un vaste parc très verdoyant, celui de Skansen, et la promenade préférée des Stockholmois, qui peuvent prendre l'air tout en remontant 5 siècles d'histoire... Dans sa partie ouest, plusieurs musées dignes d'intérêt, voire incontournables, qui vous émerveilleront quel que soit votre âge. Pour la pause, des restos dans les musées, mais aussi une guinguette branchée à l'entrée de l'île, sur la droite du pont.
Facilement accessible depuis le centre à pied, en ferry, (T) nº 7 depuis Sergels Torg ou en bus nº 67.

Nordiska Museet *(Musée nordique ; plan détachable, E3)* **:** *Djurgårdsvägen 6-16. ☎ 519-546-00. • nordiskamuseet.se • Tlj 10h-17h (20h mer hors saison). Entrée : 140 Sk ; gratuit moins de 18 ans. Audioguide en français inclus (téléchargement possible).*
Dans un grand bâtiment de style néo-Renaissance (1904), ce musée des ***Arts et Traditions populaires*** présente la vie quotidienne suédoise à travers les âges dans les différentes couches de la société. Un musée un peu fourre-tout en fait, comprenant des ***expos temporaires*** sur des sujets d'actualité et/ou de société. Restent à demeure des collections d'artisanat traditionnel, de vaisselle, de jouets et de vêtements du XVIe s à nos jours, tout cela réparti sur 4 étages.
Ensuite, une série de reconstitutions d'intérieurs à travers lesquelles vous découvrirez ***le quotidien d'autrefois***, chez les riches et les moins riches. Le cérémonial du café, dans son genre, est édifiant ou encore tout le folklore autour de sainte Lucie, ***la collection d'œufs de Pâques peints,*** la soirée de Noël... Dans le hall, impressionnante statue géante de Gustave Vasa assis, sculptée dans un bloc de chêne et peinte par ***Carl Milles*** en 1924. Bref, un musée très vaste mais un peu sombre, où chacun devrait trouver un petit quelque chose... Même de quoi apaiser sa soif ou sa faim, dans le grand hall, sous le regard imperturbable de Vasa ou, plus sympa, à l'extérieur, au bord de l'eau.

Junibacken *(plan détachable, D3)* **:** *Galärvarvsvägen. ☎ 587-230-00. • junibacken.se • En principe, tlj 10h-18h en été (17h le reste de l'année) ; dès 9h le sam tte l'année ; voir site. Fermé lun sept-avr. Entrée : autour de 220 Sk ; moins cher en sem ; réduc.* Ce musée est consacré à ***l'univers de la littérature suédoise enfantine,*** et surtout à l'œuvre d'***Astrid Lindgren*** *(1907-2002),* la « grand-mère » de tous les Suédois. Celle-ci écrivit de nombreux livres avec pour personnages principaux ***Pippi Långstrump*** (connue des lecteurs français sous le nom de ***Fifi Brindacier***), mais aussi les frères Cœur-de-Lion, Zozo la grosse tête, Karlsson sur le toit... Pour faire battre les cœurs à l'unisson, rien ne vaut le petit train qui vous emmène en 10 mn (version française possible) dans un voyage drôle et émouvant à travers l'imaginaire suédois d'hier et d'aujourd'hui. Maisonnettes et personnages à l'échelle des enfants. Bien plus sympa que le petit train des Vikings voisins ! Un coup de cœur, pour petits et grands. À la sortie, panorama sur le port et... une furieuse envie d'ouvrir les livres d'Astrid Lindgren.

Vasamuseet *(plan détachable, E3)* **:** *Galärvarvet. ☎ 519-548-00. • vasamuseet.se • Juin-août, tlj 8h30-18h ; le reste de l'année, 10h-17h (20h mer). Entrée : 190 Sk (170 Sk hors saison) ; réduc ; gratuit moins de 18 ans. Projection d'un film sur le renflouage du Vasa (17 mn, demander pour la version en français). En été, visites guidées gratuites (25 mn, en anglais) ttes les 30 mn 9h30-16h30 (juin-août, visite en français possible) ; le reste de l'année, visites en anglais ttes les heures 10h30-15h30. Sinon, circuit famille (dépliant gratuit) et appli audio en français à télécharger gratuitement.*
On vous conseille vivement ce rescapé des eaux, unique en son genre, ***site touristique le plus visité de Suède.*** En entrant dans le musée, on ne peut qu'être impressionné par la puissance qui se dégage de ce ***vaisseau fantôme,*** l'atmosphère qui émane de ce lieu plongé dans une semi-pénombre, autant que par son

état de conservation (95 % sont d'origine) et par la richesse de sa décoration (il faut l'imaginer entièrement peint) que l'on découvre au fur et à mesure.

Un naufrage à tout point de vue

L'histoire de ce fameux navire de guerre est exceptionnelle à plus d'un titre. Commandé en 1625 par ***Gustave II Adolphe*** pour être le fleuron de la flotte royale, prévu pour loger 445 hommes, dont 300 soldats, il était destiné à servir les aspirations expansionnistes de la Suède lors de la ***guerre de Trente Ans.*** Aucune dépense n'avait été épargnée pour son équipement et sa décoration. Haut comme un immeuble de 4 étages, c'était l'un des plus gros navires, l'un des plus lourdement armés de son temps, chargé de centaines de sculptures, toutes peintes de couleurs vives.

Le *Vasa* effectua sa 1re sortie dans le port de Stockholm le ***10 août 1628...*** Sabords ouverts, voiles déployées, il gîta sur bâbord, victime d'un coup de vent soudain et sombra en 5 mn après n'avoir parcouru que 1 300 m, 20 mn après avoir quitté le quai ! Une centaine de membres de l'équipage étaient à bord, accompagnés de leur famille invitée pour l'occasion. Quelque 30 à 50 personnes disparurent avec le *Vasa,* les autres réussissant à se sauver.

Le *Vasa* était un ***navire de guerre expérimental*** (plus de canons lourds que les autres navires de ce type, hauteur inhabituelle : 5 étages au lieu de 4, le tout imposé par le roi). On pense aujourd'hui que l'insuffisance des connaissances théoriques de l'époque sur le ***centre de gravité d'un navire,*** son lestage, le manque de coordination de l'ensemble des corps de métier et, surtout, l'impatience du roi qui attendait son renfort pour la flotte de la Baltique, sont à l'origine de la catastrophe. Après enquête minutieuse, personne ne fut puni ni reconnu coupable de négligence, et le naufrage fut expliqué comme une manifestation de la « volonté de Dieu » ! La catastrophe du *Vasa* fut ***un désastre économique*** : le coût du navire s'était élevé à plus de 52 000 dalers, une dépense énorme pour le petit État suédois.

333 ans sous l'eau

Immédiatement après, des ***tentatives de renflouage*** furent entreprises – une fortune gisait en effet à 32 m au fond de l'eau. Elles échouèrent. Ce n'est que dans les années 1660 que 2 astucieux plongeurs réussirent à remonter à la surface une cinquantaine de canons (ce qu'il y avait de plus précieux), grâce à une cloche dont on peut voir une reproduction au musée.

Au XXe s, grâce à l'entêtement d'***Anders Franzén,*** un spécialiste de l'histoire navale suédoise, les fonds du port furent fouillés mètre carré par mètre carré. Après des années de recherche, le 25 août 1956, la sonde remonta un fragment de chêne noirci. L'épave était retrouvée !

Pour le renflouage, 5 années furent nécessaires aux scaphandriers pour préparer l'opération, grâce à un système de câbles que l'on glissa sous sa coque. En 1961, soit ***333 ans après son naufrage,*** le *Vasa,* vidé de sa vase et de son eau, revit enfin la lumière du jour. Les archéologues purent alors entreprendre leur passionnant et minutieux travail, et restaurer le vaisseau dans son authenticité et dans toute sa splendeur.

Mais encore fallait-il pouvoir ***conserver ce chef-d'œuvre à l'air libre*** sans qu'il ne pourrisse. Installé dans un musée provisoire, le navire subit alors pendant 17 ans, 24h/24, les aspersions d'un mélange spécial devant se substituer à l'eau et prendre la consistance de la cire en

RENFLOUER N'EST PAS JOUER

On ne savait pas comment remonter à la surface l'épave du Vasa, lourde de 700 t. Les avis furent aussi variés qu'imaginatifs. On proposa de congeler le Vasa dans un bloc de glace et de laisser le tout remonter à la surface, puis de remorquer l'iceberg et de le laisser fondre au soleil ! Un autre ingénieur suggéra qu'on remplisse l'épave de balles de ping-pong. Le Vasa remonterait ainsi facilement...

À VOIR

se figeant. Depuis 1990, le *Vasa* repose dans la pénombre d'un bâtiment dont on peut apprécier l'architecture originale en l'observant de loin. Les 3 mâts qui émergent du toit sont la reconstitution en hauteur réelle (52 m) de ceux qui furent cassés lors du naufrage.

Par ici la visite

Le parcours s'organise sur plusieurs ***mezzanines étagées*** autour du vaisseau. Les objets et le navire lui-même ont apporté aux historiens une somme de connaissances inestimable sur les techniques de la guerre et de la construction navales, ainsi que sur la vie quotidienne en Suède en cette 1re moitié du XVIIe s. Expos et documents audiovisuels retracent la vie mouvementée du navire, de sa construction à sa 2de naissance au XXe s (jeux vidéo permettant de simuler le naufrage...). Présentation ludique, très vivante, et explications pédagogiques. Présentation en détail de la vie à bord grâce aux objets trouvés sur le navire, comme des barriques, des canons, ou encore des vêtements, des chaussures toujours lacées, jusqu'à des boutons et une bague en or... On a même pêché une vingtaine de squelettes que la technologie fait sortir de l'anonymat. Saisissant. On peut aussi admirer de près les ***sculptures de bois*** qui garnissaient la poupe (repérer les 2 angelots tenant l'emblème des Vasa, une gerbe de céréales qui se dit « vase » en suédois) et repeintes à partir de restes de pigments. Incroyable vue d'ensemble depuis le niveau 7 tout là-haut.

LA VIE RUDE DES ÉQUIPAGES

Quelques exemples des punitions infligées aux marins à l'époque. Pour une plainte concernant la nourriture : 10 jours à vivre d'eau et de pain rassis. Refus d'obéir à un ordre : passage sous la quille retenu par des cordages ; en cas de récidive : pendaison assurée ! Blasphème : même tarif !

|●| Possibilité de se restaurer convenablement dans la ***cafétéria*** *(plats du jour env 90-180 Sk).*

– L'été, la visite peut être complétée par celles de ***2 bateaux-musées*** amarrés à quai, juste derrière le bâtiment du *Vasa* *(en été, tlj 11h-18h, plus le w-e mai et sept ; GRATUIT).* Il s'agit d'un bateau-phare de 1903 et d'un brise-glace de 1915. Ce dernier permettait de maintenir ouverts les chenaux de navigation de l'archipel de Stockholm en période hivernale.

The Viking Museum *(musée des Vikings ; plan détachable, E3) : Djurgårdsvägen 48. ☎ 400-229-90. • thevikingmuseum.com/en • Tlj 10h-18h (11h-17h sept-mai). Entrée (chère) : env 180 Sk ; gratuit moins de 7 ans. Audioguide en français téléchargeable gratuitement sur son smartphone.* Une attraction fun et pas compliquée, à faire en famille. La visite commence par une expo didactique visant à dissiper les clichés sur les Vikings. Habitat, croyances, artisanat, alimentation... à grand renfort d'illustrations, vidéos et maquettes. En tout cas, les Vikings constituent un filon en or pour Netflix et autres plateformes. Puis on descend dans un genre de ***train fantôme*** (bande-son en français) pour un parcours d'environ 10 mn le long d'un tunnel obscur balisé de saynètes animées. Nous sommes en 963. Distrayant, mais nettement moins instructif que le musée d'Histoire !

|●| ***Cafétéria*** sympa comme tout avec vue sur le port derrière de larges baies vitrées.

VRAK *(Musée des épaves ; plan détachable, E3) : Djurgårdsstrand 17. ☎ 519-549-14. • vrak.se • Tlj 10h-17h (20h mer). Entrée (chère) : env 185 Sk ; gratuit moins de 18 ans.* La mer Baltique vue du dessous dans ce musée interactif et dernier cri, consacré aux... épaves. Un film panoramique de 10 mn ouvre le bal. Batailles navales ou tempêtes, la liste des bateaux, avions, mines, containers ou autres sous-marins coulés tout au long de l'histoire maritime de la Baltique est impressionnante. Puis zoom sur la mythique épave du *Resande Man,* retrouvée en décembre 2012 dans l'archipel de Stockholm. Elle repose toujours à – 15 m mais on partage la ***plongée virtuelle*** dans une curieuse ambiance menthe à l'eau. D'autres recherches archéologiques maritimes retiennent l'attention, y compris en réalité virtuelle, dans ce qui apparaît comme un immense cimetière, pour ne pas dire décharge, depuis l'âge de pierre jusqu'au naufrage du ferry l'*Estonia* en 1994 (137 survivants sur 1 000 passagers). Un musée immersif à tout point de vue qui soulève beaucoup de questions alors que l'eau de la Baltique, cette mer semi-fermée, met 33 ans à se renouveler.

Liljevalchs *(plan détachable, E4)* **:** *Djurgårdsvägen 60. ☎ 508-313-30. • liljevachs.se • Tlj 11h-17h (19h mar et jeu). Entrée : 120 Sk ; gratuit moins de 18 ans et pour ts le lun.* Une galerie de **sculptures et peintures modernes,** présentées sous forme d'expos temporaires. Vaut le coup pour ses collections éclectiques dans les styles, les formats, les matériaux et les sujets abordés, figuratifs ou non. Chacun y dégote ses petites pépites. Depuis 2021, l'ensemble est enrichi d'une annexe aux vastes volumes et aux lumières douces, entre béton et puits de lumière, travaillés pour accueillir des expos aux tonalités résolument contemporaines.
Sur place, ***Blå+*** *(plan détachable, E4,* ***99****),* un resto bio et végé apprécié pour son rapport qualité-prix. Voir plus haut « Où manger ? ».

ABBA The Museum *(plan détachable, E4)* **:** *Djurgårdsvägen 68. ☎ 121-328-60. • abbathemuseum.com • Tlj 10h-18h (20h jeu). Entrée : 280 Sk ; réduc ; gratuit moins de 7 ans. Résa en ligne conseillée, surtout en saison touristique. Sinon, paiement par CB, pas d'espèces. Audioguide : 20 Sk.*
Groupe disco un peu kitsch, ABBA chante une 1re fois à l'Eurovision de la chanson en 1973 : *Ring Ring* finit 3e. Nouvelle participation en 1976, faisant de *Waterloo* une grande victoire. *Gimme ! Gimme ! Gimme !*, *Dancing Queen* et *Take a Chance on Me* les couronnent de... *Money, money, money...* Normal, avec près de ***400 millions d'albums vendus.***
ABBA était formé de 2 couples : ***Anni-Frid Lyngstad*** et ***Benny Andersson, Agnetha Fältskog*** et ***Björn Ulvaeus.*** Les 1res lettres de leurs prénoms ont formé l'acronyme qui a donné son nom au groupe. Le musée, ouvert 30 ans après sa séparation, est un vibrant hommage à la formation qui a commencé sa carrière ici, en 1970. L'aventure du quatuor s'est achevée en 1986, mais s'est prolongée avec l'écriture de la comédie musicale *Mamma Mia,* laquelle a fait l'objet de nombreuses productions à travers le monde. Et par la sortie d'un 9e album en 2021 : *Voyage*. *ABBA Gold* est l'un des 15 albums les plus vendus de tous les temps.
Le musée ABBA présente en 35 étapes, réparties sur 2 000 m², quelques-unes des fameuses ***tenues de scène*** colorées ou pailletées qui ont contribué à la renommée du groupe. Dès le début de la visite, on est mis dans l'ambiance avec un montage sur écran de moments forts filmés lors de concerts.
On suit la chronologie de leur carrière en découvrant des objets ayant appartenu aux membres du groupe et des documents audiovisuels (extraits de concerts, interviews). Un dispositif permet au visiteur de chanter et de danser avec des hologrammes des artistes tout en endossant un costume numérique !
Le musée propose des concerts, des expos temporaires et des événements inédits en lien avec l'actualité musicale. Et bien sûr, une boutique bien fournie en souvenirs « *abbesques* », ainsi qu'un hôtel *(Pop House)* et un restaurant.
Si cela ne vous suffit pas, sachez que le Stockholm City Museum propose une visite des sites de la ville où les membres d'ABBA ont vécu et travaillé. Alors ? Convertis à « l'abbamania » ?

LE RIDICULE NE TUE PAS

Le groupe ABBA arborait en spectacle des costumes criards kitschissimes. C'était voulu, il profitait d'une loi fiscale bizarre en vigueur en Suède dans les années 1970 : les vêtements de scène étaient déductibles, à condition de ne pas les porter en ville au quotidien.

Skansen *(plan détachable, E3-4) : ☎ 442-80-00. • skansen.se • Parc ouv en principe tte l'année à partir de 10h, jusqu'à 22h mai-sept (sauf événements), 16h avr, 15h oct-mars. Bâtiments historiques ouv mai-sept 11h-17h, jusqu'à 15h ou 16h oct-avr. Attention, beaucoup de monde le dim et, après 17h, tt ou presque est fermé. Entrée : 220 Sk en été, 160 Sk sept-mai ; + 30 Sk pour le funiculaire optionnel ; réduc ; gratuit jusqu'à 3 ans. Le parc est vaste, prévoir 3h pour en profiter pleinement.*

Autre visite incontournable à faire en famille, surtout si la météo est de la partie. ***C'est le plus vieux musée de plein air du monde,*** créé en 1891 par Arthur Hazelius, le fondateur du *Nordiska Museet,* dans un beau parc boisé offrant des points de vue à la dérobée sur la ville. Cet enseignant, spécialiste des langues nordiques, voulait préserver la ***culture populaire traditionnelle*** de son pays, menacée, selon lui, par l'industrialisation. Il s'agit d'un ***musée ethnographique vivant,*** une synthèse de la Suède d'autrefois, exposant l'habitat suédois du XIVe s au début des années 1920. Environ 160 édifices de toutes sortes (église, maisons, fermes, manoirs, écoles, moulins, etc.), provenant de différentes régions de la Suède, ont été remontés ici. Reconstitution d'un ***village sami*** (les habitants de la Laponie).

L'ensemble est animé par ***des artisans et des passionnés en costume d'époque*** qui jouent leur rôle à la perfection. On peut acheter des gâteaux chez le boulanger, s'offrir une poterie ou manger une spécialité dans l'un des restos.

Le parc abrite aussi un ***zoo*** avec des ***animaux scandinaves*** : ours, élan (le roi de la forêt suédoise), renne (animal préféré des Lapons), lynx, renard arctique... Avec de la patience, on peut éventuellement voir le timide glouton, cousin de la belette pouvant peser jusqu'à 30 kg. Il est menacé d'extinction ; il n'en reste guère plus qu'une centaine en Suède. L'accès est libre, à l'inverse de l'***aquarium*** *(env 140 Sk seul)* qui comprend différents bassins et accueille en plus des reptiles, insectes, ainsi que des singes et oiseaux exotiques. Drôle d'aquarium ! Déco ludique à la *Indiana Jones.*

On préfère l'espace moderne consacré à la biodiversité marine de la Baltique et l'écologie en général, le ***Baltic Sea Science Center*** *(tlj 10h-18h).* Il comprend lui aussi des aquariums et est... *GRATUIT.*

Enfin, la visite de Skansen serait incomplète sans les jardins d'agrément, le jardin des simples (près de la maison des gardes) et la roseraie (près de Sagaliden).

Pour les plus jeunes, en été, promenades à poney, guignol, petit train, une fête foraine à la mode d'antan, un cirque et un ***mini-Skansen*** où ils peuvent se familiariser avec les petits des animaux. Sans parler de l'espace réservé aux petits animaux (des fourmis aux chèvres naines en passant par les crapauds) que propose le ***Lill-Skansen.***

- ***Conseil :*** s'éloigner des entrées pour plus de tranquillité et d'authenticité, et débusquer églises et fermes de manière plus intime.
- La veille du 1er mai, vous pouvez assister à la fameuse « nuit de Walpurgis » célébrée dans toute la Scandinavie.
- Le soir en été, concerts, danses folkloriques, piste de danse en plein air. Très convivial. Infos à l'entrée.
- En décembre, marché de Noël où acheter toutes vos décorations artisanales pour les fêtes.

LA NUIT DES SORCIÈRES

Sainte Walburge était une religieuse anglaise qui évangélisa les Germains. Après sa mort en 779, au couvent de Heidenheim, en Bavière, les sorcières prirent l'habitude de se réunir sur sa tombe pour célébrer la nuit de Walpurgis, malgré les condamnations de l'Église. Cette fête a lieu la veille du 1er mai, elle marque la fin de l'hiver et l'arrivée du printemps. On allume de grands bûchers sur les collines et les Suédois chantent des mélodies traditionnelles.

Gröna Lund Tivoli *(plan détachable, E4) : Lilla Allmänna Gränd 9, au bord de l'eau. • gronalund.com • Ouv fin avr-fin sept, à la Toussaint et déc-début janv. Horaires et tarifs variables selon*

À VOIR

saison et âge. Ce ***parc d'attractions*** est plus petit que le Tivoli de Copenhague, mais aussi beaucoup moins cher. Il propose des dizaines d'attractions payantes ou non selon la formule, pour tous les âges, certaines assez extrêmes comme l'Éclipse ou la Chute Libre *(Fritt Fall).* Et en bonus, un beau point de vue sur la capitale. Les plus téméraires se frotteront à *Ikaros,* une attraction où les visiteurs fixés à un fauteuil sécurisé se balancent à 95 m au-dessus du sol avant de dégringoler en chute libre... Effrayant ! En été, des concerts sont organisés régulièrement.

Pour les nostalgiques de la royauté, cette île est un petit paradis puisque le ***Royal Djurgården*** *(hors plan détachable par E4 et plan d'ensemble),* le grand parc de la ville, abrite plusieurs manoirs, palais et lieux discrets, sinon secrets, à explorer. Grâce aux rois, cette zone toujours verte ne fut jamais construite. Explication ? *Djur* signifie « gibier » en suédois.

Prins Eugen Waldemarsudde *(hors plan détachable par E3-4)* **:** *au sud de l'île. ☎ 545-837-00. • waldemarsudde.se • Accès : T n° 7. Tlj sauf lun 11h-17h (20h jeu). Entrée : 150 Sk ; réduc ; gratuit moins de 18 ans.* Ce musée est installé dans le manoir de *Waldemarsudde,* dans un jardin qui descend en terrasses jusqu'à la mer. Construit en 1903-1905, il fut la propriété du prince Eugène, frère cadet du roi Gustav, peintre de paysages et grand amateur d'art. Le musée dévoile des collections lui ayant appartenu et accueille des expos temporaires.

Thielska Galleriet *(hors plan détachable par E3-4)* **:** *Sjötullsbacken 8. ☎ 662-558-84. • thielska-galleriet.se • Tlj sauf lun 12h-17h (20h jeu mai-oct). Entrée : 140 Sk ; réduc ; gratuit moins de 18 ans.* Construite par le riche banquier Ernest Thiel, cette grande maison de 1907 est le fruit d'une belle histoire d'amour. Cet homme avait quitté sa femme pour vivre avec la dame de compagnie de cette dernière... Ce geste fit scandale dans la bonne bourgeoisie de l'époque. Thiel perdit une grande partie de sa fortune pendant la Première Guerre mondiale, et légua sa demeure et ses collections à l'État suédois en 1926. Aujourd'hui, la maison abrite un musée privé remarquable, pour qui se passionne pour l'Art nouveau suédois.

Prolongez votre séjour sur l'île en profitant des charmes du ***Rosendals Trädgård*** *(hors plan détachable par E3-4),* le pavillon royal. Certains admireront le potager et le verger, très bien entretenus, à côté du pavillon royal ; d'autres apprécieront les serres et la cafétéria *(lunch menus tlj 11h-14h30, env 140-170 Sk).* Cette dernière sert des légumes cultivés sur place sur la base des principes de l'agriculture biodynamique, mais est tout aussi indiquée pour s'octroyer une pause goûter au milieu des plantations. *☎ 545-812-70. • rosendalstradgard.se • GRATUIT.*

L'ÎLE DE SÖDERMALM (plan détachable, A-E4-5-6)

« Perchée » sur sa colline, la grande île du sud eut d'abord une vocation agricole : c'était le grenier de la ville. Au XIXe s, l'industrie prit le relais et une classe ouvrière pauvre vint s'installer à *Södermalm.* Ces dernières décennies, le quartier s'est rapidement embourgeoisé, jusqu'à devenir l'un des plus branchés et en vue de la capitale.

Pas grand-chose à visiter sur Söder (comme l'appellent les Suédois), c'est davantage une île à vivre, pour prendre le pouls de la ville. Au programme de ce quartier branché, de belles découvertes culinaires, des petits cafés, des sorties et du shopping. Des secteurs encore un peu décatis y voisinent des constructions contemporaines, dont l'*Arche* de Ricardo Bofill, un ensemble en arc de cercle, postmoderne, devant le ***Fatbursparken*** *(plan détachable, C5).*

On peut diviser le secteur en 2 parties, de part et d'autre de l'avenue Götgatan.

La ***partie ouest*** de l'île s'est beaucoup développée dans les années 1980, autour des immeubles bourgeois des XVIIIe et XIXe s. Les trekkeurs urbains pourront faire un tour dans le ***quartier nord,*** délimité par la promenade le long de l'eau ***Söder Mälarstrand*** *(plan détachable, A-B4)* et par ***Hornsgatan*** *(plan détachable, A-C5).* Ce périmètre cache quelques jolies ruelles pavées, certaines en escaliers. Au bord de l'eau, dans les hauteurs, quelques ***cottages en bois*** aux fenêtres joliment habillées invitent à rêver à la Stockholm du passé. Hornsgatan compte de nombreuses boutiques d'antiquités, de galeries d'art et de design.

Ne manquez pas le ***point de vue*** à l'extrémité de ***Blecktornsgränd*** *(plan détachable, B4),* à ***Mariaberget.*** Un parc où se poser, offrant une vue somptueuse sur Gamla Stan et le clocher de Riddarholms kirkan, surtout au coucher de soleil. C'est le moment de sortir le Mölky !

À l'extrémité ouest de l'île, autrefois délaissée, un nouveau quartier branché a vu le jour. ***Hornstull*** *(M Hornstull ; hors plan détachable par A5),* avec sa myriade de cafés et restos *trendy,* son cinéma d'art et d'essai et son agréable front de mer, séduit les jeunes et renoue avec l'effervescence culturelle. De début avril à fin août, il s'y tient tous les week-ends un marché sympa comme tout où l'on trouve des stands de *street food,* de vêtements et d'artisanat.

Depuis la fin des années 1990, c'est la ***partie est*** de l'île qui a connu une évolution sociologique (et immobilière) rapide, à l'est de Götgatan et au sud de Folkungagatan. Le quartier s'est d'abord donné un nom à la mode, faisant référence à New York : ***SoFo,*** contraction de SOuth of FOlkungagatan (comme SoHo – SOuth of HOuston). Les designers de meubles, d'objets vintage et les artisans s'installèrent rapidement, attirés par les loyers encore abordables... qui ne le sont plus du tout aujourd'hui ! Et voilà en quelques années un quartier qui monte, qui monte... à fréquenter sans modération.

Faites un petit tour à ***Vita Bergen*** *(plan détachable, D-E5-6),* le « Mont Blanc » de Stockholm. Ce parc s'étend sur un tertre rocheux. En son sommet, ***Sophia Kyrka*** *(plan détachable, D5-6)* et, un peu plus loin, un théâtre de plein air (*Parkteatern,* riche programme de représentations estivales, • *kulturhusetstadsteatern.se/parkteatern* •). Les flancs du parc sont semés de vieilles maisons en bois avec leurs mignons jardins pentus au charme bucolique. Guinguette adorable en plein centre. Quelques petits cafés et bistrots sympas juste à côté sur ***Skånegatan*** *(plan détachable, D5-6),* face à un square et sur Erstagatan, comme le bar ***Folii*** par exemple (vins français et italiens, très hipster).

À 2 pas, à l'angle de Bondegatan et de Södermannagatan *(plan détachable, D5),* 2 maisons en bois rescapées des démolitions du début du XXe s (la Mairie manquait de moyens pour abattre les dernières constructions).

Plus au nord, les petites rues autour de ***Katarina Kyrka*** et de son cimetière *(plan détachable, C-D5)* sont bordées de demeures anciennes, notamment la ***Mickaelsgatan*** et ses édifices des XVIIe et XVIIIe s.

Pour ***la meilleure vue*** qui soit sur la ville, Tivoli et la Baltique, direction ***Fjällgatan*** *(plan détachable, D5),* une esplanade en surplomb du musée de la Photographie, *Fotograkiska.* Instagrammable à fond !

Slussen *(écluses ; plan détachable, C4-5)* **:** un quartier en pleine mutation, qui restera en travaux pendant encore quelques années. L'une des sorties favorites des Stockholmois le dimanche est l'ascension de la ***plateforme*** perchée à une hauteur de 38 m... hors travaux. On y accède par des escaliers.
Le quartier abrite le ***Södra Teatern Mosebacke Torg,*** temple local des musiques du monde (derviches tourneurs, gitans du Rajasthan, chanteurs mongols et yéménites, etc.). Programme sur • *sodrateatern.com* • De là, on peut descendre par Östgötagatan pour regagner le cœur de Söder et SoFo.

Stadsmuseet (plan détachable, C4-5) : *Ryssgården, près du métro, face aux quais. ☎ 508-316-20. • stadsmuseum.stockholm.se • Ⓜ Slussen. Tlj sauf lun 11h-17h (20h mar et jeu). GRATUIT.* Petit musée municipal dans un édifice historique de 1680, qui abrita tour à tour un tribunal, une mairie de quartier, un théâtre anatomique, des ateliers, une église... L'expo s'attache à retracer ***l'histoire de Stockholm*** depuis le XVIe s, en passant par l'incendie de 1759 qui détruisit 300 maisons dans le quartier de Söndermalm, la faste période des échanges commerciaux (1720-1860), puis celle de l'industrialisation et des migrations (1860-1921) et enfin les rouages de la cité moderne d'aujourd'hui. Mises en scène modernes, reconstitutions d'intérieurs, hologrammes... Un musée plaisant à parcourir.

LA FOLIE STEKT STRÖMMING

Au sud de Gamla Stan, sur la place Kornhamnstorg, un kiosque surmonté d'une enseigne jaune en forme de hareng ne désemplit pas. Il poursuit une vieille tradition : celle du hareng pané et frit, le stekt strömming. Les habitués attendent patiemment l'immuable tranche de hareng, garnie de purée, persil, confiture d'airelles, oignons frais et concombres. Normalement, le kiosque est installé sur l'esplanade qui surplombe le Stadsmuseet (Södermalm) et devrait y reprendre ses quartiers...

La saga *Millénium*

Difficile d'y échapper ! La trilogie de **Stieg Larsson** a connu un tel succès (plus de 80 millions d'exemplaires vendus à travers le monde !) que, des années après sa publication, de nombreux fans font encore le déplacement pour découvrir *in situ* les endroits mentionnés dans le roman. Pour se repérer, on peut se procurer au **Stadsmuseet** un plan *(payant)* indiquant les principaux points d'intérêt, ou bien suivre l'une des ***visites guidées*** (en anglais) qu'il propose. *• stadsmuseet.stockholm.se •*

Fotografiska (plan détachable, D5) : *Stadsgårdshamnen 22, sur les quais. ☎ 509-005-00. • fotografiska.com • Ⓜ Slussen. Tlj 10h-23h. Entrée : 195 Sk en sem, 235 Sk le w-e ; réduc (notamment sur Internet) ; gratuit moins de 12 ans.* Un endroit exceptionnel pour les amoureux de la photographie, qui auront la chance de retrouver ici tous les grands noms, au fil des ans et au hasard des rétrospectives. Cet ancien hangar de brique rouge dédie ses espaces lumineux à des expos temporaires, présentant en principe 5 thèmes ou artistes simultanément. Belle librairie spécialisée, éclectique et bien fournie au rez-de-chaussée.

Pour se restaurer, café-resto ***Verandan*** sur l'esplanade *(tlj en saison, 11h-23h, ferme à 18h 1re quinzaine de juin).* Un autre café-resto sous les toits, ***Bread & Wine,*** très agréable avec une vue panoramique sur la ville et les quais *(tlj en saison, 10h-18h, ferme à 23h 1re quinzaine de juin ; snacks moins de 100 Sk, plats 130-175 Sk).* La gastronomie suédoise sous son meilleur jour, réjouissante, à base de produits bio, cultivés en aquaponie pour certains. Vins chers, mais bières nordiques et jus locaux. Pour se distraire, le ballet des bateaux...

AILLEURS À STOCKHOLM

Pour ceux qui ne seraient pas rassasiés, il existe plus de 80 musées à Stockholm : le ***musée de la Poste*** dans Gamla Stan, le ***Dansmuseet*** *(musée de la Danse)*, le ***Spritmuseum*** *(musée des Spiritueux)*, le ***Liljevachs Konsthall*** et le ***Bonnier Konsthall*** *(art contemporain)*, le ***Sven-Harrys Konstmuseum,*** le ***Snus & Tändstickmuseum*** (*musée du Snus* – le tabac à chiquer – *et des Allumettes* !), et on en passe... Les offices de tourisme et caisses des musées délivrent un plan gratuit avec toutes les infos de visite.

UN PEU PLUS LOIN (plan d'ensemble)

Naturhistoriska Riksmuseet (*musée d'Histoire naturelle ; hors plan détachable par C1*) : *Fescativägen 40, au nord de la ville. ☎ 519-540-00. • nrm.se • Ⓜ Universitet, puis 5 mn de marche. Pdt vac scol, tlj 10h-18h ; le reste de l'année, tlj sauf lun 11h-17h (10h-18h w-e). Entrée : 130 Sk ; réduc.* Vaste institution fondée par le naturaliste suédois Carl von Linné (voir rubrique « Personnages » dans le chapitre « Hommes, culture, environnement » en fin de guide) dans un vénérable bâtiment de 5 étages du XIXe s, plusieurs fois rénové au cours du temps. Il ravira les visiteurs qui entament une exploration des ***grands espaces*** et du ***Grand Nord.*** Ils y trouveront un avant-goût de la faune et de la flore de ces régions encore quasiment vierges. Spécimens naturalisés d'élans, rennes, lynx, loups, tétras, castors, loutres, phoques, lions de mer, aigles pêcheurs, etc., et même écouter le bruit infernal des moustiques et moucherons mordeurs. ***Section polaire et aquatique*** avec ours blancs, manchots, lapins et renards arctiques, lions de mer, morses et des squelettes de cétacés aux dimensions impressionnantes. ***Section des dinosaures*** très bien faite, avec fossiles d'ichtyosaures et squelettes de T-Rex, vélociraptors, etc. Dans la section ***anatomie humaine,*** on assiste à un désossage complet de « l'animal humain ». Panorama de l'évolution de la race humaine depuis les ancêtres proches des primates. Magnifique collection de ***minéralogie*** avec des pierres luminescentes. Planétarium et salle IMAX en prime.

Sur place, sympathique cafétéria ***Fossilen*** servant de bons plats chauds. *Lunch 11h-14h (16h w-e) ; env 100 Sk le plat.*

Millesgården (*plan d'ensemble*) : *Herserudsvägen 32, à **Lidingö,** au nord-est de Stockholm. ☎ 446-75-90. • millesgarden.se • Ⓜ Ropsten, puis bus nos 201, 202, 204, 205 ou 206 jusqu'à Torsvikstorg. Tlj sauf 11h-17h. Entrée : 170 Sk ; réduc ; gratuit moins de 19 ans.*

Faites-vous plaisir en venant vous perdre jusqu'ici. ***Carl Milles*** (1875-1955), un artiste suédois injustement méconnu, a réinventé l'équilibre en sculpture après avoir puisé une part de son inspiration dans l'œuvre de Rodin. On visite sa maison et ses jardins en terrasses qui surplombent la capitale, cadre exceptionnel dans lequel sont exposées ses œuvres.

En réalité, Milles et sa femme ne venaient ici qu'en été, résidant à partir de 1931 aux États-Unis, puis à Rome (d'un point de vue météorologique, on peut le comprendre). Dans la maison, collection d'objets d'art réunis par le sculpteur, dont un important ensemble d'antiquités. On visite aussi son atelier. Le clou de la visite : les extraordinaires ***jardins en terrasses,*** parsemés de fontaines et habités par les statues de Milles.

On a bien aimé la *fontaine d'Aganippe* pour la légèreté de ses figurants qui semblent courir sur l'eau et ses belles proportions. Mais l'attraction no 1 reste la ***terrasse inférieure,*** avec ses statues haut perchées sur des colonnes. Face à la ville qui a poussé sans grâce de l'autre côté du bras de mer, leurs silhouettes semblent interroger le ciel et tenir en équilibre comme par miracle. Admirez la grâce aérienne d'œuvres telles que *La Main de Dieu* ou *L'Homme et Pégase*.

Agréable ***cafétéria*** entourée de rosiers et d'intéressantes expos temporaires dans le bâtiment moderne adjacent.

Drottningholm (*plan d'ensemble*) : *sur l'île de Lovön, sur le lac Mälaren, à 11 km au nord-ouest de Stockholm. ☎ 402-62-80. • kungahuset.se • Ⓜ Brommaplan, puis bus pour Mälaröarna (n'importe quel no de 301 à 323 ou 177-178) ou bien, en été, bateau du Stadshuskajen, en face de l'hôtel de ville, avec la compagnie Strömma. • stromma.se •*

Ensemble inscrit au Patrimoine mondial de l'humanité par l'Unesco. C'est la ***résidence actuelle de la famille royale.*** En dehors de l'aile est, qui leur est réservée, le reste du château se visite toute l'année, de même que les jardins.

– ***Drottningholms Slott*** *(château de Drottningholm)* **:** *mai-sept, tlj 10h-17h ; avr et oct, tlj 10h-16h ; nov-mars, w-e seulement 10h-16h. Fermé 2de quinzaine de déc. Entrée : 150 Sk ; réduc ; gratuit moins de 7 ans.*
La visite peut se faire en toute autonomie, grâce aux explications en anglais délivrées dans la plupart des pièces ou muni d'un livret explicatif en français, très complet, vendu à l'entrée. Possibilité également de suivre une visite guidée en anglais.
Un 1er bâtiment fut construit en 1579, mais détruit par un incendie en 1660. L'actuel château, un Versailles miniature, date de la fin du XVIIe s. Il est dû à l'architecte ***Tessin.*** Il s'est agrandi au siècle suivant grâce à la sœur de Frédéric de Prusse, Louisa Ulrika, à qui ce château d'été fut offert en cadeau de mariage. Elle aménagea alors l'intérieur dans le style rococo. Le naturaliste Carl von Linné y résida, travaillant sur la nomenclature des collections royales d'histoire naturelle.
Le décor intérieur est un festival de dorures, moulures et peintures rococos : un style qu'on aime ou non, mais qui ne laisse pas indifférent ! Les ***fastueux salons d'apparat*** se succèdent, parfois assez vides, parfois agrémentés de quelques meubles, vases et horloges précieuses. Impressionnante bibliothèque.
L'extérieur est l'occasion d'une belle balade : vaste et superbe parc inspiré par Le Nôtre, dont une partie est aménagée à la française et une autre dans le style romantique anglais. On peut y admirer le ***pavillon chinois*** édifié par Adolphe-Frédéric en 1753 *(mai-sept, tlj 11h-17h ; fermé oct-avr ; entrée : 100 Sk, réduc, gratuit moins de 7 ans et avec le Stockholm Pass).* Construite secrètement à Stockholm, cette adorable bâtisse fut transportée de nuit par bateau, remontée tout aussi discrètement, et offerte à la reine le matin de son anniversaire. Ah, l'amour...
– ***Slottsteater*** *(théâtre du château)* **:** *☎ 556-931-00. • dtm.se • Mai-sept, 11h-16h30 (dernier tour) ; avr et oct, 12h-15h30 ; de nov à mi-déc et en mars, seulement w-e 12h-15h30. Fermé de mi-déc à fév ; horaires susceptibles de varier, se renseigner. Visite guidée obligatoire (ttes les heures en anglais, mais possible aussi en français sur demande) : 110 Sk ; réduc ; gratuit moins de 16 ans.*
Un lieu hors du temps, dont on ne peut que vous conseiller la visite, s'il est ouvert. Construit en 1776, ce magnifique théâtre (extérieur en pierre, intérieur en grande partie en bois) abrite une charmante scène ornée de stucs dans le style XVIIIe s. C'est ***l'un des plus vieux théâtres du monde*** à avoir conservé sa machinerie d'époque et ses décors amovibles en papier mâché d'origine (ou presque). Tout fonctionne encore, et en été des représentations d'opéra sont données par des musiciens en costume et perruque (les visites s'arrêtent plus tôt les jours de spectacle).
Rangs économiques recouverts d'un bleu royal, bancs en bois pour les cavaliers en dessous, et 2 fauteuils pour le couple royal. C'est tout, au milieu des 1ers rangs de spectateurs. Comme la reine Louisa Ulrika, à l'initiative du bâtiment, n'avait pas assez d'argent pour terminer les travaux, c'est l'architecte du théâtre lui-même qui en paya une partie de sa poche. Il eut droit en échange à une pièce dans le théâtre pour résider à Drottningholm en été. Ce problème de financement explique l'utilisation de matériaux peu coûteux pour la construction (principalement du bois), et le fait que les décorations soient en réalité des trompe-l'œil, imperceptibles en raison de l'éclairage à la chandelle. Mais après tout, le théâtre n'est-il pas qu'illusion ?
Dans le bâtiment de réception, ***cafétéria*** élégante (le *Karamellan*) mais assez chère *(menus env 160-220 Sk).*

OÙ SE BAIGNER ?

– Ceux qui craignent l'eau froide seront heureux de savoir qu'à Stockholm, il y a plusieurs piscines :

■ ***Eriksdalsbadet*** *(plan détachable, C6)* **:** *Hammarby Slussväg 20. ☎ 508-402-58. • motionera.stockholm • Ⓜ Skanstull. Lun-ven 6h-20h (19h ven), sam 8h-18h, dim 8h-19h. Entrée : 100 Sk ; réduc ; gratuit moins de 4 ans.*

Piscine municipale couverte avec un bassin de 50 m et des jeux aquatiques.

■ **Centralbadet** *(plan détachable, B2)* **:** *Drottninggatan 88. ☎ 545-213-00. • centralbadet.se • Lun-ven 7h-20h30, w-e 9h-18h30 ; dernière entrée 1h avt fermeture. Entrée : 450 Sk ; 650 Sk ven à partir de 15h et w-e ; réduc.* Au fond d'un beau square avec fontaine de bronze et bancs de fer forgé. Une superbe piscine rétro créée en 1904 dans un beau décor Art nouveau. Sauna, bains à remous, etc. Plus pour se relaxer que pour nager, car les bassins sont petits. Sur place, le resto **Ecobaren** est ouvert aux mêmes horaires que la piscine (mais 1h plus tard le matin). On y sert de la bonne cuisine naturelle et diététique *(plats 150-220 Sk).*

■ **Sturebadet** *(plan détachable, C2)* **:** *Sturegallerian 36. ☎ 545-015-00. • sturebadet.se • Lun-ven 6h30-22h, w-e 8h30-20h30. Entrée : 1 295-1 495 Sk selon j. de la sem (sans les soins !).* À l'intérieur de la Sturegallerian se cache le centre de beauté le plus chic de la ville, un centre de remise en forme idéal en toute saison. Depuis 1885, sa superbe piscine a su conserver son décor orientalisant et sa clientèle huppée. Les cabines de soin se trouvent dans la galerie-coursive en bois qui entoure le bassin, profitez-en : massages suédois, saunas, hammam, etc.

Sachez qu'il existe une vingtaine de ***plages*** à Stockholm et dans les environs (plus de rochers que de sable, cela dit). Parmi elles :

- **La petite île verdoyante de Långholmen** *(plan d'ensemble)* **:** *Ⓜ Hornstull, puis 10 mn à pied jusqu'à Långholmen.* Sans aucun doute l'un des endroits les plus agréables pour se baigner. La plagette est entourée de jardins fleuris, amoureusement entretenus par leurs propriétaires, et de cabanons multicolores au bord de l'eau. Pontons et rochers dissimulés dans la verdure vous permettront de trouver « votre » petit coin de paradis pour profiter des longues soirées d'été !
- **La plage de Tanto** *(hors plan détachable par A5 et plan d'ensemble)* **:** *Ⓜ Hornstull, puis 5 mn à pied.* Cette petite anse de sable située sur l'île de Södermalm est un spot agréable aussi, lové tout au bout du Drakenbergsparken. Sur place, beach-volley, terrain de jeux, douches et toilettes.
- **Brunnsviksbadet** *(plan d'ensemble)* **:** *Frescatihallen Hagväg 18. ☎ 508-090-00. Ⓜ Universitetet, puis 10 mn à pied ou en bus n° 540 jusqu'à* ***Frescati Hage.*** Un endroit idyllique au cœur du parc national Haga et en bordure du Jardin botanique de Bergianska. Tranquillité assurée, même si l'eau n'est pas toujours aussi cristalline que dans le Mälaren (sa qualité est quand même contrôlée par le service d'hygiène).
- D'une façon générale, tous les ***lacs*** aux alentours de Stockholm sont très propres et propices à la baignade. Inutile de vous donner en spectacle sous les fenêtres du château royal, mais si un rocher vous tente un peu à l'écart du centre-ville, n'hésitez pas, jetez-vous à l'eau ! Par ailleurs, prenez garde aux bateaux qui sillonnent les mêmes lacs que vous : le soleil bas de l'après-midi leur rend la visibilité incertaine.
- Si vous venez à Stockholm en hiver, sachez que plusieurs ***patinoires*** en plein air sont installées en centre-ville. Celle de Kungsträdgården *(plan détachable, C3)* est sans doute la plus populaire. Et par grand gel, on peut même patiner sur le lac Mälaren. Chaussez vos patins (que vous pouvez louer sur place) !

LES ENVIRONS DE STOCKHOLM

L'ARCHIPEL DE STOCKHOLM

Stockholm est semée sur 14 îles et la navigation vers le large de la Baltique tient du labyrinthe maritime, avec pas moins de 24 000 « cailloux » à contourner, îles, îlots ou simples récifs. La plupart des grandes îles sont situées non loin de la côte et couvertes de forêts mêlant conifères et feuillus (aulnes et bouleaux notamment). Vers l'est, ces forêts disparaissent peu à peu, laissant place à des îles très dénudées, aux paysages adoucis par la rondeur du relief. Seulement 150 de ces îles sont habitées à l'année, mais bon nombre de Stockholmois y ont leur refuge estival : une « cabane » en bois rouge, un ponton et un bateau. Une balade s'impose donc, aussi bien pour la beauté des lieux que pour comprendre la ville et ses habitants.

Ferries réguliers et bateaux d'excursion

➢ Ferries réguliers : trajets possibles (et les moins chers) avec la compagnie des transports publics bus et ferries de Stockholm, ***SL*** *(• sl.se •)* ; lignes n°s 80, 83 et 89 (détails sur *• sl.se/reseplanering/kartor/kartor-for-pendelbatslinjerna •*). – Sinon, avec la compagnie privée ***Waxholmsbolaget*** : *☎ 0800-600-10-00. • waxholmsbolaget.se •* Le bureau d'information et l'***embarcadère des bateaux*** *(plan détachable, C3)* sont situés sur le quai *Södra Blasieholmskajen,* face au *Grand Hôtel.* Billets à l'unité vendus sur le site internet ou à bord (env 60-175 Sk selon distance, paiement par carte). Ceux qui souhaitent recourir souvent aux ferries achèteront le billet illimité valable 5 jours (545 Sk) ou 30 jours (970 Sk).

➢ ***Excursions, croisières :*** d'autres agences sont basées dans la petite anse de Nybroplan *(plan détachable, C3),* comme la très réputée compagnie *Strömma. • stromma.com •* Elles proposent des excursions de durées variables dans le port de Stockholm et dans l'archipel. Ce ne sont pas des ferries réguliers mais des bateaux de croisière, plus équipés, avec un itinéraire fixé à l'avance. Les passagers ne descendent quasiment pas du bateau en cours de trajet. Les prix varient selon la durée, les services (repas inclus ou pas) et le type de bateau. Les destinations sont les ***îles de Grinda*** (1h20), ***Svartsö*** (1h30), ***Ingmarsö*** (1h55), ***Finnhamn*** (2h10), ***Sandhamn*** (2h15), ***Möja*** (2h45).

Pour loger à Vaxholm et dans les îles de l'archipel : quelques campings et AJ, des chambres d'hôtes et de petits hôtels, répartis sur différentes îles. Le camping sauvage, toléré, est en été une option agréable. Attention cependant, quelques îles sont interdites aux étrangers car elles sont classées zones militaires (se renseigner auprès de l'office de tourisme).

À voir

Tyresta National Park (plan d'ensemble Stockholm) ***:*** *entrée principale à **Tyresta Village,** à 20 km au sud de Stockholm. • nationalparksofsweden.se • Prendre* *la route 73 direction Nynäshamn, c'est bien indiqué. Sinon, emprunter les trains de banlieue nos 42, 43 ou 45 direction Nynäshamn jusqu'à Handen, puis le bus n° 834, arrêt Tyresta By.* Une belle escapade nature aux portes de la ville. Plus de 50 km de sentiers balisés sillonnant une gouleyante forêt qui porte encore les stigmates d'un dramatique incendie survenu en 1999. L'occasion d'une agréable balade en famille.

Artipelag *(carte « La région de Stockholm ») : Artipelagstigen 1, à* ***Värmdö,*** *au beau milieu de l'archipel de Stockholm. ☎ 570-130-00. • artipelag.se • Avr-sept, tlj 11h-18h ; oct-mars, tlj sauf lun 11h-17h. Entrée : 400 Sk selon programme (50 Sk seulement pour la collection permanente) ; réduc ; gratuit moins de 18 ans. CB uniquement. Accessible avec le bus partant près de la gare centrale, Vasagatan 24 (50 Sk, payable seulement par CB ; durée : env 20 mn). Plus romantique, l'arrivée en bateau (compagnie Strömma) depuis Nybrokajen (seulement mai-sept ; billet à 220 Sk ; durée : env 1h30). C'est plus cher et plus long, mais nettement plus beau, d'autant qu'on navigue à bord de bateaux anciens.* Fondation privée où l'art est avant tout prétexte à une sortie en famille, en amoureux ou entre amis. Le bâtiment imaginé par l'architecte Johan Nyrén joue sur la lumière, les contrastes entre les murs en pin noir goudronné et les toiles colorées de l'expo temporaire du moment. Avant de faire le trajet, vérifiez que ladite expo est à votre goût, sinon vous passerez plus de temps au salon de thé ou au restaurant qu'à l'intérieur des lieux, qui bénéficient d'une vue imprenable sur la baie.
– Signalons aussi pour les amateurs, dans la même commune, le ***musée de la Porcelaine Gustavsberg.***

VAXHOLM

6 200 hab. IND. TÉL. : 08

L'archipel compte de nombreuses îles paisibles et charmantes : Utö, Sandhamn ou encore Vaxholm. Cette dernière est la plus touristique d'entre toutes, en raison de sa proximité géographique avec Stockholm. Par sa position stratégique (passage des bateaux), ce rocher d'environ 3 km de long s'est développé depuis le XVIe s.
Aujourd'hui, sa forteresse en fond de tableau, ses ruelles calmes et ses plages en font une destination privilégiée des Stockholmois. Sans surprise, la principale ville de l'île s'appelle... Vaxholm. C'est un gentil petit port de pêche entouré de quartiers résidentiels charmants, aux maisons de bois colorées. On peut aussi bien y faire une escapade à la journée que s'en servir comme base afin de rayonner vers les autres points d'intérêt de l'archipel.

Arriver – Quitter

➢ ***En voiture :*** à env 35 km du centre de la capitale. Prendre l'E 18 vers Norrtälje, puis la route 274 vers Vaxholm.

➢ ***En bus :*** bus n° 670 de la Tekniska Högskolan, au nord du centre-ville mais accessible en métro. *Liaison ttes les 15-20 mn ; env 45 mn de trajet pour la partie bus. Au total, même durée qu'en ferry.* Pour le retour, assurez-vous d'avoir suffisamment crédité votre carte de transports : pas de billets vendus à bord (mais machine avec paiement sans contact possible).

➢ ***En bateau (ferry régulier) :*** moins cher en transports publics avec la ligne *SL* n° 83 *(• sl.se •, env 40 Sk/trajet).* Sinon avec la compagnie *Waxholmsbolaget (• waxholmsbolaget.se • ; env 100 Sk/trajet).* Env 1h de trajet au départ du quai Blasieholmen *(plan détachable, C3),* à côté du National Museet, à Stockholm. Une quinzaine de navettes régulières/j. en tout, mixant les 2 compagnies. Attention à ne pas les confondre ! Le vendredi, plus de bateaux ; l'hiver, fréquence réduite. Le billet s'achète à bord, par CB. Ces ferries fonctionnent comme des bateaux-bus qui font plusieurs escales en cours de trajet, des arrêts rapides sur des îlots ou des pointes isolées, comme Gåshaga, Edlunda, Karlsudd...

Adresse et infos utiles

Office de tourisme *(turistbyrå)* : *dans l'hôtel de ville, au cœur du bourg, à 5 mn à pied du débarcadère. ☎ 541-314-80. • vaxholm.se • Juin-août, tlj 10h-17h ; sept et mai, tlj 10h-15h ; oct-avr, tlj 10h (11h w-e)-15h.* Doc en français et plan gratuit de l'île. Carte des randos à faire dans le coin (on peut par exemple accéder à pied à l'île de Bogesund).

Location de vélos pas loin. Mais à vrai dire, l'île se visite plus facilement à pied.

– Toutes les commodités se trouvent sur le port : distributeur de billets, poste, pharmacie, supérette, etc.

Où dormir ?

À part le camping, rien de bon marché pour se loger à Vaxholm même. L'AJ la plus proche se trouve sur une autre île, Bogesund, à 7 km à l'ouest de la ville de Vaxholm (accès possible à pied ou à vélo).

Pour les chambres d'hôtes, un site : *• vaxholmbedandbreakfast.se •*

Vaxholm's camping *(plan d'ensemble, **48**) : situé entre l'eau et la forêt, à 2 km à l'ouest du port (20 mn de marche). ☎ 400-643-23. • eriksocamping.com • Le bus n° 670 (de Stockholm) s'y arrête. Emplacement env 350 Sk ; aussi des stugor (cottages) pour 2-6 pers, sans ou avec sdb et mezzanine pour certains, 800-2 200 Sk.* Camping de taille moyenne au bord d'une petite plage, dans un environnement agréable, mais emplacements à touche-touche sur du plat, sans haies ni délimitations. En revanche, rien ne manque niveau services et activités : resto, jeux pour enfants, minigolf, sentiers qui partent vers la forêt. À proximité, *paddle*, canoës, vélos, pêche, *wakeboard*, *skypark*... Beaucoup de monde en juillet.

Bogesunds Slottsvandrarhem *(AJ ; plan d'ensemble, **49**) : Per Brahes väg 1. À 7 km au sud-ouest, par la route Palsundsvagen. ☎ 541-750-60. • bogesundsvandrarhem.com • Réception l'été 8h-11h, 16h-20h. Fermé 2de quinzaine de déc. Nuitée 370-600 Sk/pers ; 610-940 Sk en B & B. Draps en sus.* AJ sans prétention mais dans un bel environnement calme et boisé (terrasses champêtres très agréables), juste derrière le château de Bogesund. Les chambres (2-4 lits) sont réparties dans 2 bâtisses dotées chacune d'une cuisine et de sanitaires communs. Pas de dortoirs. Bon entretien, équipements modernes et fonctionnels. Joli café dans l'ancienne maison des jardiniers.

Où manger ? Où déguster une douceur ?

Bistro Magasinet : *Fiskaregatan 1. ☎ 541-325-00. De mai à mi-oct. Tlj 11h-15h (20h ven-sam et tlj en été). Plats 125-255 Sk.* Tout près du port, en face de la forteresse. Une sorte de hangar retapé abritant un magasin de design dans la cour et, au 1er étage, un joli bistrot à la déco portuaire design, doté d'une superbe terrasse. On passe commande et on paie d'abord à la caisse. Parmi les spécialités : l'incontournable *toast skagen* (du pain avec crevettes et mayonnaise, on adore !), le hareng frit... Cuisine extra-fraîche et saine.

Pour un snack, un pique-nique ou un café, direction **Gateau** *(Hamngatan 12, sur le port ; lun-ven 7h-18h, w-e 8h-17h)*, avec ses alléchants sandwichs, viennoiseries et pâtisseries.

Non loin, la ***Boulangerie Vaxholm*** *(Söderhamnen 6, sur le port ; lun-ven 6h30-18h30, sam 8h-19h, dim 8h-18h)* possède une belle terrasse et sert des petits plats *(lunch env 100-150 Sk).*

Encore mieux pour une pause gourmande, aux beaux jours : ***Camille Trädsård*** *(Fiskaregatan 12, dans le vieux quartier),* un salon de thé totalement informel dans un jardin. Pas cher et délicieux, tout est fait maison et local, y compris les jus. Plus tranquille que l'incontournable ***Hembygdsgårdens Café*** *(Trädgårgsgatan 19, tlj mai-sept),* pas loin, très fréquenté par les familles pour son incroyable buffet de gâteaux maison, servis au bord de l'eau dans différents jardins. Un petit paradis qui se mérite, vu la queue.

À voir. À faire

Promenade dans Vaxholm : plan de l'île à l'office de tourisme. Des ruelles paisibles bordées de maisons en bois et de jardinets fleuris avec des échappées sur la mer. En 15 mn, très belle balade au départ du port par la rue *Cronhamnsgata* qui suit la côte jusqu'à la petite et adorable crique de **Norrhamn.** De là, suivre la rue *Tradgardsgatan,* passer devant l'église *Andreas Kyrkan* (avec sa vieille chapelle rouge d'époque viking). Une option : rejoindre la petite baie de Västerhamn sur la côte sud, et retour au port dans le bourg de Vaxholm (circuit vert *Herring walk,* compter 1h).

Vaxholms Fästnings Museum *(forteresse de Vaxholm)* **:** *situé sur un îlot, dans la baie du port de Vaxholm. ☎ 541-311-10. • vaxholmsfastning.se • Bateaux ttes les 15 mn du quai Strandgatan 3 ; prix élevé pour 200 m de parcours : 50 Sk l'aller simple. De mi-juin à mi-août, tlj 11h-17h. Entrée : 100 Sk ; réduc ; gratuit moins de 19 ans.* La forteresse fut construite au milieu du XVIe s sur ordre de Gustav Vasa, puis reconstruite au XIXe s. On comprend dès lors le rôle stratégique de Vaxholm, qui commandait le dernier couloir maritime avant le grand large. Elle fut attaquée 2 fois, en 1612 par les Danois et en 1719 par les Russes. À l'intérieur, musée sur l'histoire de l'édifice. Atelier de verre, maison de pêcheurs.

On peut loger sur place, dans le ***B & B Kastellet,*** à l'entretien aléatoire *(☎ 855-54-44 ; • kastellet.com • ; prix « chic »).*

MARIEFRED

4 000 hab. — IND. TÉL. : 08

Charmante bourgade aux abords du lac Mälaren, à environ 70 km à l'ouest de Stockholm, qui vaut surtout pour son majestueux château, celui de Gripsholms Slott.

Arriver – Quitter

Depuis Stockholm, train jusqu'à Läggesta (env 40 mn) ; ensuite, navette pour le château (en saison, un petit train à vapeur fait également la liaison). Sinon, l'été, bateau de la compagnie *Strömma* depuis le quai de l'hôtel de ville à Stockholm. En voiture, accès par l'E20 en 45 mn (parking gratuit).

À voir

Gripsholms Slott *(château de Gripsholm)* **:** *☎ 159-101-94. • gripsholmsslott.se • Mai-sept, tlj 10h-16h ; avr et oct-nov, seulement le w-e 12h-15h. Fermé déc-mars. Entrée : 150 Sk ; réduc ; gratuit moins de 7 ans. Mai-sept, visite guidée en* *anglais tlj à 15h.* Bien beau château dans un site admirable. Il fut construit à partir du XIVe s et habité, entre autres, par Gustave Vasa. Visite intéressante (on ne parcourt qu'une partie des 60 pièces, mais c'est déjà pas mal). Intérieurs richement meublés et immense collection de portraits couvrant une période de 4 siècles.

SIGTUNA

9 300 hab. IND. TÉL. : 08

Adorable petite ville touristique, située à une cinquantaine de kilomètres au nord de Stockholm, proche de l'aéroport d'Arlanda. Au bord d'une grande étendue d'eau, le *Sigtunafjärden,* qui communique avec le *lac Mälaren,* on découvre de charmantes maisonnettes en bois, soignées et homogènes, façon boîte à bonbons, et quelques ruines intéressantes. Malheureusement, suite à plusieurs incendies dévastateurs, la plupart des bâtiments sont des reconstitutions.

Sigtuna fut fondée vers l'an 970 par le roi Erik le Victorieux : ce fut la toute 1re capitale du royaume suédois et la 1re à battre monnaie. Cité païenne à l'origine, composée de quelques fermes alignées le long d'une route, elle devint un évêché en 1060 avant d'être supplantée par Uppsala au siècle suivant. Dans les années 1930, Elsa Beskow, célèbre auteure et illustratrice de livres pour enfants, écrivit pas mal de ses histoires ici. Ne vous étonnez pas de croiser des références à Tante Brun et Farbor Blå, des personnages que tous les petits Suédois connaissent.

Sigtuna est de nos jours l'occasion de passer un bon moment au vert et de faire une balade agréable sur les traces de pierres runiques.

Arriver – Quitter

➢ ***Stockholm :*** train de la gare centrale de Stockholm *(plan détachable, B3)* env ttes les heures jusqu'à Märsta. Puis bus nos 570 ou 575. Env 1h de trajet en tout.

➢ ***Uppsala :*** bus no 188 et changement à Vassunda.

➢ ***Aéroport d'Arlanda :*** le bus no 579 est le plus pratique avec des bagages, car il ne nécessite pas de changement ; trajet : env 30 mn. Sinon, prendre le bus no 583 jusqu'à Märsta, puis le bus no 570 ou no 575.

Adresse et infos utiles

ℹ ***Office de tourisme :*** *Storagatan 33, sur la rue principale.* ☎ *594-806-50.* • *destinationsigtuna.se* • *Lun-ven 8h-16h, w-e 11h-15h.* Plan de la ville avec infos en français et circuit des pierres runiques. Accueil très serviable. Boutique.

– ***Parking :*** avec ou sans disque (que l'on peut se procurer à l'office de tourisme ou au magasin *Pressbyran*).

– ***Consigne :*** payante à l'hôtel *1909*.

Où dormir ? Où manger ? Où boire un verre ?

De bon marché à prix moyens

Tant Brun : *Laurentti Gränd 3.* ☎ *592-509-34. Dans la petite rue débouchant à côté de l'office de tourisme. Tlj 10h-17h (18h w-e).* Pour un sandwich le midi ou une envie subite de petits gâteaux, faites un tour dans ce café rustique (et touristique) on ne peut plus photogénique. Cette longue maison basse en bois rouge et de guingois date de la fin du XVIIe s. C'est la plus ancienne de Sigtuna ! Sa cour verdoyante est pleine de charme.

Farbror Blå : *Stora Torget 4D (pl. de l'Hôtel-de-Ville). ☎ 592-560-50. Lun-ven 11h-22h (minuit ven), 12h-minuit sam. Fermé dim. Plats 165-325 Sk.* Bistrot spécialisé dans les viandes grillées et les bonnes bières. Une cuisine très réussie, dans un décor au goût du jour. Côté prix, on s'en sort mieux le midi grâce au plat du jour. Très agréable terrasse face à la croquignolette mairie.

De chic à très chic

Sigtunastiftelsen : *Manfred Björkquists allé 4. ☎ 592-589-00. • sigtunastiftelsen.se • Doubles 1 100-1 500 Sk, avec petit déj. Parking gratuit.* Un grand bâtiment ocre aux allures de monastère italien, avec une séduisante cour intérieure bordée d'arcades. Chambres modernes ou vintage, très douillettes, spacieuses et bien tenues. Le bâtiment abrite une bibliothèque de 140 000 ouvrages ! L'hôtel était, à l'origine, une fondation chrétienne dont faisait partie un lycée privé ayant vu passer entre ses murs le roi Carl XVI Gustav et l'ancien Premier ministre Olof Palme. L'établissement accueille encore aujourd'hui des écrivains en résidence.

32 Rum & Kök : *Stora Gatan 79. ☎ 592-566-95. • 32rok.se • Doubles env 1 390-1 790 Sk, avec petit déj. Plats 200-300 Sk. Parking gratuit.* Un bâtiment récent, revêtu de bois clair, idéalement situé au bord du lac. Parfait pour siroter un verre dans le jardin, dont le gazon dégringole vers la marina. Déco contemporaine immaculée et chambres nickel, spacieuses et de bon confort. Resto sur place.

1909 Sigtuna Stads Hotell : *Stora Nygatan 3. ☎ 592-501-00. • sigtunastadshotell.se • Doubles standard 1 590-2 990 Sk, avec petit déj. Plats 160-230 Sk à midi, 200-360 Sk le soir. Parking gratuit.* On aime bien l'ambiance un brin victorienne de ce 5-étoiles tourné vers la mer. Chambres claires au joli mobilier, baies vitrées, nappes blanches et fleurs sur les tables. Le resto est ouvert à tous, surtout le week-end pour profiter de l'*afternoon tea*. Évidemment, tout cela à un prix (raisonnable à midi côté resto).

Båthuset : *cabane flottante amarrée au bout du ponton, au bord de la marina. ☎ 592-567-80. Mar-sam 17h-23h. Résa indispensable. Plats 285-375 Sk ; menu 645 Sk.* Bon, c'est cher, mais la vue sur le lac est unique ! En terrasse, les pieds (presque) dans l'eau, ou dans la salle largement ouverte sur l'extérieur, on peut difficilement trouver meilleur spot. Quant à la cuisine, elle suit les saisons et s'avère bien exécutée. Idéal pour un dîner romantique bercé par le clapotis de l'eau.

À voir à Sigtuna et dans les environs

Balade très agréable le long du lac aménagée à l'aide de pontons en bois.

Mariakyrkan *(église Sainte-Marie)* **:** *Olofsgatan 2. 8h30-17h (15h45 lun-mar).* Cette élégante église fut le 1er bâtiment en brique de Suède. Elle était jadis précédée d'un monastère dominicain, rasé au XVIe s sur les ordres du roi Gustav Vasa, lorsque celui-ci introduisit la Réforme en Suède. L'édifice originel date du milieu du XIIIe s. L'intérieur vaut vraiment le coup d'œil tant les œuvres sont hétéroclites. Dans le chœur, tombeau de la fin du XVIe s, chaire du XVIIe s, fresques du XIVe s...

Faites un tour dans les ruines des églises ***Sankt Per, Sankt Lars*** et ***Sankt Olof,*** qui datent très probablement des XIe et XIIe s. Lors de la Réforme, le roi ordonna que Mariakyrkan devienne l'unique église paroissiale, laissant les églises plus anciennes à l'abandon. Longtemps inaccessibles pour des raisons de sécurité, Sankt Per et Sankt Olof ont été restaurées et sont ouvertes à la visite. Seule Sankt Lars reste fermée au public et attend sagement son heure.

Sigtuna Museum : *presque au bout de Storagatan, vers l'ouest. • sigtunamuseummandart.se • Tlj (sauf lun sept-juin) 12h-16h. Entrée : 100 Sk (gratuit oct-avr).* Très modeste musée d'histoire locale exposant pierres runiques, pièces de monnaie, outils et morceaux de poteries datant de l'ère viking et du Moyen Âge. La transition entre l'ère païenne et l'ère chrétienne y est largement abordée, puisque Sigtuna joua un rôle pivot dans la fin du paganisme. Vaut une visite hors saison, sinon on a trouvé le prix un peu excessif.

Sigtuna se vante de compter le plus de ***pierres runiques*** au monde. Il en subsiste une dizaine dans le village et plus de 150 dans les alentours. Se procurer à l'office de tourisme le plan les recensant toutes (balade de 20 mn, infos en français). Ces stèles gravées, érigées pour la plupart au XIe s, rendaient hommage à un défunt. En voilà une qui n'est pas difficile à trouver : elle se dresse juste à droite de la porte d'entrée du musée !

L'hôtel de ville *(Rådhus)* **:** *juil-août, tlj 12h-16h. GRATUIT.* Un bien grand nom pour cette maisonnette de 2 pièces située sur la grand-place et qui reste, à ce jour, ***la plus petite mairie de Suède.*** Lors de sa construction, en 1744, Sigtuna était pauvre et ne comptait qu'une vingtaine d'habitants. Le maire d'alors, Erik Kihlman, décida de détruire la mairie déjà existante, dont il ne préserva que le clocher, et d'en reconstruire une nouvelle : il demanda aux classes aisées de contribuer à hauteur d'un tronc d'arbre chacun et d'une petite somme d'argent, et il traça lui-même les plans. Une partie de l'édifice servit jusqu'en 1940 de prison municipale. Pas grand-chose à voir à l'intérieur, hormis quelques tableaux, un poêle en faïence et des fauteuils anciens. Mais il est tout de même insolite de voir une salle du conseil municipal aussi minuscule !

Steninge Slott *(château de Steninge)* **:** *Steninge Slottsväg 141, à* ***Märsta,*** *à 12 km au sud-est de Sigtuna. ☎ 592-595-00. • steningeslottsby.se • Le château ne se visite pas, seulement les jardins. Lun-ven 11h-18h, w-e 10h-17h. GRATUIT.* Datant du XVIIe s, ce château fut la propriété de Carl Gyllenstierna, chambellan de la reine Hedvig Eleonora. Non visible de la route, ce somptueux palais baroque, joliment situé au bord de l'eau est entouré de magnifiques jardins, bien agréables pour une promenade. Il fut aussi la propriété de la famille Fersen. ***Axel de Fersen*** (1755-1810), ***l'amant secret de Marie-Antoinette,*** aurait organisé la fameuse fuite qui se solda par sa fameuse arrestation à Varennes... On dit que les joyaux de la Couronne seraient encore dissimulés quelque part sur les terres du château. Aujourd'hui, le château appartient à un homme d'affaires suédois qui a aménagé un complexe commercial (avec resto) dans les communs, d'immenses bâtiments de pierre difficiles à manquer.

D'autres châteaux valent le coup d'œil autour de Sigtuna. Le palais royal ***Rosersberg Palace*** *(• rosersbergsslott.se •)*, à 17 km au sud-est de Sitguna, est situé sur le bord du lac Mälaren et date du XVIIe s. Balade romantique au bord de l'eau et jardin potager. Poussez jusqu'à ***Skånelaholm Slott*** *(• rosersbergsslott.se •)*, un peu plus au sud, style Renaissance en diable et... tout rose. Sinon, à 5 mn au nord de Sigtuna, ***Wenngarn Slott*** *(• wenngarn.se •)* vaut pour son parc, très beau à l'automne et son café où l'on mange divinement bien.

Skoklosters Slott *(château de Skokloster)* **:** *à 27 km au nord de Sigtuna. ☎ 402-30-60. • skoklosterssiott.se • L'été, accès possible en bateau depuis Uppsala (avec la compagnie Strömma). De mi-juin à août, tlj 11h-17h ; de mai à mi-juin et sept, seulement w-e 11h-16h. Fermé le reste de l'année (sauf vac scol d'automne). GRATUIT. Visite guidée sur résa (payante).*

Chef-d'œuvre de l'architecture suédoise du XVIIe s, c'est le « Versailles » imaginé avant l'heure par un mercenaire allemand devenu maréchal de

LES ENVIRONS DE STOCKHOLM

Suède : ***Carl Gustaf Wrangel*** (il est enterré dans l'église du château). Celui-ci, parvenu au faîte de sa gloire, entendait bâtir une demeure qui symboliserait aux yeux du monde sa toute nouvelle puissance. De fait, le brave Carl Gustaf ne passa en tout et pour tout que quelques semaines dans sa magnifique propriété, tout occupé qu'il était à porter le fer contre les ennemis du royaume. C'est donc sa femme qui – mourant d'ennui – prit en main la décoration.
L'ensemble est plutôt réussi, avec notamment de superbes peintures murales et une quantité d'objets insolites qui ont disparu de la plupart des châteaux français de la même époque. Armurerie bien fournie. Le magnifique parc est bordé par le lac Mälaren et englobe un cloître médiéval du XIIIᵉ s.

UPPSALA

237 600 hab. IND. TÉL. : 018

• Plan *p. 126-127*

La ville natale du grand cinéaste Ingmar Bergman, 4ᵉ de Suède en nombre d'habitants, se trouve à environ 80 km au nord de Stockholm. On aime bien cette cité pour sa chaleureuse animation. Siège d'une importante université, les 45 000 étudiants y infusent une atmosphère décontractée et studieuse durant la période scolaire. Nos lecteurs étudiants en Erasmus s'y forgeront sans aucun doute de solides amitiés. En été, c'est évidemment plus calme. Pour ne rien gâter, Uppsala, alanguie le long du canal et autour de son impressionnante cathédrale, la plus grande de Scandinavie, présente un certain cachet.

UN PEU D'HISTOIRE

Uppsala est née à l'endroit que l'on appelle désormais Gamla Uppsala (« le vieil Uppsala ») et n'est devenue Uppsala qu'avec la construction de la cathédrale. Siège de l'archevêché de Suède, c'est ici que l'on choisit d'installer ***la plus ancienne université de Suède,*** fondée en 1477. Après la Réforme, au XVIᵉ s, n'étant plus entre les mains de l'Église mais de l'État, elle manqua de fonds et entra dans une phase de déclin. Il fallut attendre ***Gustav II Adolf,*** au XVIIᵉ s. Désireux d'asseoir la puissance de son royaume, il comprit la nécessité de se constituer un entourage instruit. Il soutint l'institution grâce notamment à des fermes dans les environs d'Uppsala qui lui assurèrent des revenus, et à des livres, qui prirent place dans le 1ᵉʳ bâtiment de l'université qu'il fit construire (le Gustavianum aujourd'hui).
À la même époque, on crée les « ***nations*** », des maisons accueillant les étudiants des différentes régions (nation de Gotland, nation de Stockholm, etc.). Ces 13 nations existent encore aujourd'hui. Elles ne sont ouvertes qu'aux étudiants et proposent diverses activités, ainsi que des petits restos et cafés bon marché. La région d'origine des étudiants n'a désormais plus d'importance. Un conseil, donc,

UN BONUS POUR CELSIUS

Newton, Réaumur et Fahrenheit furent parmi les nombreux savants à concevoir une échelle des températures. Pourquoi Anders Celsius, professeur à l'université d'Uppsala, remporta la mise ? En 1742, il utilisa 2 phénomènes physiques absolument universels pour l'étalonnage : quand l'eau gèle, il fait 0 °C ; quand elle bout, ce sera 100 °C. Personne n'a trouvé mieux !

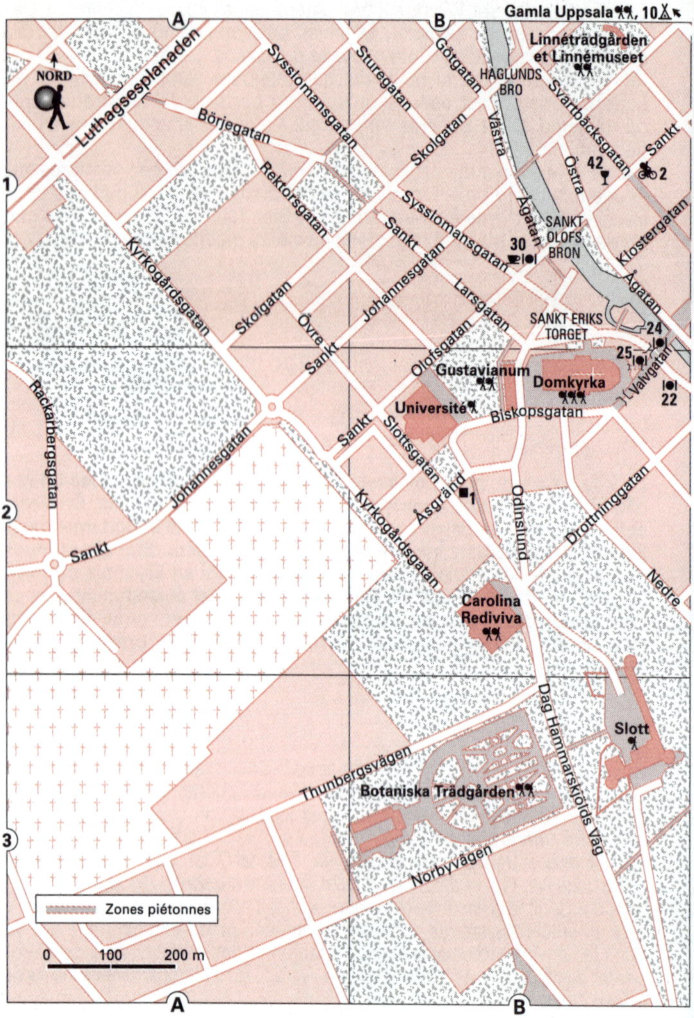

Adresses utiles

1 Studenkår (B2)
2 Location de vélos (B1 et C1)

Où dormir ?

10 Fyrishov Stugby och Camping (hors plan par B1)
11 Selmas Hytt & Salong (hors plan par D3)
12 Uppsala City Hostel (C1)
13 Hotell Kungsängstorg (D2)
14 Clarion Hotel Gillet (C1)

Où manger ?

20 Güntherska (C2)
21 Stationen (C1)

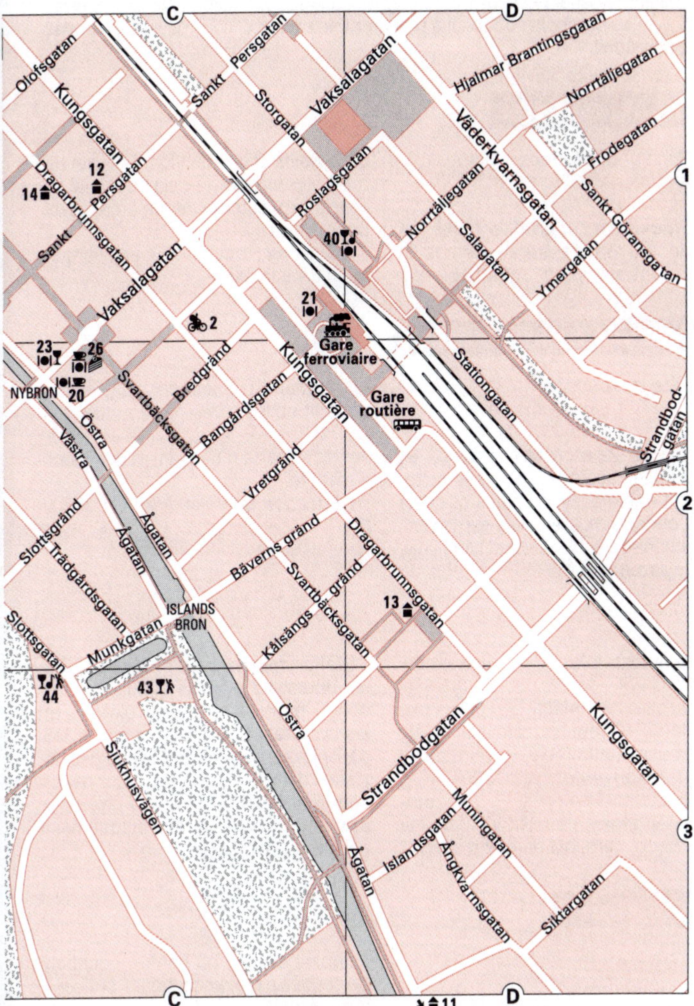

UPPSALA

22 Hambergs Fisk (B2)
23 Magnussons (C2)
24 Koh Phangan (B1-2)
25 Domtrappkällaren (B2)

Où prendre le café ? Où manger une pâtisserie ?

20 Güntherska (C2)
26 Kafferummet Storken (C2)
30 Ofvandahls Hovkonditori (B1)

Où boire un verre ? Où écouter de la musique ? Où danser ?

40 Katalin and All That Jazz (C-D1)
42 Churchill Arms (B1)
43 Flustret (C3)
44 Birger Jarl (C3)

aux étudiants qui souhaitent s'immerger dans le monde estudiantin d'Uppsala : allez donc au *Studenkår* pour vous procurer une carte qui vous ouvrira les portes de ces groupes.

Arriver – Quitter

Central Stationen : *la gare ferroviaire centrale se situe à env 500 m à l'est du centre.*

➢ **Stockholm :** train direct ttes les 20 mn (30 mn de trajet) depuis la gare centrale *(plan détachable de Stockholm, B3).* Attention, le ticket *SL* n'est plus valable au-delà du comté de Stockholm, se procurer un autre ticket pour Uppsala *(• ul.se •).*

➢ **Sigtuna :** bus n° 183 et changement à Vassunda.

Adresses et infos utiles

Office de tourisme : *plus de bureau physique, seulement des infos par tél ou Internet. ☎ 727-48-00. • destinationuppsala.se •* Le site est riche en infos sur les visites, logements, événements culturels... Il existe aussi de petits guichets dans certains musées (liste sur le site), où récupérer plan de la ville et brochures.

Médecin : *appeler le central au ☎ 611-56-00 ; celui-ci vous rappellera pour vous orienter vers le médecin de garde.*

Studentkår (*plan B2,* **1**) **:** *Övre Slottsgatan 7. ☎ 480-31-00. • uppsalastudentkar.se •* Il s'agit de l'union des étudiants d'Uppsala, dans lesquels on trouve notamment le bureau du *Kuratorskonventet (☎ 480-31-51 ; • kuratorskonventet.se •).* Les étudiants étrangers peuvent s'y procurer la *Gästkort,* carte qui permet d'intégrer une nation et d'accéder aux restos, pubs et boîtes gérés par les étudiants *(coût : 100-200 Sk pour 1-4 sem).* Présenter sa carte d'étudiant et une pièce d'identité.

Location de vélos (*plan C1 et B1,* **2**) **: Skitotal Cykel,** *Dragarbrunnsgatan 46. ☎ 10-50-40. • skitotal.se • Tlj 10h-18h (16h w-e). Fermé dim l'hiver. Ou avec* **Bibblans Cykel,** *Olofsgatan 15. ☎ 15-00-01. • bibblanscykel.se • Tlj 8h-20h.*

– **Stationnement :** à Uppsala, oubliez la voiture. Le plan de circulation est conçu pour favoriser les piétons et les cyclistes. Conséquence : outre les parkings souterrains chers, très peu de places dans le centre-ville (dont beaucoup limitées à 5-15 mn). Le paiement aux horodateurs se fait uniquement par CB ou smartphone.

Où dormir ?

Camping

Fyrishov Stugby och Camping (*hors plan par B1,* **10**) **:** *Idrottsgatan 2. ☎ 727-49-60. • fyrishov.se • À 2 km au nord-ouest du centre. Bus n° 1 de Dragarbrunnsgatan (en direction d'Ärna). Accessible à pied en 20-25 mn en longeant la rivière. Ouv tte l'année. Emplacements 185-320 Sk (sans ou avec électricité) ; stugor jusqu'à 4 pers 425-1 225 Sk.* À côté d'un complexe aquatique, au milieu des barres d'immeuble, un cadre vraiment pas engageant, mais camping proche du centre. Location de canoës à proximité, pour « croiser » sur les rivières de la ville, et importantes réductions pour le complexe (sympa pour les familles). Laverie, cuisine et resto au complexe. Ça passe pour une nuit.

De bon marché à prix moyens (moins de 1 000 Sk / 95 €)

Selmas Hytt & Salong (*AJ ; hors plan par D3,* **11**) **:** *Östra Ågatan 93.*

076-600-25-20. • selmashytt.se • Compter 500-750 Sk pour 2, draps et serviette inclus. Ce bateau blanc amarré le long du canal, à portée de marche du centre-ville, propose d'agréables cabines pour 2 (lits superposés), meublées simplement et partageant des sanitaires communs. Certaines donnent sur le canal, d'autres sur le quai. Petit plus : au lieu de petits hublots, elles sont dotées de larges fenêtres, comme dans les trains. Frigo et micro-ondes. Parties communes conviviales : salon, bar, terrasse sur le pont. Accueil chaleureux. Une AJ vivement conseillée !

Hotell & Vandrarhem Kungsängstorg (*plan D2*, **13**) **:** *Kungsängstorg 6. ☎ 444-20-10. • hotellcentralstation.se • Côté hostel, doubles 500-800 Sk, draps et serviettes inclus. Petit déj 90 Sk. Côté hôtel, doubles 700-950 Sk, voire plus, petit déj inclus.* Pas mal situé, à 15 mn à pied du centre, une AJ dans une maison du XIXe s joliment retapée. Uniquement des chambres privées pour 1 à 3 personnes, assez mignonnes et donnant sur un patio calme ou sur une place... Cuisine à dispo, sanitaires partagés ou privatifs selon le prix. Ensemble tout propre et confortable. Cette partie *hostel* est moins chère, et pourtant on n'a pas vu de différence fondamentale avec la partie hôtel, située dans une annexe plus grande, *Centralstation*, mieux équipée face à la gare ferroviaire (*Bangårdsgatan 13*, pas de réception).

Uppsala City Hostel (*AJ ; plan C1*, **12**) **:** *Sankt Persgatan 16. ☎ 10-00-08. • uppsalacityhostel.se • Lit en dortoir non mixte (4-8 pers) env 300 Sk ; double env 630 Sk. Draps et serviettes non inclus.* Modeste AJ indépendante qui a comme principal atout sa situation, en plein centre-ville. Chambres, dortoirs et blocs sanitaires en commun acceptables. Fonctionnelle et suffisamment équipée (cuisine, salon TV, machine à laver), à défaut d'être séduisante : plutôt en dépannage, donc.

Chic (1 000-1 500 Sk / 95-143 €)

Clarion Hotel Gillet (*plan C1*, **14**) **:** *Dragarbrunnsgatan 23. ☎ 68-18-00. • nordicchoicehotels.se • Doubles env 800-2 400 Sk, avec petit déj.* Certes, sa façade n'est pas franchement séduisante, mais cet hôtel de chaîne offre tout le confort attendu, un service pro et une localisation optimale, en plein cœur de la zone piétonne. Plantureux buffet au petit déj, de surcroît ! Tarifs intéressants si l'on s'y prend à l'avance.

Où manger ?

Bon marché (100-200 Sk / 9,50-19 €)

Güntherska (*plan C2*, **20**) **:** *Östra Ågatan 31. ☎ 13-07-57. Lun-ven 9h-19h, w-e 10h-18h. Sandwichs, plats et pizzas à partir de 165 Sk.* Une institution que cette boulangerie : il suffit de voir l'impressionnante file d'attente qui squatte le trottoir chaque midi ! Cadre archiclassique (boiseries sombres, toile de Jouy...) et terrasse très prisée pour son emplacement privilégié, en bord de canal. On salive devant la vitrine garnie d'alléchants sandwichs, tartines, gâteaux et pâtisseries.

De bon marché à prix moyens (100-300 Sk / 9,50-28,50 €)

Hambergs Fisk (*plan B2*, **22**) **:** *Fyristorg 8. ☎ 71-21-50. Mar-sam 11h30-22h (ferme plus tôt en hiver). Résa conseillée. Plats env 135-395 Sk.* La fraîcheur, rien que la fraîcheur, c'est la devise de ce resto de poisson et de fruits de mer dont la réputation n'est plus à faire. C'est pourquoi il ferme les jours sans pêche et consacre une partie de la salle à la vente directe. On s'attable dans un espace mixte, à mi-chemin entre la poissonnerie et le bistrot. Le service est impeccable, à l'image de la qualité et de la présentation des plats (bouillabaisse, filets de poisson selon l'arrivage, saumon fumé...). Plusieurs sortes de pains et de vins au verre pour accompagner. Une valeur sûre.

Magnussons (plan C2, **23**) : *Drottninggatan 1. ☎ 14-00-18. Tlj 11h (12h w-e)-22h (2h ven-sam, 22h dim). Lunch 125 Sk ; plats du soir 175-275 Sk. CB uniquement.* Depuis la salle moderne et classe dont les baies vitrées occupent l'angle de la rue, on profite de l'animation et de la vue sur le canal. Aux 1res loges, donc ! Côté cuisine, rien de compliqué, une poignée de spécialités suédoises ou de plats tendance *gastropub*, bien cuisinés mais pas donnés le soir.

Koh Phangan (plan B1-2, **24**) : *Fyristorg 2. ☎ 13-48-48. Tlj 16h (13h w-e)-23h. Plats 175-300 Sk.* La déco joue à fond la carte du kitsch, façon *beach bar* thaï tapageur, avec sono poussée à fond et des surprises comme... un orage en direct ! Ça déménage moins dans les assiettes où l'on sert une cuisine thaïe goûteuse mais somme toute assez classique. Autres adresses à Stockholm pour les aficionados.

De prix moyens à chic (plus de 200 Sk / 19 €)

Domtrappkällaren (plan B2, **25**) : *Sankt Eriksgränd 15, en contrebas de la cathédrale. ☎ 13-09-55. Lun-sam 11h (12h sam)-22h. Fermé dim. Plats au déj 135-265 Sk ; le soir, 245-345 Sk ou menus à partir de 560 Sk.* Cette table chic connue de longue date propose des prix plus raisonnables au déjeuner. Pas hyper copieux, mais c'est suffisant et cela permet de goûter à une cuisine suédoise bien exécutée. Et puis la petite terrasse donnant dans une ruelle historique pleine de charme présente un autre argument de poids !

Stationen (plan C1, **21**) : *Olof Palmes plats 6. ☎ 15-35-00. Tlj à partir de 11h30. Plats au bar 180-300 Sk ; au resto, 200-400 Sk.* Blues de l'Hexagone ? Cette brasserie de gare a tout pour plaire : un cadre chaleureux à la parisienne, des tarifs pour tous les budgets, des spécialités françaises et internationales traitées avec respect, et le sourire au service. Comble du chic : la *play list* exclusivement cocorico. On voit la vie en rose !

Où prendre le café ? Où manger une pâtisserie ?

Ofvandahls Hovkonditori (plan B1, **30**) : *Sysslomansgatan 5. ☎ 13-42-04. En sem 7h30-18h, w-e 9h-18h.* Salon de thé proposant quelques sandwichs, soupes, gâteaux et viennoiseries. Le tout est servi dans un insolite décor vieille école qui n'a guère dû subir de transformations depuis un siècle. Le temps y a d'ailleurs cruellement laissé sa marque : moquettes et couleurs défraîchies, mobilier d'un kitsch consommé...

Kafferummet Storken (plan C2, **26**) : *Stora Torget 3. ☎ 15-05-22. Lun-ven 9h-21h, sam 10h-20h, dim 12h-20h. Snacks moins de 120 Sk.* Repérer la cigogne à l'un des angles de la place : si l'entrée ne paie pas de mine, l'étage abrite de vastes salles au charme vieillot et surtout une terrasse confidentielle à l'abri des immeubles alentour. On est accueilli dans ce salon de thé un peu inattendu par une famille grecque. Un cadre plutôt sympa pour déguster les appétissantes pâtisseries maison, et éventuellement un snack (rien d'exceptionnel, mais tarifs plancher).

Güntherska (plan C2, **20**) : *voir « Où manger ? ».*

Où boire un verre ? Où écouter de la musique ? Où danser ?

Katalin and All That Jazz (plan C-D1, **40**) : *Roslagsgatan 1, Östra Station. • katalin.com • Tlj sauf dim-lun à partir de 16h. Concerts payants. Plats 160-220 Sk.* D'anciens entrepôts reconvertis en un vaste club musical, l'un des plus sympas de la ville. Le secret du succès ? Une atmosphère chaleureuse et sans façon, qui plaît aussi bien aux étudiants qu'aux quinquas et une programmation éclectique. Le soir, on pourra s'offrir un repas sans complication et en musique.

Churchill Arms (plan B1, **42**) : *Sankt Olofsgatan 30. ☎ 12-30-18. Lun-ven 15h-1h, sam 13h-1h, dim 13h-23h.* De tous les pubs de la ville, notre préférence va à celui-là grâce à son impressionnante sélection de bières artisanales à la pression (plus de 40 !), dont plusieurs suédoises délicieuses. Aussi une admirable liste de plus de 100 whiskeys. Le cadre, d'un classicisme de bon aloi, allie boiseries foncées, motifs de tartan écossais, rayonnages de livres anciens et portraits du Vieux Lion, qui veille sur son petit monde d'un œil stoïque. Consos vraiment pas données en revanche.

Flustret (plan C3, **43**) : *Flüstergränd 5. • flustret.se • Dans une allée parallèle à Munkgatan. Seulement ven-sam 22h30-3h. Entrée payante.* C'est le gros pavillon jaune avec tourelles à toit vert. Un lieu très populaire pour sortir et danser. Clientèle jeune et moins jeune qui investit en masse la vaste terrasse et les salles (à chacune son style musical).

Birger Jarl (plan C3, **44**) : *Nedre Slottsgatan 3. • birgerjarl.nu • Jeu-dim 18h-2h. Entrée payante.* Une boîte pour jeunes *clubbers* installée dans une vieille maison en bois affublée d'une véranda. Musique le plus souvent électro.

À voir

Domkyrka (cathédrale ; plan B2) : *Domkyrkoplan. • svenskakyrkan.se/uppsala/domkyrkan • Tlj 8h-18h. De fin juin à mi-août, visites guidées gratuites (en anglais) lun-sam à 10h et 13h (sinon 1er sam du mois à 12h30). Feuillet intéressant en français (10 Sk).*

Inaugurée en 1435, c'est ***la plus grande église de Scandinavie*** : les tours culminent à près de 119 m et l'intérieur peut accueillir jusqu'à 2 000 personnes. Elle rappelle nettement les édifices gothiques français de la fin du XIIIe s. Normal, l'un des 1ers architectes pendant 10 ans en était Estienne de Bonneuil, de la confrérie maçonnique de Notre-Dame de Paris.

L'édifice se compose de 3 grandes nefs aux ***plafonds peints,*** jusque dans le chœur. Les chapelles abritent de nombreux monuments funéraires, ainsi qu'un reliquaire contenant la dépouille de saint Erik, patron de la Suède. Au milieu, impossible de manquer la chaire en bois sculpté et richement décorée, de style baroque. Voir aussi les insignes royaux rappelant que ***les souverains de Suède étaient jadis couronnés en ce lieu.*** Avant parfois d'y revenir à leur mort... comme ***Gustav Vasa,*** dont le tombeau – œuvre d'une finesse remarquable – se trouve derrière le maître-autel, dans la chapelle de la Vierge. Des fresques retracent ses hauts faits. Noter qu'il est entouré de 2 femmes : marié 3 fois, la plus jeune de ses épouses est morte 60 ans après lui et, même si elle n'est pas représentée, elle est également enterrée dans le tombeau. Le botaniste ***Carl von Linné*** a, lui aussi, sa tombe dans la cathédrale (une dalle à gauche en entrant).

– La tour nord de la cathédrale abrite la ***Skattkammaren, la chambre du trésor*** *(mai-sept, lun-sam 10h-17h, dim et j. fériés 12h30-17h ; oct-avr, lun-sam 10h-16h, dim et j. fériés 12h30-16h ; entrée : 60 Sk, réduc, gratuit moins de 17 ans). Guide en anglais distribué à l'entrée (ainsi qu'une lampe de poche, car l'endroit est très sombre).*

Sur différents niveaux (accessibles en ascenseur), des textiles anciens et des vêtements historiques très précieux, dont une robe ayant appartenu à la reine du Danemark (elle fut dérobée par les Suédois dans la cathédrale de Roskilde, au Danemark, lors d'une guerre), et les habits ensanglantés portés par la famille Sture le jour de son assassinat par Erik XIV (24 mai 1567).

À voir également, les très belles couronnes royales des Vasa retrouvées dans le tombeau, des ornements sacerdotaux et des objets liturgiques sous vitrines.

Pour l'anecdote, les fans d'***Ingmar Bergman*** reconnaîtront sans doute la petite place en contrebas de la cathédrale, *Sankt Eriks Torget.* Il y a tourné certaines scènes de *Fanny et Alexandre.* Dans un autre registre, la pompe colossale surmontée d'une couronne qu'on aperçoit tout près aurait été installée à l'endroit même où saint Erik a succombé... son sang ayant fait jaillir une fontaine (bien sûr) !

Gustavianum *(plan B2) : Akademigatan 3. ☎ 471-75-71. • gustavianum.uu.se • Face à la cathédrale.* ***Fermé pour rénovation jusqu'en 2024.***

Ce petit palais du début du XVIIe s abrite le célèbre ***théâtre anatomique*** où le médecin Rudbeck effectuait ses dissections. Ce fut le 1er bâtiment de l'université. Il fut construit dans les années 1620 lorsque celle-ci fut remise à l'honneur et largement financée par le roi Gustav II Adolf (le théâtre anatomique ne fut ajouté que plus tard ***à la demande de Rudbeck,*** devenu une célébrité grâce à ses travaux sur le système lymphatique). Une des conditions d'entrée à l'université était de pouvoir fournir de quoi se nourrir pendant toute la durée de ses études (un énorme sac de farine, une vache, etc.). Les denrées restaient toujours fraîches, l'université accueillant chaque année toujours plus d'étudiants. Sous les toits se trouvaient les ***dortoirs*** : les étudiants, selon leurs moyens, louaient un lit entier, un demi-lit ou un tiers de lit !

QUELLE FAMILLE !

En 1702, un terrible incendie ravagea la ville. Le médecin Rudbeck grimpa alors sur le toit du Gustavianum et passa la nuit à coordonner les secours. Le palais fut sauvé, contrairement au docteur qui y perdit la vie. Quant à son fils, Rudbeck le Jeune, il est connu pour un autre genre d'exploit : père de 21 enfants, avec 3 femmes différentes. Pas bien vu en pays protestant. Plutôt que de renoncer à son mode de vie, le bonhomme s'était arrangé pour verser à la Ville un impôt spécial !

Par ici la visite

Avant la visite, notez le superbe dôme avec une boule comme en lévitation et un cadran solaire construit toujours par le médecin Rudbeck. Un vrai touche-à-tout ! Puis direction le 1er étage pour découvrir une ***collection archéologique*** centrée sur la Méditerranée et la vallée du Nil. Les sections les plus intéressantes se trouvent néanmoins aux 2e et 3e étages.

Au 2e étage d'abord, où l'on peut s'intéresser à l'histoire et aux coutumes de l'université, avant d'admirer une salle ludique aux allures de ***cabinet de curiosités*** et la seule « armoire scientifique » au monde encore dotée de tout son contenu, le fantastique ***cabinet d'Augsbourg*** : au total, un millier d'objets censés condenser les connaissances de l'époque (en l'occurrence le XVIIe s) dans tous les domaines. Voir aussi la série d'instruments et d'appareils scientifiques en usage aux XVIIIe et XIXe s, puis monter au 3e étage, jusqu'au ***théâtre anatomique.***

Le théâtre anatomique

Construit en 1663, sa conception est très intéressante et rappelle celle du théâtre de Padoue (1594) : le dôme, très haut, a été étudié pour laisser passer un maximum de lumière, et les pupitres, disposés tout autour, permettaient à ***200 personnes*** d'assister aux dissections. Pas seulement des étudiants, d'ailleurs : cette « distraction » était à la mode dans les milieux bourgeois, et n'importe qui pouvait acheter un ticket et venir voir Rudbeck jouer du scalpel.

On disséquait en général un criminel condamné à mort car, à l'époque, personne ne voulait donner son corps à la science. Le savant allait tout simplement « faire son marché » à la prison. Cet endroit fut utilisé pendant un siècle seulement, et se détériora assez vite. Celui que vous visiterez est une reconstruction, table comprise. Enfin, le 4e étage accueille une ***section viking,*** où l'on expose les objets découverts lors des fouilles effectuées dans les sépultures du site de Valsgärde (armes, équipements, bijoux).

QUAND Y'A UN OS

Dans les années 1970, on découvrit sur un site funéraire viking des ossements de chevaux datant de 500 ans après les tombes. Les historiens crurent longtemps à l'existence d'un culte tardif dédié au cheval, comme au Danemark, en Angleterre ou en Islande : la preuve d'un lien culturel... Mais en 2013, un spécialiste a établi qu'il s'agissait... d'os de vaches, enterrées ici par hasard ! Pas de culte, pas d'histoire.

Amis professeurs et étudiants, allez faire un tour dans le bâtiment principal de l'***université*** *(en face du Gustavianum ; en sem 9h-17h).* C'est la plus vieille université nordique, fondée en 1477. Les numismates en profiteront pour jeter un coup d'œil à la collection de 40 000 monnaies et médailles *(seulement mar).* En revanche, l'amphithéâtre est inaccessible aux visiteurs.

Carolina Rediviva *(bibliothèque de l'université ; plan B2)* **:** *Dag Hammarskjölds väg 1. ☎ 471-39-09. • ub.uu.se • En principe, de fin mai à mi-sept, tlj 12h-16h ; mais se renseigner avt. GRATUIT.* Cette belle bibliothèque accueille une toute petite, mais très riche, expo de manuscrits anciens conservés dans la pénombre. La vedette étant le précieux ***Codex argenteus*** ou *Bible d'argent,* un luxueux évangéliaire écrit avec de l'encre argent sur du parchemin pourpre (datée du VIe s). Seules 2 pages originales sont présentées. Cette mesure de sécurité fait suite à un vol mystérieux survenu en 1995 : le Codex fut dérobé puis retrouvé sans explication quelques mois plus tard, dans une consigne de la gare de Stockholm ! Cela dit, les autres documents sont authentiques, et de toute beauté. Carte marine du nord de l'Europe du XVIe s (où figurent des animaux ésotériques, mais aussi des archers à ski, des inuits avec harpons, etc. !), lettres, partitions, almanachs, et de nombreux textes anciens provenant des 4 coins du globe.

Uppsala Slott *(château ; plan B2-3)* **:** *☎ 727-24-82. • uppsalasmuseer.se •* Édifice imposant dominant la ville du haut d'une colline, construit à partir du ***XVIe s*** sur ordre de Gustav Vasa, il servit de forteresse, puis de résidence royale. Cependant, à la suite d'un grand incendie à Stockholm, certaines pierres du château d'Uppsala servirent à reconstruire celui de Stockholm, et par la même occasion à transférer le mobilier vers la capitale.

La visite se résume à l'entrée, la salle d'apparat où la reine Christine abdiqua en 1654 et les vestiges de la chapelle. Monter sur la hauteur pour profiter du ***panorama sur la ville*** et remarquer les canons orientés droit sur la cathédrale : une façon pour Gustav Vasa de bien montrer qui, du roi ou de l'Église, avait le pouvoir. Les murs abritent en outre 3 petits musées d'un intérêt limité :

- Le ***musée historique Vasaborgen*** : *seulement juin-août, tlj 11h-17h, plus quelques w-e en sept en principe ; 120 Sk, réduc.*
- Un modeste musée d'Art contemporain, ***Uppsala Kunstmuseum*** : *tlj 11h-17h en été ; sinon variable, se renseigner ; GRATUIT, mais payant pour les expos temporaires.*
- La ***Maison de la paix,*** consacrée aux Droits de l'homme : *• fredenshus.se • ; ouv selon expos temporaires ; GRATUIT.*

Botaniska Trädgården *(Jardin botanique ; plan A-B3)* **:** *Villavägen 8. ☎ 471-28-38. • botan.uu.se • Face au château. Tlj 7h-21h (19h oct-avr). GRATUIT.* Plus de 9 000 espèces végétales en plates-bandes, bosquets ou sous serre. Agréable.
- **Serre tropicale :** *mar-ven 9h-16h, w-e 11h-16h (sept-mai, mar-ven 9h-15h, w-e 12h-15h) ; fermé lun. Entrée : 50 Sk ; gratuit moins de 18 ans.*
- **Orangerie :** *mar-ven 9h-15h. GRATUIT.*

Linnéträdgården et Linnémuseet *(plan B1)* **:** *Svartbäcksgatan 27. ☎ 471-28-38. • linnaeus.uu.se • Mai-sept, tlj (sauf lun mai et sept) 11h-17h ; le jardin ferme à 20h. Fermé le reste de l'année. Entrée : 100 Sk incluant le musée, la maison et le jardin ; réduc ; gratuit moins de 18 ans. Accès libre au jardin 17h-20h. Visite guidée en anglais tlj à 11h30 et 14h30. Feuillet (pour le jardin) et livret (pour la* *maison) en français.* La maison et le jardin de ***Carl von Linné*** (1707-1778) ont été restaurés comme du temps où il y habitait au XVIIIe s. S'il n'est pas né à Uppsala, il y étudia et enseigna.

La ***demeure*** est pourvue du mobilier typique de cette époque, avec un cabinet de curiosités et de jolis poêles à bois. Repérer les petites fleurs nordiques de teinte rose sur la vaisselle et les portraits du savant. Elles furent baptisées d'après son nom, *Linnaea borealis,* selon la méthode de ***classification des êtres vivants*** qu'il inventa : un genre suivi d'une épithète. Une révolution ! Le prénom Linnea est depuis devenu un prénom commun en Suède, porté par 72 700 femmes en 2017. De nombreux rois et hommes de science du monde entier ont posé le pied dans cette demeure, preuve de la notoriété de Linné qui fut anobli (d'où le « Von » de son nom de famille), le classifiant à son tour ! C'est à lui aussi qu'on doit l'appellation d'*Homo sapiens.* Au gré de la visite, on déniche aussi quelques anecdotes cocasses et des objets personnels étonnants dont les jarretières du mariage ou le portrait du maître habillé en sami.

Quant au joli ***jardin,*** il fut dessiné par Linné lui-même en 1745. L'allée de droite accueille les plantes annuelles, tandis que celle de gauche abrite les plantes vivaces. Décidément curieux de tout, il parvint même à cultiver des bananes dans l'orangerie, le bâtiment tout au fond. Celle-ci abrite aujourd'hui une petite expo hétéroclite sur l'histoire du jardin, les colonies suédoises, la recherche scientifique à Uppsala...

Pour les amateurs d'histoire des sciences, une visite à ne pas manquer, voire un pèlerinage, à compléter par la ***Linnés Hammarby,*** sa maison d'été dans la campagne des environs (voir plus loin).

➢ Un bon moyen de découvrir Uppsala est de longer ***les berges du Fyrisån*** jusqu'au lac, à vélo, en canoë ou à pied pour les courageux.

➢ Pour aller au château de ***Skokloster*** (se reporter à la rubrique « À voir à Sigtuna et dans les environs »), le plus sympa consiste à embarquer à bord du *M/S Kung Carl Gustaf* et de profiter d'une belle croisière en plus de la visite : *☎ 18-88-99 ; • royalshipping.se • Départ seulement en saison d'été à 11h, retour à 16h30. Tarif : env 350 Sk ; réduc ; gratuit moins de 4 ans ; forfait famille.*

DANS LES ENVIRONS D'UPPSALA

👁👁 ***Gamla Uppsala*** *(vieille ville ; hors plan par B1)* **:** *à 4 km au nord. Bus no 2 de la Storatorget. De la cathédrale, on peut aussi y aller à vélo (ou à pied pour les plus courageux) en suivant le « chemin des Pèlerins » (cercle jaune sur les panneaux). GRATUIT.*

Uppsala était à l'origine un important centre politique et religieux, d'abord à l'époque païenne (on y aurait même perpétré des sacrifices humains), puis au XIIe s, lors de la christianisation.

En arrivant, sur une petite colline devant le resto, repérer le ***Ting,*** à la fois Parlement et tribunal, qui se réunissait là. Les 3 tumuli sur la gauche sont les tombes de grands chefs (mais il y a en tout 250 monticules sur le site !). La plus ancienne tombe date du Ve s, les 2 autres du VIe s.

Lors de la christianisation, on érigea l'***église*** *(en été, tlj 9h-17h, 18h dim ; horaires plus restreints le reste de l'année),* siège de l'archevêché, à l'endroit où se trouvait le temple païen. Noter, dans le vestibule, le tronc de chêne creusé et sévèrement cadenassé : il contenait les trésors de l'église et les clés de ses 7 cadenas étaient confiées à 7 personnes différentes, qu'il fallait donc réunir pour pouvoir l'ouvrir. Soit dit en passant, Celsius est enterré dans cette ex-cathédrale (son père fut pasteur ici), sa tombe se trouve sous le tapis qui sépare les bancs dans la nef (voir la plaque sur le mur de gauche).

Les produits des fouilles sont exposés dans un ***musée*** à l'architecture intéressante en bois brut avec gradins derrière une baie vitrée pour admirer le site : *Eriks torg 10. ☎ (018) 16-91-00. • upplandsmuseet.se/gamla-uppsala-museum/ •*

Juin-août, tlj 11h-17h ; avr-mai et sept, tlj 10h-16h ; oct-mars, seulement lun, mer et w-e 12h-16h. Entrée : 100 S ; réduc ; gratuit moins de 18 ans. Musée assez complet sur l'histoire des Vikings.

Si vous avez un petit creux, allez donc chez ***Odinsborg,*** la grande maison entre le musée et l'église. *Tlj 10h-17h (18h w-e).* Buffets sans prétention, simples et corrects. Café au rez-de-chaussée.

À 400 m de là, le ***Disagården*** est une jolie reconstitution d'un village traditionnel, rassemblant différentes maisons rurales et fermes de la 2de moitié du XIXe s *(seulement juin-août, tlj 10h-17h ; GRATUIT, visite guidée gratuite en anglais le w-e à 14h).*

Possibilité de se baigner et pique-niquer à 1 km au nord de Gamla Uppsala, à ***Storvadsbadet,*** dans la rivière Fyrisån. Site aménagé avec douches, pelouses et pontons de bois. Très bucolique.

Linnaeus Hammarby : *Hammarby, 75598* ***Uppsala.*** *☎ (018) 471-28-38. • hammarby.uu.se • À 13 km au sud-est d'Uppsala (sortie no 187 sur l'E 4), via un joli village aux murs couleur rouille. Mai-août, tlj sauf lun 11h-17h ; sept, ven-dim 11h-17h. Fermé le reste de l'année. Entrée : 100 Sk ; réduc ; gratuit moins de 18 ans. Visite guidée en anglais tlj à 12h30, plus 16h30 le w-e mai-juin. Café et boutique, tables dans le verger aux beaux jours.* C'est la ***maison d'été*** du scientifique ***Carl von Linné*** (1707-1778). Cette visite vaut autant que la maison de fonction d'Uppsala même, le cachet d'un manoir de campagne en plus avec des bâtiments de bois rouges (XVIe-XVIIIe s) disposés en U et un jardin des plus ravissant. Au ***jardin botanique*** justement, on peut admirer une quarantaine de plantes introduites par Linné, toujours cultivées dans les mêmes parterres. Avec autant d'anecdotes à la clé comme ces *Mercurialis persennis* à l'origine de sa théorie sur la reproduction sexuée des plantes. Voir aussi, au-delà du ***Siberian garden,*** le petit bâtiment abritant ***ses collections,*** à l'abris du feu et de l'humidité. La veuve de Linné continua à loger dans la maison jusqu'en 1806 (aujourd'hui propriété de l'université). On peut y admirer tapisseries et gravures naturalistes, quelques-unes des 6 000 lettres du scientifique, des portraits de famille, mais aussi un curieux chapeau à migraine ou 4 tableaux représentant les 101 objets que tout homme devrait posséder... Un voyage dans le temps à la fois bucolique et poétique.

BUFFON OU LINNÉ ? MÊME COMBAT !

Si Buffon et Linné naquirent la même année (1707), leur passion commune pour la nature ne les rapprocha pas pour autant. L'auteur français de la colossale Histoire naturelle (44 volumes) n'hésita pas à critiquer le système de classification établi par son collègue suédois. Revanchard, Linné aurait baptisé une fleur de montagne buffonie (Buffonia perennis) car c'est une plante de sol aride... et refuge des crapauds.

Le lac de Björklinge : *à env 22 km au nord d'Uppsala. Bus depuis Uppsala ou en voiture en suivant l'E 4 vers le nord.* Lac aménagé avec périmètre pour les enfants, plage avec douche, w-c et vaste pelouse où les familles viennent passer la journée au soleil. Propre et sympa pour une journée de repos total. Location de patins à glace en hiver, pour glisser sur le lac gelé.

Vendels Kyrka : *à env 44 km au nord d'Uppsala. Prendre l'E 4 vers Gävle-Sundsvall ; vers le km 30, suivre « Vendel Kyrka » pdt 9 km.* Un détour qui en vaut la peine : l'église fortifiée de 1310 en brique rouge trône au milieu d'un cimetière. Un ensemble bien touchant. Avant la christianisation, entre 550 et 800, Vendel était un important foyer païen. Des sépultures ont été retrouvées : 14 hommes étaient enterrés dans des barques, accompagnés de leurs richesses et de denrées alimentaires, au cas où. Une de ces barques, dite « d'Ottar », gît à l'entrée de l'église. L'intérieur est d'une authenticité saisissante : voûtes défraîchies, dessins naïfs à demi effacés, tout cela donne l'impression d'entrer dans un sanctuaire inchangé depuis des siècles.

HOMMES, CULTURE, ENVIRONNEMENT

BOISSONS

Mœurs suédoises

Le ***Systembolaget,*** un des symboles de la vertu suédoise, est une entreprise d'État qui détient le monopole de la vente d'alcool de plus de 3,5° dans les magasins de détail. On trouve des magasins partout en Suède.
La raison de cette réglementation serait que les Suédois auraient tendance à boire plus que de raison. La stricte réglementation de la vente d'alcool permettrait ainsi d'enrayer ce problème de santé publique. Seulement, malgré cela, la sobriété de la semaine cède bien souvent la place à un week-end de beuverie. Les statistiques tendent pourtant à prouver que les Suédois boivent moins que leurs compatriotes européens (8,8 l par adulte et par an en Suède en 2018 contre une moyenne de 11,7 l en France).
La consommation d'alcool est un sujet de plaisanterie très répandu. Pas étonnant dans un pays où les ligues de tempérance ont toujours eu pignon sur rue.

Une prohibition déguisée

La rigueur de la politique suédoise en matière d'alcool remonte au XIXᵉ s. Les Suédois, très pauvres, noyaient leur désespoir dans l'eau-de-vie et autres alcools forts. Un mouvement abstinent se développa en réaction à cette consommation débridée. Au début du XXᵉ s, fort de 350 000 adhérents, il exigea une prohibition totale de l'alcool dans le royaume. ***Ivan Bratt,*** conseiller municipal de Stockholm (et par ailleurs médecin), élabora alors un système économique visant à éviter toute possibilité de bénéfices privés en plaçant la vente d'alcool sous la tutelle de l'État.

ABSOLUT DES CLASSES

C'est à Åhus, en Scanie, que Lars Olsson Smith crée en 1879 une vodka « absolument pure », distillée plusieurs fois. Un siècle plus tard, sa popularité s'est émoussée et la production s'arrête. Le patron a alors une idée de génie : un nouveau produit destiné au marché américain qui cherche à boycotter la vodka soviétique alors que l'URSS a envahi l'Afghanistan. C'est un carton ! 30 ans plus tard, rachetée par Pernod Ricard, l'Absolut est devenue le 3ᵉ alcool blanc le plus vendu dans le monde.

Le *système Bratt* instaura également un livret de rationnement, réservé aux hommes et aux femmes célibataires âgés d'au moins 25 ans qui, pour en bénéficier, devaient communiquer de nombreuses informations personnelles.
Après 1945, dans un climat hostile à ce genre de restrictions, le système Bratt fut aboli. Néanmoins, le gouvernement désirait continuer à limiter la consommation d'alcool et à appliquer une taxation forte sur la vente des boissons alcoolisées.
L'adhésion de la Suède à l'UE en 1995 compliqua la donne. En effet, la libre circulation des marchandises implique une liberté de production et de vente tant à l'importation qu'à l'exportation. Mais cette transition n'a en rien endigué

la vocation moralisatrice et préventive de l'État (ou peut-être l'a-t-elle justement renforcée). Le site internet des *Systemet* – les magasins d'alcool régis par l'État – propose toujours des informations approfondies sur les risques liés à la consommation d'alcool. Ce qui, il faut le reconnaître, n'est pas une mauvaise chose en soi.

Avec (ou sans) alcool

Lorsque l'on se rend, en tant que touriste, en Suède, on peut s'étonner que les supermarchés et épiceries ne proposent que de la bière à 3,5° maximum, appelée *Lättöl.* Pour se procurer une bière plus forte, une bouteille de vin ou de l'alcool fort, il faut donc se rendre dans un ***Systembolaget*** *(● systembolaget.se ●).* Ces magasins d'aspect peu folichon sont généralement ouverts de 10h à 18h en semaine (jusqu'à 20h à Stockholm) et seulement jusqu'à 14h ou 15h le samedi. Ils sont évidemment fermés le dimanche, jour du Seigneur oblige. Voilà pourquoi les Suédois font la queue le vendredi soir : il faut bien constituer des stocks avant le week-end ! Inutile de vous dire que ***les prix sont assez élevés.*** Avant d'acheter, regardez bien l'étiquette et sachez que *alkoholfrit* signifie « sans alcool ».

Il faut avoir 18 ans pour boire une bière et 20 ans pour en acheter. Les jeunes voyageurs devront ainsi systématiquement présenter leurs ***papiers d'identité*** pour entrer dans les pubs et boîtes de nuit.

- On dénombre plusieurs types de bières : la ***Lättöl,*** la moins alcoolisée, la ***Folköl,*** déjà un peu plus forte mais encore légère, la ***Mellanöl,*** qui se rapproche un peu des nôtres, et enfin la ***Starköl,*** la plus forte, la plus chère et souvent la meilleure. Dans les bars, si vous voulez une bière faiblement alcoolisée, précisez-le, car sinon on vous servira d'office de la *Starköl,* au grand dam de votre porte-monnaie.
- L'alcool fort national reste l'***aquavit.*** Il s'agit d'une eau-de-vie à base de céréales ou de pommes de terre, aromatisée avec des épices, des condiments et des herbes diverses : cumin, coriandre, aneth, fenouil, cannelle... Celle-ci se consomme sagement, comme pousse-café par exemple.
- Les amateurs de ***lait*** se méfieront du ***filmjölk,*** dont les packs ressemblent à ceux du lait normal mais contiennent du lait caillé...
- Quant à l'***eau*** en bouteille, elle est presque toujours vendue gazeuse, comme en Allemagne. Mais les restaurants servent (gratuitement) de l'eau du robinet en carafe.
- L'hiver, les Suédois apprécient un bon ***glögg,*** du vin chaud agrémenté de raisins secs et d'amandes. Le week-end, les voisins s'invitent volontiers à goûter leurs préparations respectives lors d'une conviviale *glögg party* !

Alcool et tourisme : un sport national scandinave !

L'idée de protéger la population suédoise des ravages des soûleries outrancières grâce aux ***Systembolaget*** et aux taxes élevées partait sans doute d'une bonne intention, mais comme souvent, elle n'a pas eu les résultats escomptés. À cause de l'absence de contrôles aux frontières, on n'a fait que déplacer le commerce de l'alcool vers les pays voisins où il est moins cher. Sur les ferries entre Fredrikshavn au Danemark et Göteborg en Suède, ou entre Helsingør et Helsingborg, on croise des Suédois en nombre, venus s'approvisionner en alcool bon marché, rapporté chez eux par caisses entières entassées sur des diables. Les Suédois font aussi volontiers leurs emplettes sur l'île de Rügen en Allemagne, où ils font le plein en vin et en vodka conditionnée... en cubis !

Les Suédois ne sont pas les seuls à bourlinguer pour enrichir leurs apéros. Les Danois affluent eux aussi en Allemagne pour bourrer leur coffre de bouteilles. Et les Norvégiens, qui doivent assumer la taxe la plus élevée d'Europe sur l'alcool, n'hésitent pas à aller faire leurs achats en Suède... un comble !

Week-end suédois

Les Suédois boivent rarement durant la semaine, mais font la bringue dès le vendredi soir. Les soirées se déroulent d'une manière rituelle. On se réunit d'abord dans un appartement, pour se mettre en jambes sans se ruiner, avant d'écumer les bars et les boîtes de nuit jusqu'à la fermeture. Vient ensuite le temps de l'« *after* » et on finit les bouteilles qui traînent avant de rentrer à la maison en taxi et de passer le lendemain au lit avec une infernale gueule de bois.

CUISINE

Frukost et fika

Les Suédois ont des habitudes alimentaires bien à eux. Ce constat s'applique aussi bien à la teneur des menus concoctés qu'à la fréquence et aux horaires des repas. Ainsi, au ***frukost*** (petit déj), les Suédois dévorent avec appétit quelques bonnes tartines de pâté de foie accompagnées de tranches de fromage, de poisson mariné, de rondelles de concombre et de tomates. Les puristes du moins, car de plus en plus on leur préfère les céréales, le fromage blanc et les fruits. De même, ils n'avalent qu'un en-cas frugal vers 12h mais dînent tôt – vers 18h en général. Et même plus tôt en hiver. Peu de restaurants servent donc après 21h, bien que la plupart s'adaptent aux habitudes des touristes.
Le concept clé de la gastronomie suédoise urbaine contemporaine est le ***fika*** (pause repas). Concrètement, un Suédois peut vous proposer de prendre un *fika* à n'importe quelle heure de la matinée (en général, autour de 10h) ou de l'après-midi dans l'un des nombreux ***mysig fik*** (petit café sympa). Dans ces établissements ouverts exclusivement en journée, on sert toutes sortes de sandwichs ou salades à base de saumon, crevettes (délicieuses, quand c'est la saison !) ou fromage, sans oublier diverses boissons chaudes ou froides et les incontournables *bullar* (viennoiseries). Le *fika* est en quelque sorte un ***brunch*** ou un ***goûter,*** c'est selon, dont on ressort souvent ni complètement rassasié, ni complètement affamé. Quant au véritable brunch du dimanche, c'est un repas copieux, pour lequel on réserve longtemps à l'avance. D'ailleurs, son prix en témoigne.

Que mange-t-on et où mange-t-on ?

La ***potatis*** (pomme de terre) a nourri la Suède pendant des siècles et la nourrit encore. Vous la rencontrerez donc très régulièrement dans votre assiette. Mais profitez de votre séjour pour surtout faire une cure de poisson et de crustacés, qu'il s'agisse de crevettes (en saison) ou, bien sûr, du ***lax*** (saumon, préférez le bio), accompagné desdites *potatis* et d'une sauce à l'aneth et aux baies. On l'apprécie particulièrement en *gravlax,* soit mariné, tendre et à la délicate saveur sucrée-salée. Il y a aussi, bien sûr, toutes sortes de ***viandes*** (bœuf, porc, poulet...), servies là encore en sauce ou en grillade avec un accompagnement de légumes. Comme partout, beaucoup de restos proposent en plus une sélection de pâtes, de salades et de plats végétariens. Parfois, la carte affiche également quelques spécialités traditionnelles (voir plus loin).
On assiste depuis 2 décennies à l'émergence d'une ***nouvelle gastronomie suédoise,*** qui conjugue inspirations lointaines et recettes traditionnelles. Cette néo-cuisine fusion vous réserve de bonnes surprises, à condition d'en avoir les moyens... Si votre budget est serré, il est préférable de vous arrêter dans un kiosque proposant hareng fumé et autres plats rapides qui font le bonheur des autochtones.
Autres évolutions : la floraison des pizzerias, kebabs, burgers, sandwicheries et autres tacos. De même, les chaînes de restos (et bars) se multiplient, au détriment

de la cuisine traditionnelle qui vaut mieux que ça. Cette tendance à la standardisation gomme les particularités d'une cuisine qui n'en manque pourtant pas.
– Le midi (sauf le week-end), presque tous les restos (y compris ceux des hôtels, même les chics) proposent un ***dagens lunch,*** un menu du jour servi entre 11h et 14h ou 15h. Il comprend le plus souvent des crudités à volonté en entrée, un plat chaud, le pain, le café, et parfois un dessert. Vous serez parfois étonné de l'avantageux rapport qualité-prix de ce menu du jour. Le soir, la même quantité vous coûtera le triple.
Les ***supermarchés*** ne sont pas véritablement plus chers que chez nous et proposent un choix étendu. Par ailleurs, on trouve très peu de commerces de proximité (boulangerie, boucherie, épicerie fine...).

Quelques spécialités

– ***Smörgås :*** jadis un véritable fait social en Suède, il tend à décliner au profit de la baguette. Il s'agit d'une tranche de pain de mie sur laquelle sont placés crevettes, saumon fumé, hareng, surmontés d'une tranche de poivron jaune ou de concombre... C'est bien joli, mais ça ne nourrit pas toujours son homme. À propos, sachez que le terme ***smörgåsbord*** désigne un buffet, à la fois chaud et froid, souvent très varié et d'un excellent rapport qualité-prix.

NE FORCEZ PAS TROP SUR LE DESSERT

Le semla est une célèbre brioche fourrée à la pâte d'amande et à la crème. En 1771, le roi Adolphe Frédéric en reprit 14 fois, dans un bol de lait chaud. Il en mourut d'indigestion.

– ***Skagen toast :*** tranche de pain généreusement garnie de crevettes liées à la crème fraîche et assaisonnées de citron et d'aneth. Servi avec des œufs de poisson et de la mayonnaise.
– ***Gravlax :*** saumon mariné à froid, salé et relevé. Consommé sur du pain avec une sauce à la moutarde. Un délice !
– ***Bakpotatis :*** des pommes de terre cuites dans de l'aluminium et fourrées avec de bonnes petites choses. Rien de très fin mais c'est une bonne façon de se sustenter à moindre coût.
– ***Köttbullar :*** ces boulettes de viande, généralement servies avec de la purée, constituent véritablement le plat de base de la cuisine familiale suédoise.
– ***Renstek :*** rôti de renne, à goûter au moins une fois, même s'il se fait rare dans les restos. C'est une viande ferme mais très bonne si elle est bien accommodée. Souvent servi en lamelles, avec une confiture d'airelles.
– ***Mårten gås :*** littéralement, « l'oie de Martin », une spécialité du sud de la Suède, où l'on déguste une oie bien grasse le 10 novembre, lorsque toutes les récoltes sont rentrées et qu'on se prépare à affronter l'hiver.
– ***Strömming (ou sill) :*** les harengs, excellents lorsqu'ils sont bien marinés. On les accompagne généralement de pommes de terre. Choisissez-les *ingaysdill,* en petits bocaux de verre.
– ***Les poissons fumés :*** si vous visitez des fumeries de poisson, faites le plein. Ça se transporte et se conserve bien.
– ***Janssons frestelse :*** « la tentation de Jansson »... Un gratin de pommes de terre et d'anchois coupés en très fines lamelles. Divin !

CHICHE ?

De manger du surströmming, soit des harengs fermentés pendant plusieurs mois, servis en conserve. En plus de l'odeur assez dissuasive qui s'en dégage (certains évoquent le crottin du cheval...), il y a lieu de prendre quelques précautions pour ne pas être éclaboussé par le geyser provoqué par l'ouverture de la conserve ! Réservé aux plus téméraires.

- ***Pytt i panna :*** mélange de pommes de terre et de jambon accompagné de betterave et servi surmonté d'un œuf. C'est à l'origine une manière d'accommoder les restes, d'où son surnom : *hänt i veckan* (« la semaine dernière ») !
- ***Kanelbulle :*** viennoiserie à la cannelle en forme d'escargot. C'est LE petit en-cas sucré suédois par excellence. Si vous n'aimez pas la cannelle, rassurez-vous, il existe une variante, le *Vanilj Bulle,* qui, comme son nom l'indique, est parfumé à la vanille.
- ***Princess tårta :*** « le gâteau de la princesse », gâteau bien rebondi, recouvert de pâte d'amande, fourré de crème Chantilly et de confiture de framboise. C'est fort en sucre.
- ***Jordgubbar :*** ne vous privez pas du délice estival que sont les fraises suédoises. Pas si onéreuses, elles sont exquises ! En vente sur les marchés, dans la rue et un peu partout au bord des routes en saison. Citons encore les ***blåbär*** (myrtilles) ou les ***smultrons*** (fraises des bois), à manger avec de la crème fraîche.

CURIEUX, NON ?

- Stockholm est bâtie sur 14 îles et son archipel ne compte pas moins de 24 000 îles et îlots.
- Bien que la Suède soit en majorité de ***religion luthérienne,*** les Suédois continuent à vénérer sainte Brigitte, une catholique canonisée en 1391, patronne du pays.
- On dit des Suédois qu'ils sont ***moroses et portés sur la dépression,*** voire le suicide. L'origine de cette rumeur remonte à un discours délirant tenu en 1960 par le président des États-Unis, Eisenhower. Selon lui, la politique de bien-être menée en Suède par la social-démocratie conduisait tout droit « au péché, au nudisme, à l'alcoolisme et enfin au suicide ». Rien que ça !

LUTHER ET LE MARIAGE

Luther détestait le célibat imposé au clergé catholique qui, selon lui, le « livre à des idées impures ». Si bien que l'ancien moine épousa une religieuse. Le pape faillit en avaler sa tiare ! Comble de la provocation, il lui fit 6 enfants.

- Depuis les années 1960, les idées progressistes ont fait évoluer la société suédoise. Par exemple, dans le cadre de la lutte pour l'***égalité hommes-femmes,*** les pères sont encouragés à utiliser davantage leurs congés de paternité. La vie politique, culturelle, les syndicats et les sphères dirigeantes sont infusés de féminisme. Un mot qui n'effraie pas ici, et qui recouvre un mouvement omniprésent. Si des progrès restent à accomplir, notamment en matière d'égalité salariale ou des violences faites aux femmes, la Suède reste en 1re ligne dans la lutte pour l'égalité des sexes.
- Côté drague, **la parité est aussi de mise :** l'initiative vient indifféremment de l'homme ou de la femme. *Hors de question de se contenter d'attendre que le garçon fasse le 1er pas !*
- La Suède est ***en avance*** à bien des niveaux : l'administration ne se perd jamais dans la paperasse inutile ; les professionnels, quel que soit leur secteur d'activité, respectent les délais et les prix ; les charges de chauffage et d'eau chaude sont comprises dans un loyer... Quant aux parkings publics, ils sont pourvus de bornes électriques pour chauffer son moteur en cas de températures négatives. En revanche, ils sont souvent dépourvus de machine pour payer. Tout se passe virtuellement : dur dur pour le touriste qui ne maîtrise ni la langue suédoise ni les applis adéquates !
- Certaines particularités culturelles sont aussi bien ancrées. ***On respecte le succès personnel,*** la réussite professionnelle et on reconnaît la perfectibilité. Toucher une aide publique est perçu comme un échec.

– ***De moins en moins de billets et de pièces :*** en Suède, moins de 15 % des paiements sont réalisés en liquide. À la messe dominicale, on peut même effectuer son don à la quête grâce à l'application *Switch,* utilisée par 6,5 millions de Suédois. Mais cette évolution vers une société sans cash creuse les inégalités : les populations les plus précaires sont exclues du système bancaire.

LAGOM !

Ce mot résume bien le style de vie suédois et peut se traduire par « Juste ce qu'il faut ». Cet équilibre ni trop ni trop peu, entre le loisir et le travail, est une philosophie en Suède, une clé d'accès au bonheur. Pas étonnant que bon nombre d'entreprises soient désertées après 17h.

– La conduite routière se faisait à gauche jusqu'au 3 septembre 1967. À cette date, les Suédois ont dû s'accoutumer à conduire à droite. Le changement s'est fait en une nuit, non sans provoquer quelques accidents...
– Le groupe pop ABBA a sorti en 1992 une compilation, *Abba Gold : Greatest Hits,* qui figure parmi les plus gros best-sellers de tous les temps : environ 28 millions d'exemplaires vendus. Et son 9e album en 2021, après 30 ans de séparation : *Voyage.*
– Les Suédois sont de ***grands consommateurs de saumon*** mais, la Baltique étant trop polluée, les poissons sont importés des fermes piscicoles de Norvège.

DESIGN

La renommée du design scandinave a depuis longtemps dépassé les frontières de la région. Il s'exprime ici avec chaleur, épure et originalité. À Stockholm, il est partout. Dès l'aéroport, dans les cafés, les restaurants, les musées, etc. Les industries et les entreprises suédoises ont depuis longtemps accordé une place prépondérante à l'élégance, la forme et la ligne (que ce soit dans les domaines de la téléphonie ou de l'automobile, par exemple). Cet art acquit ses lettres de noblesse dès les années 1920, notamment avec l'apparition du concept « ***Swedish Grace*** », et s'il connut une période creuse entre 1965 et 1985, il a repris du poil de la bête depuis.

UNE PEAU DOUCE

Le suède au masculin, ça vous dit quelque chose ? C'est l'autre nom du daim, ce type de cuir très particulier, doux au toucher. On le retrouve sous 2 formes : le veau velours ou cuir retourné qui provient du côté intérieur de la peau ; et le nubuck, qui provient du côté extérieur. Même apparence au final, mais 2 procédés de fabrication bien différents.

Le concept initial est inchangé : un ***design pour tous,*** simple, fonctionnel, ergonomique, mêlant volontiers le respect des matériaux, les teintes claires et une touche d'humour. Joindre l'utile à l'agréable en somme. Bref, des bâtiments et des objets de qualité, d'une sobre élégance, souvent ingénieux.

Ainsi, pour dénicher des cadeaux sympas ou décorer votre intérieur, c'est le moment idéal. Évitez évidemment les chaînes de

LE PLUS GROS TIRAGE MONDIAL

Non seulement 1 Européen sur 10 aurait été conçu dans un lit Ikea mais, avec près de 200 millions d'exemplaires annuels, le tirage du catalogue dépasse celui de la Bible ! Il compte 61 éditions différentes et est traduit en 27 langues. Pour les photos, on aménage 8 000 m² de décor. L'heureux imprimeur est allemand.

magasins ***Ikea*** et ***H&M*** *(Hennes & Mauritz),* puisqu'elles se sont implantées un peu partout. Fondées toutes les 2 en Suède, respectivement en 1943 et 1947, elles partagent un même esprit : des meubles ou des vêtements à la portée de toutes les bourses (bon, quant à la solidité ou la qualité, là, ils ont un peu dévié), modernes, pratiques et adaptables.

Le triangle de Stockholm

Le Triangle d'or de l'art et du design *(plan détachable, C2)* est facile à repérer entre l'Église réformée française, les halles d'Östermalm et la place Stureplan. Avec de larges avenues frangées de maisons cossues, le ton est donné d'emblée. La galerie marchande ***Sturegallerian*** (voir « Achats » dans le chapitre « Stockholm » au début du guide) est un mélange plaisant de boutiques de marques et de petits magasins locaux, de cafés et de restaurants (où l'assiette compte moins que le décor, autant le savoir). Celui du *Sturehof* a été revu et corrigé par Jonas Bohlin, l'un des grands designers contemporains du royaume.
Du pratique et du ludique, souvent ; des prix raisonnables, parfois. ***DesignTorget*** est un concept malin créé par l'architecte d'intérieur Jerry Hellström et le consultant John Hamberg. Dans les différentes boutiques de leur « place du Design » (en v.f.), ils offrent une vitrine à des designers plus confidentiels.
Plus bas, ***Svenskt Tenn*** présente une sélection de meubles et d'objets créés pour la plupart par Estrid Ericson et Josef Frank, les 2 fondateurs de la célèbre maison. Architecte autrichien réfugié à Stockholm, Josef Frank est d'ailleurs considéré comme le père du « *Swedish Modern Style* ».
Chez ***Asplund,*** les tapis de laine, aux formes et couleurs originales, ont été créés par des designers stars. Thomas Sandell, entre autres, au style « maximaliste » volontairement optimiste, ou Pia Wallén, créatrice connue autant pour ses formes simples que pour ses couleurs modernes. Froid dehors, chaud dedans.

Design jusqu'au bout de la nuit

On achète design, on mange design... et on festoie design ! Un état d'esprit que l'on retrouve notamment au ***Berns*** *(plan détachable, C3),* petit théâtre gourmand qui ne porte pas la marque des années, avec une salle relookée par sir Terence Conran. Et puis on dort design aussi, dans un hôtel nouvelle génération chaleureux et écolo, mâtiné de vintage, de récup et de détournements. À chacun son atmosphère, son ambiance, ses lumières, surtout, critère de confort très important dans une ville où la nuit tombe très vite, une fois l'été parti...

ÉCONOMIE ET SOCIÉTÉ

Le « modèle suédois »

Souvent cité en exemple, le « modèle suédois », associant une pression fiscale record et une politique sociale généreuse, a fait du pays l'une des ***démocraties les plus avancées*** du monde. Comment ? En développant systématiquement un esprit de négociation, de recherche permanente de l'équilibre et de la mesure dans toutes décisions, lesquelles sont ensuite régulièrement remises en cause (n'oublions pas que ce sont les Suédois qui ont inventé la fonction d'***ombudsman,*** qui examine les abus de pouvoir reprochés à l'administration).
Sur le plan économique, la Suède a connu une période de développement intense après 1945 et a traversé (entre 2007 et 2010) la crise économique de manière plutôt sereine grâce à un certain climat de paix sociale. Cette dernière provient de l'***accord de Saltsjöbaden*** (une ville de la banlieue de Stockholm), passé en 1938 entre le syndicat le plus puissant du pays, *LO,* et la confédération patronale, *SAF,*

qui oblige les partenaires à renégocier à date convenue les conventions collectives sans recourir à la grève. Le dialogue a d'autant plus de poids qu'en Suède près de 80 % des salariés sont syndiqués !

Un État-providence... revisité

Dans la pratique, ce système d'État-providence, mis progressivement en place depuis les années 1930 par les sociaux-démocrates (parti au pouvoir, à quelques exceptions près, jusqu'en 2006, et à nouveau de 2014 à 2022), vise avant tout à assurer à chaque citoyen un confort matériel et un niveau de sécurité décents.

L'objectif de gommer au maximum les inégalités sociales ou physiques, protégeant les catégories les plus défavorisées et les plus faibles (personnes âgées, handicapées, enfants, etc.), a cependant un prix. Le Suédois est ainsi l'un des contribuables les plus imposés au monde : jusqu'à 57 % de ses revenus ! Cette société lui offre, certes, un grand confort de vie général, mais il le paie, et pas uniquement au travers des impôts, car le versement des prestations sociales s'accompagne de nombreuses obligations et de contrôles très stricts. Les sanctions sont lourdes en cas de manquement aux règles. On résume souvent ce concept par le terme de ***flexi-sécurité,*** une manière de dire qu'en réalité ***rien n'est octroyé sans contreparties...***

LA SUÈDE, ROYAUME DE LA TRANSPARENCE

Depuis 1776, chaque citoyen peut éplucher les comptes des ministres et de la famille royale. L'administration est tenue de répondre aux requêtes en 24h. Ici, un ministre fait lui-même (ou elle-même) ses courses et voyage en classe éco ; utiliser un jet privé est totalement impensable. Seul le Premier ministre dispose d'un chauffeur personnel.

Il est également intéressant de constater que, si le modèle social porte le mot « solidarité » à sa plus haute expression, c'est l'individualisme qui régit les comportements particuliers. Les règles de la propriété privée sont strictement respectées, on ne doit pas empiéter sur l'espace personnel... Bref, la solidarité est une doctrine d'État, mais ne doit pas entraver les initiatives propres à chacun. D'ailleurs, les inégalités existent bel et bien en Suède : ***1 % de la population détient 40 % des richesses,*** tout de même !

Il faut dire que le modèle suédois a grandement évolué ces dernières décennies : privatisation de certains services dans les secteurs de l'éducation, de la santé, de la poste et du ferroviaire, baisse des allocations chômage, précarisation du statut des fonctionnaires, mise en place d'une retraite par points, suppression de l'impôt sur la fortune... Bref, de plus en plus de flexibilité, de moins en moins de sécurité. De l'avis général, la qualité des services publics s'est nettement dégradée.

Le virage de la politique migratoire

Entre 2014 et 2022, le pays a connu une augmentation de 30 % du nombre d'immigrants accueillis. Mais sur les 900 000 étrangers que compte le pays, les 2/3 n'ont pas encore la nationalité suédoise. Le taux de chômage parmi eux atteint 20 % (contre moins de 5 % chez les actifs Suédois). Cela ne fait plus de doute : la société suédoise n'est plus le modèle égalitaire d'autrefois.

Hausse de la criminalité, des disparités sociales et des dépenses publiques engagées pour accueillir les étrangers, crainte d'une nouvelle crise migratoire... Autant d'arguments qui nourrissent les idées d'extrême droite. Celles-ci trouvent davantage d'écho auprès de certains Suédois, de plus en plus favorables à un durcissement de la politique en matière d'immigration. Fermeture des frontières, multiplication des contrôles, limitation des aides sociales... C'est une véritable volte-face qui s'opère depuis quelques années en Suède. Résultat : en 2022, les « Démocrates de Suède », parti d'extrême droite, sont arrivés en 2e place aux élections législatives avec plus de 20 % des voix.

Quelques mesures sociales

– ***Congé parental :*** mis en place afin d'assurer ***l'égalité dans le couple,*** ce congé fortement encouragé est d'une durée totale de 16 mois indemnisés à 80 % du salaire, dont 60 jours destinés à la mère et 60 autres au père (et les autres jours à répartir au choix). Si ces 60 jours ne sont pas pris par l'un des 2, ils sont perdus. Les statistiques montrent que les pères prennent aujourd'hui près de 25 % de leur congé. Ce qui explique que l'on rencontre nombre d'hommes seuls avec leurs enfants dans les musées, pouponnant dans les parcs, aux heures dites « de bureau »...

– ***Accueil en crèche :*** à la suite de l'explosion du travail féminin depuis les années 1970, et toujours dans le souci de garantir l'égalité, une politique familiale de taille a été mise en place. Ainsi, depuis 1985, toute commune doit être en mesure de fournir à chacun de ses jeunes habitants de plus de 12 ou 18 mois une place en crèche ou en école maternelle, et ce jusqu'à l'âge de sa scolarisation (vers 6 ou 7 ans). En revanche, cet accueil est payant (en fonction des revenus des parents et de la commune) et les bébés de moins de 1 an ne sont pas admis en crèche.

– ***Système de sécurité sociale :*** celui-ci se révèle un peu moins généreux qu'on ne tend à le croire. Si, par exemple, les soins médicaux et dentaires pour les moins de 20 ans sont gratuits, il en va autrement pour le reste de la population. Les consultations médicales sont plafonnées à 1 200 Sk par an et par personne. Au-delà, elles sont gratuites. Le plafond des médicaments sur ordonnance est de 2 200 Sk (1 800 Sk à Stockholm). D'autre part, en cas d'hospitalisation (hors soins spécialisés), l'usager doit s'acquitter d'un ticket modérateur de 80 Sk/jour.

– ***Bourses et prêts universitaires :*** bien que les universités suédoises soient gratuites, il existe un système de bourses et de prêts très développé. L'État prête à l'étudiant une somme d'argent pour la durée de ses études (quelles que soient sa situation économique et celle de ses parents), un prêt renouvelé chaque année sous réserve de ses résultats. Le futur diplômé devra rembourser ce prêt dès qu'il aura trouvé un emploi, avec un taux d'intérêt fixé à moins de 1 %.

– On pourrait également citer le ***système des retraites*** et de l'***assurance chômage,*** faisant désormais tous les 2 appel à des cotisations volontaires et privées donnant droit au même nombre de points quel que soit le statut. Rappelons encore que les enfants possèdent de véritables droits, que le consommateur est très défendu contre la publicité mensongère, que l'égalité des sexes n'est pas un vain mot (46 % de femmes au Parlement en 2020) et que la liberté de la presse y est totale.

Une économie en bonne santé ?

Sur le plan strictement économique, la Suède enregistre des ***résultats probants*** : nanti de 1,8 à 4,5 % de croissance depuis 2014 (bien que ce taux tende à diminuer avec les années), c'est l'un des pays européens qui ont le mieux traversé la crise de 2008-2009. La Suède est aussi l'un des rares pays de l'UE qui tient ses engagements en matière de finances publiques. Sa dette publique ne dépasse pas 35 % de son PIB en 2019, résultat d'une grande rigueur de la gestion publique depuis les années 1990.

Finances publiques saines, inflation maîtrisée (environ 2 % en 2019), balance commerciale excédentaire... Un tableau en apparence idéal qui s'érode aujourd'hui. En 2019, ***le chômage a fait un bond pour atteindre 7,3 %...*** Terre d'immigration s'il en est, la Suède est aujourd'hui confrontée à une

diminution significative des emplois qualifiés, au profit de professions précaires et peu rémunérées. Tandis que, parallèlement, la pauvreté augmente de façon exponentielle.
Toutefois, l'État apporte son soutien aux investissements, en s'appuyant sur les secteurs porteurs (biotechnologies, agroalimentaire) ainsi que sur les marchés en croissance rapide (Inde, Brésil, Chine...) avec une dynamique vers l'exportation (qui représente 48 % du PIB) : informatique, automobile, machines-outils, papier, produits chimiques et pharmaceutiques, acier, alimentation. Mais cette importance du commerce extérieur est également un vecteur de fragilité. Un écueil qu'a révélé la pandémie mondiale de 2020, en entravant drastiquement les échanges internationaux. Cela dit, l'économie suédoise reste assez prospère, et son modèle fonctionnel.
La Suède fait partie de l'Union européenne, mais ***elle n'est pas dans la zone euro.*** Aucun signe n'indique son désir d'en faire partie. L'opinion publique suédoise, devenue favorable à cette idée au milieu de la crise de 2008-2009, lors de la dépréciation de la couronne par rapport à l'euro (près de 20 %), a retourné sa veste suite à la crise grecque.

ENVIRONNEMENT

En 2022, la Suède se classe au ***5e rang des pays les plus écologiques du monde*** (Danemark 1er, France 12e, États-Unis 43e) selon l'indice de performance environnementale (IPE) calculé tous les 2 ans par l'université américaine Yale. Le pays a instauré la taxe carbone dès 1991, ce qui a permis une réduction importante des rejets de CO_2 et des émissions de gaz à effet de serre.
Elle a aussi adopté un ambitieux plan de ***transition climatique et énergétique*** : disparition des combustibles fossiles pour le chauffage en 2020, neutralité carbone en 2045, amélioration de 25 % de l'efficacité énergétique... Elle entend ainsi privilégier la « croissance verte ». Si les éoliennes fleurissent sur terre et en mer, elle tire encore la majeure partie de son électricité de l'énergie hydroélectrique et aussi nucléaire (pas près d'être abandonnée comme cela avait été évoqué à une époque). Des performances qui pourraient être encore améliorées, notamment en ce qui concerne la ***surconsommation des ménages,*** due au pouvoir d'achat élevé dans un pays qui a inventé *Ikea* et *H&M*.

Stockholm, modèle d'écologie

La Suède fait figure de bonne élève en matière de ***traitement des déchets*** avec environ 50 % de déchets ménagers recyclés. Pour la part incinérée, c'est devenu un business florissant : le pays incinère même les déchets des autres (Royaume-Uni, Norvège...), alimentant ainsi les réseaux de chaleur de certaines villes. Une alternative à la consommation d'énergies fossiles certes, mais un système dépendant des transports de déchets et générant une concentration de polluants dans l'atmosphère.
Remontons un peu dans le temps : 1972, Stockholm, 1re conférence des Nations unies faisant explicitement référence à l'environnement. Les dirigeants

ET L'ÉNERGIE CITOYENNE ?

*L'*Homo ecologicus *suédois n'en finit plus d'étonner. Après l'énergie fossile, éolienne, hydroélectrique, voici... la chaleur humaine ! Le concept est simple : une grande quantité d'individus dégage une forte chaleur qu'il suffit de capter puis d'acheminer via des tuyaux remplis d'eau. C'est le cas à la gare de Stockholm, où l'on a calculé que l'énergie produite par les quelque 250 000 visiteurs quotidiens permettrait d'alimenter à hauteur de 30 % un immeuble de 28 000 m².*

se promettent de se rencontrer tous les 10 ans lors d'un Sommet de la terre et créent le Programme des Nations unies pour l'environnement. Si beaucoup de déceptions ont suivi au niveau international, Stockholm est restée un leader dans la protection de l'environnement.
Près de 40 ans plus tard, en 2010, Stockholm est la 1re ville à recevoir le titre de « ***Capitale verte*** » de l'Europe. Un titre mérité quand on considère que la ville a vu ses émissions de gaz à effet de serre baisser de 25 % depuis 1990 (avec un objectif de 40 % d'ici 2040). C'est dire l'implication de Stockholm en matière d'écologie, où les notions de covoiturage, de pistes cyclables, de jardins ouvriers et même d'écoquartier font partie intégrante du quotidien.
Tel est le cas de ***Hammarby Sjöstad,*** une ancienne zone portuaire et industrielle de la ville réhabilitée depuis les années 1990 en un ***écoquartier*** exemplaire. Panneaux solaires, navettes fluviales, voitures propres collectives, récupération des eaux de pluie, réutilisation des ordures ménagères pour le chauffage, la climatisation et l'électricité, etc. Rien n'est trop beau pour ce quartier, devenu un véritable modèle à l'échelle mondiale (et déjà reproduit en Chine !).
Quant à la circulation urbaine, elle a fortement baissé depuis la mise en place, en 2006, d'un ***péage urbain,*** en vigueur la semaine entre 6h30 et 18h30. À l'époque très critiqué, ce système a aujourd'hui conquis la plupart des habitants du Grand Stockholm (près de 70 % d'entre eux), convaincus de son efficacité. Entre 2006 et 2015, le nombre d'automobilistes à traverser la ville a en effet baissé de 28 %.
Les carburants alternatifs sont aussi à l'ordre du jour. En outre, le pays transforme plus de 25 % de ses déchets organiques en ***biogaz,*** principalement dans l'usine de Västerås, à une centaine de kilomètres de Stockholm. Depuis la fin des années 1990, on y produit des engrais naturels à partir de la décomposition des déchets et on récupère le méthane pour en faire un biogaz qui brûle sans polluer. Ses avantages sont nombreux : ce biogaz, neutre du point de vue du dioxyde de carbone, ne génère que 5 % de rejets comparé à l'essence ; il est renouvelable et produit sur place, ce qui crée des emplois et réduit les frais de transport ; son prix est inférieur au carburant conventionnel. Progressivement, les bus locaux, les taxis et même les camions d'éboueurs s'y sont mis.
L'usine de Västerås fournit aujourd'hui ***Stockholm,*** grande consommatrice, qui, à défaut de produire son propre gaz, produit sa chaleur et son électricité en incinérant ses déchets, et tout ça depuis les années 1970. D'ailleurs, si Stockholm suivait l'exemple d'un de ses hôpitaux – qui envoie 50 t de nourriture par an aux producteurs de biogaz en récoltant les restes alimentaires – elle pourrait produire 13 millions de litres de biogaz chaque année.

La Baltique, une mer en grand danger

Mer à faible salinité, elle est presque entièrement fermée ; ses eaux ne se renouvellent que tous les 33 ans et la pollution peut donc y subsister autant d'années. De plus, les eaux froides et gelées une partie de l'hiver ralentissent la biodégradation de la pollution.
La Baltique fut un ***champ de bataille maritime*** lors des 2 guerres mondiales, entraînant des séquelles environnementales graves. Non seulement de nombreux navires y ont coulé avec leurs charges de munitions toxiques, mais près de 300 000 t d'obus conventionnels et chimiques récoltés en Europe y ont été immergés. Environ 5 000 t d'obus remplis de gaz moutarde ont été ensevelis à 70 km de la ville de Liepaja en Lettonie.
Par la suite, les industries papetières, autrefois grandes consommatrices de chlore, de même que l'industrie lourde et l'agriculture, développées par le bloc de l'Est, y ont déversé sans contrôle leurs déchets résiduels. Les fleuves côtiers des Pays baltes, à l'époque communiste, y ont drainé une ***pollution considérable, y compris radioactive.***

De nombreux foies et reins de poissons et mammifères marins de la Baltique dépassent les teneurs admissibles pour plusieurs métaux lourds, et on trouve de nombreux polluants organiques dans leur chair. Depuis 1995, la Suède conseille aux femmes enceintes de ne pas consommer de saumon ou de hareng pêchés dans la Baltique. Conséquence, la plupart des saumons d'élevage consommés en Suède aujourd'hui viennent de Norvège où la garantie de qualité n'est pas mieux assurée, du fait de l'usage d'un pesticide appelé le *diflubenzuron* pour combattre la prolifération du pou de mer dans les fermes piscicoles.
En 2005, le WWF International alerte l'opinion : la plupart des poissons sont si pollués qu'ils devraient normalement être interdits à la vente sur le marché européen. Il y aurait même en Baltique ***7 des 10 zones mortes*** parmi les plus importantes de la planète, dont celle de la région du Skagerrak, qui s'est formée en moins de 10 ans. Aucun organisme vivant n'y survit.
Cependant, à la suite de la Convention d'Helsinki de 1974 sur la protection de l'environnement marin, une commission *HELCOM* gère, depuis 1980, la *protection du milieu marin dans la zone mer Baltique.* Elle rassemble 9 pays riverains (Allemagne, Danemark, Estonie, Russie, Finlande, Lettonie, Lituanie, Pologne et Suède) et l'UE.
La Suède et la Finlande, de leur côté, ont décidé en 2009 de créer un nouveau *fonds international pour l'amélioration de l'environnement en mer Baltique,* ouvert à tous les pays riverains, afin de concrétiser les engagements du plan d'action de 2007. L'objectif est de financer des projets en amont, pour, entre autres, déphosphorer les effluents urbains ou agricoles.

Nord Stream : l'usine à gaz !

D'autres inquiétudes se cristallisent autour du ***gazoduc Nord Stream sous la mer Baltique.*** 2 gazoducs en fait qui approvisionnent l'Allemagne depuis les gisements russes. Ils sont terminés depuis 2011 pour le n° 1 (55 milliards de m^3 de méthane/an) et 2021 pour le n° 2, après bien des rebondissements. Ils traversent les eaux de la Baltique sur plus de 1 200 km, malgré l'hostilité des pays de l'Est, menés par la Pologne, mais aussi des États-Unis et des associations écologistes. Les dangers ? Les fonds sous-marins sont tapissés de sites à risque, dont des conteneurs corrodés de substances chimiques et des sous-marins coulés avec leurs réacteurs nucléaires et d'autres substances toxiques à bord. Au moindre incident, c'est un risque élevé de propagation dans l'eau de la mer qui se profile, avec toutes les conséquences sur l'environnement, la flore, la faune et les populations riveraines (environ 100 millions d'individus). Or, les gazoducs Nord Stream sont aussi et surtout devenus de véritables bombes géopolitiques. Nord Stream cessait ses approvisionnements en août 2022. Et, en septembre, suite à un sabotage en pleine guerre d'Ukraine, d'énormes fuites de méthane étaient constatées sur les 2 gazoducs, identifiées par des bouillonnements allant jusqu'à 1 km de diamètre : 10 milliards de tonnes de CO_2 s'échappaient ainsi dans l'atmosphère. Des bombes géopolitiques doublées d'un impact direct sur le réchauffement climatique.

GÉOGRAPHIE

Installée dans un site superbe, réparti sur ***14 îles*** à l'embouchure du lac Mälaren, Stockholm collectionne les paradoxes : une magnifique vieille ville piétonne, principalement du XVIIIe s, voisine avec un centre moderne particulièrement disgracieux. Des parcs immenses côtoient un complexe système d'autoroutes urbaines qui transforment l'agglomération en un labyrinthe exaspérant pour le chauffeur néophyte. Au sud du centre-ville, Stockholm recèle néanmoins quelques quartiers bohèmes, à l'atmosphère un peu décalée, que ceux qui ont un peu de temps ne négligeront pas d'explorer.

Le centre administratif et commercial, ***Norrmalm*** *(plan détachable, A-C2-3)*, se trouve grosso modo au nord de la ***Sergels Torg*** *(plan détachable, B3)*, place moderne entourée de vilains buildings. On se repère à la fontaine centrale, espèce d'obélisque de verre illuminé le soir. C'est également là que l'on trouve le centre culturel (très vivant) de la ville. Le principal axe commerçant du quartier est la rue piétonne ***Drottninggatan*** *(plan détachable, B2-3)*. Non loin, on trouve la place ***Kungsträdgården*** *(plan détachable, C3)*, vaste esplanade avec terrasses et musiciens. Forte animation les soirs d'été. C'est le point de rencontre des jeunes.
En remontant Drottninggatan vers le nord, vous arrivez dans les environs de l'université et du quartier de ***Vasastan*** *(plan détachable, A-B1-2)*, pas très touristiques mais très fréquentés par les locaux qui aiment y manger ou y boire un verre.
En allant vers le sud, on rencontre 3 îles voisines plus calmes. La plus à l'ouest abrite la vieille ville, ***Gamla Stan*** *(zoom détachable)*, éminemment touristique avec ses ruelles étroites et ses maisons à pignons. Toute proche, l'île de ***Skeppsholmen*** *(plan détachable, D3-4)*. C'est sur ce bout de terre verdoyant que l'on trouve notamment le musée d'Art moderne.
Plus à l'est, l'île de ***Djurgården*** *(plan détachable, E3-4)* concentre la plupart des musées (Vasa Museet, Nordiska Museet, ABBA Museum, parc de Skansen...). Au sud de Gamla Stan, l'île de ***Södermalm*** *(plan détachable, A-E4-5-6)* est le repaire d'une vie de quartier agréable, populaire et bourgeoise à la fois, *arty* et décontractée. On s'y sent bien, de jour comme de nuit. Quand vient le soir (et il arrive vite hors saison !), les bars et restos de ***Götgatan*** *(plan détachable, C5-6)* et ***Skånegatan*** *(plan détachable, C-D5-6)* fourmillent d'activité.

HISTOIRE

Si l'histoire vous intéresse, ne manquez pas l'excellent ***Historiska Museet*** de Stockholm.

Les débuts de Stockholm

La 1re mention de la ville date de 1252. Difficile, cela dit, de parler de ville pour désigner ces quelques maisons blotties derrière une barrière de pilotis face à la petite île de Gamla Stan (la vieille ville actuelle). Selon Erik (un chroniqueur de l'époque), Stockholm fut fondée par ***Birger Jarl,*** régent de Suède, afin de protéger le pays des invasions par des flottes étrangères. Il y fit construire une forteresse, qui contrôlait le trafic maritime entre la mer Baltique et le lac (sur ses fondations sera construit le palais royal). En 1264 débuta la construction de la Grande Église (l'actuelle *Storkyrkan*). Sous l'influence du roi ***Magnus Ladulås*** (Magnus III de Suède), la ville prospéra grâce à ses relations commerciales avec la ***Hanse*** (l'association des villes marchandes d'Europe du Nord), devenant même l'un des grands ports de la Ligue. En 1289, elle était la plus grande ville du royaume, mais la peste noire la ravagea en 1349.

L'union de Kalmar

L'***union de Kalmar,*** traité signé en 1397, réunit les peuples scandinaves sous une même Couronne. Mais le Danemark était avide de pouvoir et, à cause d'intérêts commerciaux trop divergents, les Suédois se sentirent à l'étroit dans cette union.
Stockholm fut proclamée ***capitale de la Suède en 1419.*** Sa position stratégique aux abords de la mer Baltique ainsi que son poids économique en firent une place importante dans les relations entre les rois danois de l'union de Kalmar.

Elle fut le théâtre de nombreuses batailles, comme celle de Brunkeberg gagnée en 1471 par Sten Sture le Vieil contre le roi du Danemark, Christian Ier. En 1520, un mouvement de rébellion fut cependant sévèrement réprimé par Christian II de Danemark, qui entra dans Stockholm malgré la défense héroïque de Kristina Gyllenstierna, la veuve de Sture. Il exigea des Suédois qu'ils le reconnaissent comme roi et, pour asseoir son autorité, il fit ensuite décapiter une petite centaine d'opposants issus de la noblesse. Le ***bain de sang de Stockholm*** mit un terme à l'union de Kalmar.

Et voilà les Vasa

Cet acte déclencha un nouveau mouvement de riposte, mené par ***Gustave Ier Vasa,*** qui, 2 ans plus tard, libéra Stockholm et la Suède de la domination danoise, devint roi et inaugura le début d'une nouvelle ère. Ce membre de la haute noblesse suédoise unifia et consolida le Royaume de Suède, instaura la monarchie héréditaire et ***introduisit la Réforme*** (comme les caisses étaient vides, la sécularisation des biens de l'Église fut la bienvenue !). Stockholm s'agrandit et, en 1600, comptant déjà 10 000 habitants, elle devint une ville européenne d'envergure, capitale politique et économique de la Suède. Sa transformation est encore visible à travers le réseau de rues rectilignes actuel, héritage direct de cette époque. Peu après furent instaurées des règles qui lui conférèrent un monopole sur les échanges entre les négociants étrangers et les territoires scandinaves. Cette époque glorieuse, due au règne de ***Gustave II Adolphe*** (1611-1632), vit naître nombre de châteaux et palais, dont la *Riddarhuset* et le palais royal.

DESCARTES, MORT DE FROID

En 1649, le philosophe accepta de devenir le tuteur de la reine Christine de Suède. Dès cette époque naquit la rumeur d'une liaison avec cette dernière. Mais la rigueur du climat et l'horaire matinal des leçons (à 5h du matin), inhabituels pour le penseur, eurent raison de sa santé. Il avait hâte de quitter Stockholm au printemps 1650. Mais il n'eut pas le temps : il y mourut en février, à l'âge de 54 ans, officiellement d'une pneumonie. Son corps resta 16 ans en Suède. En 1666, l'ambassadeur de France le fit exhumer pour l'enterrer à Paris (aujourd'hui à l'église Saint-Germain-des-Prés).

Expansion suédoise mais successions désordonnées

Les règnes de la reine Christine, de Charles X Gustave, Charles XI et Charles XII furent une succession de ***conflits territoriaux,*** d'accaparement des terres par la noblesse, puis de repartage de ces mêmes terres.
La ***guerre de Trente Ans*** (1618-1648) opposait la Suède à la tête d'une coalition protestante contre les armées catholiques du Saint Empire romain germanique. Ce conflit interminable ensanglanta le continent européen. Parallèlement, le pays se lança dans une politique impérialiste d'expansion du territoire national. L'armée suédoise intervint militairement dans de nombreux conflits afin d'acquérir la maîtrise de la Baltique, notamment par la possession de la Finlande, de la Poméranie (nord de l'actuelle Pologne) et de l'Ingrie (où se trouve aujourd'hui Saint-Pétersbourg). Puis Charles XI musela une noblesse trop remuante et gouverna en souverain absolu d'un État dont la prospérité s'accroissait grâce à un commerce actif.
Bien que la guerre du Nord (1700-1721) ait entraîné la destruction partielle de la ville et un ralentissement de sa croissance, Stockholm conserva son rôle de capitale politique de la Suède et affirma sa supériorité culturelle. L'Opéra royal en est un bel exemple.

De l'ombre à la lumière

En 1703, un jeune tsar aux dents longues, le futur Pierre le Grand, contesta la mainmise suédoise sur ce *mare nostrum* scandinave. ***Charles XII*** (Voltaire a écrit sa biographie) commit l'erreur fatale d'envahir la Russie et de marcher sur Moscou. Ce fut le commencement de la fin : la Suède perdit petit à petit son rang de grande puissance. En 1719, la noblesse imposa un régime parlementaire connu sous le nom d'« Ère de la liberté », dans lequel 2 partis, ***les Chapeaux et les Bonnets,*** se disputaient le pouvoir. L'essor économique se poursuivit, dynamisant les sciences et la culture et autorisant la liberté de la presse. Mais les Chapeaux entraînèrent le pays dans un nouveau désastre militaire contre la Russie en 1742, et le pays glissa lentement vers l'anarchie.
Le sursaut vint de ***Gustave III,*** un érudit de Stockholm, qui, soutenu par l'armée et le peuple, prit le pouvoir en 1771 grâce à un coup d'État. Despote éclairé dans l'esprit des Lumières, protecteur des arts et des sciences, fondateur de l'Académie suédoise de Stockholm, il resta en butte à l'hostilité de la noblesse qui prépara son assassinat, perpétré en 1792, lors d'un bal masqué.

Le XIXe siècle

Quand l'Europe fut ébranlée par le bouillonnement des guerres napoléoniennes, la Russie, temporairement alliée à la France, s'engagea à contraindre la Suède anglophile à se joindre au blocus continental. Le tsar Alexandre Ier lança en 1809 une offensive militaire et conquit la Finlande en quelques semaines, tant la Suède était minée par des décennies d'instabilité politique et de luttes d'influence. Le roi Gustave IV fut alors renversé au profit de son oncle Charles XIII qui accepta une Constitution établissant la séparation des pouvoirs. Charles XIII n'avait pas d'enfant. On désigna donc un brillant maréchal de Napoléon, ***Jean-Baptiste-Jules Bernadotte*** (Béarnais d'origine), qui, nommé prince héritier, devint Charles XIV Jean. Il obtint la Norvège dans le lot, contrainte d'accepter ce troc pour que sa Constitution et son autonomie interne soient reconnues (drôle de manière d'obtenir son indépendance). Oscar Ier et Charles XV, fils et petit-fils de Bernadotte, entreprirent de nombreuses réformes qui libéralisèrent le pays, donnant un coup de fouet à l'économie et modernisant l'agriculture.
Stockholm, un temps affaiblie, retrouva son rôle de pôle économique avec l'apparition de nouvelles industries. Elle devint un centre commercial et de services important, ainsi que la principale porte d'entrée de la Suède par sa proximité avec la mer Baltique. Une forte immigration fit croître sa population : à la fin du siècle, seuls 40 % des habitants de la ville y étaient nés. Des quartiers commencèrent alors à se développer au-delà des limites originelles de Stockholm, dans la campagne et sur les côtes. C'est aussi à cette époque que la cité accrut son rôle central dans l'éducation et la culture, avec l'ouverture de nombreuses universités, attirant encore davantage d'intellectuels et d'érudits.

Le XXe siècle

Sur le plan national, le XXe s consacra la rupture par la Norvège de l'union avec la Suède (1905), l'adoption du ***suffrage universel*** (1918-1921), la neutralité pendant la Première Guerre mondiale, puis l'avènement de la ***social-démocratie*** en 1932. En 1936, la neutralité était à nouveau de mise, et pendant la Seconde Guerre

AGENT DOUBLE

Malgré sa neutralité pendant la dernière guerre, la Suède – dont la population était globalement antinazie – adopta les lois raciales interdisant les mariages entre juifs et Aryens. Le père de la reine Silvia, un Allemand du Brésil et sympathisant nazi, récupéra une usine spoliée à un juif et fabriqua des armes pour l'armée allemande.

mondiale, la Suède refusa d'intervenir officiellement, malgré des combats menés en Norvège contre l'envahisseur. Entre-temps, le gouvernement de Stockholm s'était installé en 1923 dans le nouvel hôtel de ville. Après 1945, Stockholm réhabilita une grande partie de son centre ancien, alors composé de rues étroites enchevêtrées et devenues problématiques en raison de l'accroissement de la circulation automobile. De larges rues piétonnes furent tracées, bordées de buildings. Dès 1950, on lança la ***construction du métro.***

Quant à la Suède, elle est aujourd'hui une ***monarchie héréditaire et constitutionnelle*** à chambre unique, élue pour 4 ans. Les sociaux-démocrates, après 44 ans de pouvoir incontesté, ont dû céder par intermittence la place à une coalition centriste et aux partis de droite. ***En 1995, la Suède adhéra à l'UE.***

En 2003, en pleine campagne sur le référendum d'adhésion à l'euro, la ministre des Affaires étrangères, ***Anna Lindh,*** fut assassinée à Stockholm alors qu'elle faisait ses courses. Les Suédois revécurent alors le souvenir tourmenté de la disparition d'Olof Palme, mais il s'avéra rapidement que le meurtre avait été perpétré par un déséquilibré.

Finalement, l'affaire n'influença que peu la volonté d'une majorité de Suédois de barrer la route du passage à l'euro, ***le « non » l'emporta par 57 % des voix.*** Les milieux d'affaires s'arrachèrent les cheveux, mais les partisans de la monnaie européenne furent bien obligés de reconnaître que l'annonce de la quasi-récession économique de la France et de l'Allemagne ne les avait pas beaucoup aidés à convaincre des électeurs assez conservateurs, qui ne voyaient pas pourquoi une couronne en bonne santé devait laisser sa place à un euro plutôt faiblard.

L'ASSASSIN COURT TOUJOURS

Leader du parti social-démocrate, connu pour ses positions pacifistes et tiers-mondistes, Olof Palme fut en 1969, à 42 ans, le plus jeune Premier ministre européen. En février 1986, à Stockholm, un homme le tua d'une balle dans le dos. Cet assassinat resta inexpliqué, faute de mobile clair. L'enquête a été rouverte en 2020 et le meurtre finalement attribué à Stig Engström, l'un de ses plus fervents opposants. Une conclusion peu satisfaisante du fait de l'absence de preuves solides, et aussi parce que l'homme s'est suicidé en 2000.

L'extrême droite au Parlement

Aux élections législatives de 2006, la coalition de centre droit arrive en tête et forme un gouvernement, dirigé par ***Fredrik Reinfeldt,*** qui allège les impôts pour les plus aisés et privatise certaines prestations sociales.

Les législatives de 2010 créent la surprise : les sociaux-démocrates obtiennent leur plus mauvais score depuis 1914 et l'extrême droite des ***Sverigedemokraterna*** (Démocrates de Suède) fait son entrée au Parlement. Créé en 1988, issu de la mouvance néonazie, le SD milite pour une limitation drastique de l'immigration, un durcissement de la lutte contre la criminalité et une aide accrue aux personnes âgées. Le centre droit arrive tout de même en tête, mais sans majorité absolue. Fredrik Reinfeldt est alors contraint de former un gouvernement minoritaire. Aux législatives de 2014, l'extrême droite renforce son poids avec, cette fois, 13 % des voix, même si la gauche, composée des sociaux-démocrates, des Verts et du Parti de gauche, remporte (très petitement) les élections, contraignant Fredrik Reinfeldt à démissionner au profit de Stefan Löfven.

La tendance se confirme aux ***législatives de 2018*** : gauche et droite se retrouvent quasiment à égalité, devant une extrême droite qui progresse de 5 points. Aucune coalition ne parvenant à se former, la Suède reste sans Premier ministre ni gouvernement pendant plusieurs mois. La progression du parti nationaliste et anti-immigration se lit à nouveau dans le résultat des élections européennes de 2019. La formation a récolté 15,4 % des scrutins, contre 16,8 % pour le pouvoir en place.

Dernières nouvelles de Suède

- ***2010 :*** les bonnes consciences sont ébranlées par les révélations, faites dans un livre sulfureux, des frasques sexuelles du bon roi ***Carl XVI Gustav.***
- ***2011 :*** la firme *SAAB* (automobile) est déclarée en faillite.
- ***2014 :*** les législatives portent la gauche au pouvoir et renforcent encore le poids de l'extrême droite au Parlement. Et, plus anecdotique, on (re)découvre, à cette occasion, la candidature d'un jeune homme nommé Hravn Forsne, 25 ans, qui serait le « fils caché » de François Mitterrand et d'une journaliste suédoise. Sacré Tonton ! Reconnaissance officielle de l'État palestinien par la Suède.
- ***2015 :*** crise diplomatique avec l'Arabie Saoudite sur la question des Droits de l'homme. La généreuse politique d'accueil des réfugiés (81 000 en 2014, 163 000 en 2015) est critiquée par ses voisins danois et finlandais, ainsi que par une partie grandissante de la population.
- ***2016 :*** sur 163 000 demandes d'asile déposées en 2015, la Suède annonce qu'elle va expulser 60 000 migrants vers leurs pays d'origine et durcir les conditions d'accueil. Les Suédois transfrontaliers qui travaillent à Copenhague perdent chaque jour 1h en contrôles anti-immigrants.
- ***7 avril 2017 :*** attentat terroriste à Stockholm. Un camion fonce dans la foule et fait 5 morts et 14 blessés graves.
- ***2018 :*** le parti social-démocrate remporte une majorité (très) relative aux élections législatives. L'extrême droite, forte de 17,5 %, remporte le plus grand succès de son histoire avec 62 sièges. Le Parlement peine à dégager une majorité. Stefan Löfven est démis de ses fonctions avant de parvenir à un accord en janvier 2019 et de réinvestir la charge de Premier ministre.
- ***2019 :*** les élections européennes confirment la progression amorcée par l'extrême droite.
- ***2020 :*** la Suède défraie la chronique à cause de sa stratégie de lutte contre la pandémie mondiale. Refus du confinement, du port du masque... Un choix qui fait couler de l'encre, d'autant plus que le pays se classe 7e parmi les nations les plus touchées par la Covid-19. Fin décembre, le masque devient obligatoire. Enfin !
- ***2021 :*** séisme politique avec la chute du gouvernement fin juin, suite à une motion de censure, une 1re en Suède ! Stefan Löfven est néanmoins réélu, mais cède finalement la place à Magdalena Andersson (parti social-démocrate) en novembre. Celle-ci renonce aussitôt, faute d'alliés au Parti de l'Environnement, puis... forme un gouvernement minoritaire. Quelle valse !
- ***2022 :*** la guerre en Ukraine, la question de la sécurité et les enjeux de l'immigration s'invitent dans les élections législatives de septembre. Tandis que l'adhésion de la Suède à l'OTAN est devenue une évidence, les élections donnent la victoire aux partis de droite et d'extrême droite (20,5 % des voix pour ce dernier). En octobre, Ulf Kristersson devient le nouveau chef du gouvernement, à la tête d'une coalition entre les Chrétiens-démocrates (KD) et les Libéraux (L), avec le soutien des « Démocrates de Suède », le parti d'extrême droite.

MÉDIAS

Presse écrite

À la différence des pays où les quotidiens du matin sont vendus en kiosque, le marché suédois se distingue par un pourcentage élevé d'abonnements à des journaux diffusés par portage à domicile.
Les journaux du matin, notamment ***Dagens Nyheter*** et ***Svenska Dagbladet,*** publiés à Stockholm, bénéficient d'une importante diffusion à travers le pays. *Dagens Industri* est le plus grand quotidien d'affaires du pays. Il existe en outre d'innombrables quotidiens du matin visant un lectorat local et qui ne sortent qu'en semaine. Les journaux du soir, comme ***Aftonbladet,*** le plus célèbre quotidien

payant de Suède, et ***Expressen,*** sont les seuls titres véritablement nationaux. Ces quotidiens présentent des actualités dans la tradition du journalisme tabloïd et de la presse à sensation, avec d'abondants articles sur le sport et les célébrités. De nombreux journaux suédois appartiennent aux grands groupes de presse comme Bonnier, éditeur de livres et de magazines, et le norvégien *Schibsted.* Noter que l'***Aftonbladet*** est en majorité détenu par la confédération suédoise des syndicats.

Une exception culturelle suédoise

Phénomène de presse lancé par Per Andersson en 1995 et limité à l'origine à Stockholm, le quotidien gratuit ***Metro*** a été exporté dans 23 pays avec 67 éditions quotidiennes dans le monde diffusées en 15 langues et distribuées dans 120 villes d'Europe, d'Asie et des Amériques. *Metro* est disponible en semaine dans les gares, arrêts de bus et stations de métro. Il publie des articles volontairement courts afin que le journal soit lisible en une vingtaine de minutes. Il a réussi à attirer un lectorat jeune et actif. Une aubaine pour des annonceurs désireux de s'adresser à cette cible et qui ont reporté leurs budgets de la presse traditionnelle vers la presse gratuite.

Radio

La radio publique, *Sveriges Radio* (SR), est la plus importante, tant par le chiffre d'affaires que par l'audience (environ 65 % en tout pour SR). SR possède 3 stations nationales (P1, P2 et P3), 27 stations locales (réunies sous le nom de P4) et un certain nombre de stations numériques sur Internet.

Télévision

Les chaînes publiques SVT1 et SVT2, investies d'une mission de service public, sont les plus regardées par les Suédois (35 % de part d'audience), devant les chaînes privées du groupe TV4 et Kanal 5 (la plus populaire auprès des jeunes). Mais leurs concurrentes (Eurosport, TV4, TV6, Discovery Channel) et toutes les petites chaînes thématiques et régionales gagnent du terrain.

MUSIQUE

C'est un vrai phénomène peu connu chez nous : l'activité créative des groupes pop suédois a fait du pays le ***3e exportateur de musique*** derrière les États-Unis et la Grande-Bretagne. La Suède a remporté 6 fois le concours ***Eurovision.*** Pour un pays de 10 millions d'habitants, c'est impressionnant ! Il est vrai que les 400 millions d'albums du groupe ***ABBA*** y sont pour quelque chose, mais ils ne sont pas les seuls : *The Cardigans, Roxette, Ace of Base, Neneh Cherry* et son demi-frère *Eagle-Eye Cherry* ont contribué à ce rayonnement, tout comme *The Hives* au rayon punk, *The Hellacopters* ou *Europe* du côté du hard-rock, ainsi que *The Soundtrack of our Lives* de Göteborg. Les formations de metal ont pignon sur rue et ne subissent pas le dédain de mise sous d'autres cieux. Le ***death metal*** suédois *(Amon Amarth, Entombed, Arch Enemy...)* est reconnu comme l'un des plus créatifs du monde, et le ***black metal,*** n'en déplaise aux Norvégiens, a bel et bien été inventé en Suède par le groupe *Bathory.*

Depuis 2000, une 2e vague de musiciens, comme *Eric Prydz* (et son clip plutôt suggestif pour *Call on Me*), *Robyn, Niki & The Dove, Lykke Li, Fever Ray, Avicii, Swedish House Mafia* et plein d'autres prouvent que le succès du made in Sweden n'est pas un feu de paille.

Plusieurs raisons expliquent ce succès : d'abord, ***l'apprentissage par les enfants d'un instrument dès leur plus jeune âge*** est inscrit dans le programme de base de l'enseignement. Et le chant choral fait partie intégrante du culte dominical. Par ailleurs, l'utilisation systématique de la langue anglaise érige la production musicale populaire en vecteur incontournable pour conquérir le marché mondial. Et puis la renommée des studios suédois et de leurs ingénieurs du son n'est plus à faire !

Ne manquez pas de visiter le ***Hall of Fame*** de la *swedish music* dans le *Scenkonstmuseum* de Stockholm.

PERSONNAGES

– ***ABBA*** *(1970-1982) :* 12 ans de vie commune pour les 4 membres de ce groupe de pop suédoise que l'on ne présente plus. Paroliers, compositeurs et interprètes, Anni-Frid Lyngstad, Benny Andersson, Björn Ulvaeus et Agnetha Fältskog ont ainsi fait vibrer les *dancefloors* des années 1970 avec faste, paillettes et perruques. Plus de 400 millions d'albums vendus, et ça continue, grâce à des titres phares comme *Mamma Mia, Dancing Queen* ou encore *Gimme ! Gimme ! Gimme !* Des petits malins en ont même fait un film, puis une comédie musicale qui cartonne dans le monde entier. Et un musée est sorti des cartons à Stockholm au printemps 2013 ! Le groupe s'est reformé en 2018, le temps d'enregistrer un nouvel album en 2021 : *Voyage.*

SINISTRES ÉLEVAGES

Himmler considérait la race scandinave comme le prototype de l'aryanité. Cet éleveur de poulets ignorait qu'il n'y avait aucun lien entre les Vikings et les soi-disant Aryens. En tout cas, il ouvrit une dizaine de Lebensborn *en Norvège, des centres où des femmes s'accouplaient avec des soldats SS. Les rejetons étaient ensuite envoyés en Allemagne pour y être adoptés. La plus célèbre d'entre eux est Anni-Frid Lyngstad, l'une des chanteuses du groupe de pop suédois ABBA.*

– ***Ingmar Bergman*** *(1918-2007) :* fils d'un sévère pasteur luthérien d'Uppsala, metteur en scène de théâtre à Stockholm dès l'âge de 19 ans, fin théoricien des sentiments, particulièrement féminins, dont il expose la complexité dans ses films, Bergman est LE monument du cinéma suédois. Il introduisit la psychanalyse dans le 7e art de façon magistrale. Avec ses acteurs fétiches : Liv Ullmann, Ingrid Thulin, Bibi Andersson, Max von Sydow. Parmi ses chefs-d'œuvre : *Le Septième Sceau* (1957) ; *Les Fraises sauvages* (1957) ; *La Source* (1959) ; *À travers le miroir* (1960) ; *Le Silence* (1962) ; *Persona* (1965) ; *Cris et Chuchotements* (1972) ; *Scènes de la vie conjugale* (1974) ; *L'Œuf du serpent* (1977) ; *Sonate d'automne* (1978) ; *Fanny et Alexandre* (1982) ; et *Saraband,* son film-testament en 2003.

– ***Ingrid Bergman*** *(1915-1982) :* née à Stockholm, très tôt orpheline, elle tourne d'abord en Suède et en Allemagne avant d'être repérée par le grand producteur hollywoodien David O. Selznick. Elle commence par des films populaires qui, grâce à elle, deviennent des classiques, comme *Casablanca* (1943 ; avec Humphrey Bogart) et *Pour qui sonne le glas* (1943 ; avec Gary Cooper), puis joue à 3 reprises pour Hitchcock (notamment dans *Les Enchaînés,* 1946). Malgré son statut de star, elle demeure sincère et passionnée. Elle plaque Hollywood et sa famille pour épouser l'avant-gardiste italien Rossellini, qui lui donnera en retour un rôle dans *Stromboli* (1950). Elle quitte ensuite ce monstre génial pour tourner avec de grands réalisateurs comme Jean Renoir, Sidney Lumet et Vincente Minnelli, puis pour la 1re fois avec son homonyme et compatriote Ingmar Bergman (elle n'a aucun lien de parenté avec lui), en 1978 *(Sonate d'automne)*, avant de mourir d'un cancer à Londres.

– ***Eva Brunne*** *(1954)* **:** homosexuelle, mère d'un enfant porté par sa compagne (une pasteure) et... évêque luthérienne de Stockholm depuis 2009. Elle devient ainsi la 5e femme évêque en Suède et, surtout, la 1re évêque homosexuelle à cette place. Un symbole, parmi d'autres, de la tolérance et de l'ouverture suédoises.

– ***Anders Celsius*** *(1701-1744)* **:** eh oui ! L'inventeur de la graduation des températures est un Suédois qui enseigna à l'université d'Uppsala. En plus, il accompagna en Laponie l'expédition de Maupertuis, chargée de mesurer le degré de l'arc terrestre (1737).

– ***Christine de Suède*** *(Kristina ; 1626-1689)* **:** c'est un oiseau rare de la dynastie Vasa ! Savante, polyglotte (elle parlait notamment le français), Kristina monta sur le trône à l'âge de 6 ans. Refusant le mariage, elle dirigea son pays dès ses 18 ans, mais à sa manière : une main de fer dans un gant de velours. Elle prôna la tolérance en pleine guerre de Religion. Elle fit venir le philosophe Descartes à Stockholm pour recevoir son enseignement. Aimée du peuple mais moquée par la noblesse pour son côté irrévérencieux, lasse des charges qui pesaient sur ses épaules, elle se désintéressa du pouvoir. Elle abdiqua en 1654 en faveur de son cousin Charles X Gustave. Femme libre et indépendante, elle quitta la Suède déguisée en homme, se convertit secrètement au catholicisme en 1655 à Bruxelles, avant de s'installer à Rome jusqu'à la fin de sa vie (1689).

2 SUÉDOISES LIBRES

Rien d'étonnant au fait que le rôle de la reine Christine dans le film hollywoodien de Rouben Mamoulian (1933) ait été joué par Greta Garbo. Comme Kristina, Greta était suédoise. Comme elle aussi, c'était une femme aux mœurs libres, un caractère indomptable et indépendant ! Problème de casting tout de même pour ce film : Greta « la Divine » était une beauté très féminine, féline même, alors que la reine Christine cultivait une allure androgyne et cherchait à gommer toute féminité dans ses vêtements et dans son comportement.

– ***Axel de Fersen*** *(1755-1810)* **:** noble suédois francophile, issu d'une très vieille famille. Le comte Axel de Fersen a un physique avantageux et rencontre la reine Marie-Antoinette en 1778 à Versailles. Coup de foudre réciproque ! Ce sera le grand amour secret de la reine. Il rejoint le corps expéditionnaire français en 1780 et se bat pour l'indépendance des États-Unis. Fersen fait le lien entre Rochambeau et Washington et participe à la bataille de Yorktown. En 1791, avec de l'argent emprunté à sa maîtresse, il finance la fuite de la famille royale à Varennes, où Marie-Antoinette et Louis XVI sont arrêtés. Fersen multiplie les tentatives pour les sauver. En vain. Rentré en Suède, alors qu'il accompagne le cortège funèbre d'un prince royal de Suède, en 1810, il est lapidé et piétiné au cours d'une émeute. Pitoyable et tragique fin pour cet homme qui avait l'envergure d'un « héros des 2 mondes », comme Lafayette.

– ***Greta Garbo*** *(Greta Gustafsson ; 1905-1990)* **:** née à Stockholm, la future « Divine » suit les cours de l'Académie royale d'art dramatique de Stockholm, où elle est repérée par le cinéaste Stiller. Celui-ci lui trouve son pseudo – *garbo* signifiant « classe » et « élégance » en espagnol – et lui confie un 1er grand rôle avant de l'emmener à Hollywood. Elle y devient l'incarnation de la femme fatale à la beauté glaciale *(La Chair et le Diable, Anna Karénine, Grand Hôtel, La Reine Christine, Le Roman de Marguerite Gautier)* et ne rira qu'une seule fois à l'écran : dans l'hilarant *Ninotchka* d'Ernst Lubitsch, où elle joue le rôle d'une apparatchik russe découvrant le champagne... L'échec de *La Femme aux deux visages* en 1941 la conduit à New York, où elle vivra complètement recluse jusqu'à sa mort. Après

9 ans de chamailleries entre les différentes nations qui se disputaient Greta Garbo, ses cendres ont enfin rejoint sa ville natale, Stockholm.

– ***Stieg Larsson*** *(1954-2004)* **:** écrivain et journaliste connu pour sa dénonciation de l'extrême droite et du racisme, il meurt prématurément d'une crise cardiaque et ne connaît donc pas le succès planétaire de la trilogie *Millénium* (traduite en 25 langues !), un polar dans lequel Stockholm et la Suède sont les personnages principaux (voir la rubrique « Livres de route » dans « Stockholm utile » en début de guide).

– ***Carl von Linné*** *(1707-1778)* **:** médecin et botaniste originaire d'Uppsala. C'est à lui que l'on doit la classification universelle (la systématique) des êtres vivants, donnant à chacun un nom latin par genre et par espèce (par exemple : *Homo sapiens*). « La connaissance des choses périt par l'ignorance du nom. » Ce pionnier a été admiré par nombre de scientifiques (Jussieu, Buffon...) et de penseurs des Lumières comme Diderot et Rousseau. Sa liste systématique est universelle et reconnue dans le monde entier. Il est aussi l'inventeur de la culture de l'huître perlière. Linné était un végétarien convaincu.

MON NOM EST PERSONNE

Linné avait souffert de l'absence de patronyme fixe. Son nom de famille avait changé 9 fois ! En Suède, pendant longtemps les familles n'avaient pas de nom. On s'appelait « fils de »... Quand Linné arriva à la fac de Lund, il était sans nom. On lui en demanda un. Il y avait un tilleul chez lui : il choisit Linnaeus (« tilleul » en latin) qui donna Linné. Cette frustration du nom a alimenté son génie. Ainsi a-t-il classé et nommé toutes les espèces vivantes.

– ***Henning Mankell*** *(1948-2015)* **:** né à Stockholm, élevé seul par son père, juge d'instance, il était le gendre d'Ingmar Bergman. Mankell est mondialement connu grâce aux aventures de son personnage fétiche, le commissaire Wallander, dans la ville d'Ystad. Aspect moins connu, il a partagé sa vie entre la Suède et le Mozambique, où il a monté une troupe de théâtre. En 2009, il mit fin à la série du commissaire Wallander en lui faisant prendre une retraite prématurée. Mankell décède en octobre 2015 d'un cancer diagnostiqué un an plus tôt.

– ***August Strindberg*** *(1849-1912)* **:** figure emblématique de la littérature suédoise, on le connaît surtout en France pour son théâtre (*Mademoiselle Julie,* par exemple). Mais il fut également un prosateur d'envergure aux écrits d'une grande profondeur psychologique, à la plume vive (voire assassine) et à la langue fleurie. Malgré ses multiples talents (poète, dramaturge, romancier, mais aussi peintre), cette sombre personnalité à laquelle on accole régulièrement les adjectifs « mystique », « aliéné » et « misogyne » ne fut pas appréciée de ses contemporains.

– ***Peter Wallenberg*** *(1926-2015)* **:** il était le patriarche vénéré du capitalisme suédois. Employant 600 000 personnes dans le monde, il contrôlait, lui et sa famille, 40 % de la Bourse de Stockholm. Ses fleurons : *SAS, Ericsson, Saab, Electrolux, SKF*... Sa devise : travail et loyauté.

– ***Raoul Wallenberg*** *(1912-?)* **:** diplomate suédois né à Stockholm, membre de la plus grande dynastie financière de Suède. Alors qu'il était en poste à Budapest, il sauva de la déportation nazie des dizaines de milliers de juifs, en délivrant des passeports suédois temporaires certifiant que leurs possesseurs étaient des citoyens suédois en attente de rapatriement. Lorsque Budapest fut délivrée par l'Armée rouge, il restait 100 000 juifs, préservés de la déportation grâce aux efforts de Wallenberg et de ses collègues des pays neutres. Les Soviétiques l'enlevèrent en 1945 et le déclarèrent mort en 1947. Mais des témoins l'auraient aperçu au Goulag longtemps après... En réalité, on n'a jamais su ce qu'il était devenu : ses descendants poursuivent encore aujourd'hui les recherches. En 1996, le mémorial Yad Vashem à Jérusalem l'a reconnu « Juste parmi les nations ». Depuis 2016, il est officiellement déclaré mort.

– ***Greta Thunberg*** *(2003)* **:** nouvelle ambassadrice de l'activisme écologique suédois, la toute jeune militante est révélée au grand public en 2018 alors qu'elle manifeste seule devant le Parlement, entamant une « grève de l'école pour le climat ». Le mouvement devient viral suite à l'allocution qu'elle prononce à la COP24 la même année, notamment sur les réseaux sociaux, où sa parole est largement relayée... Et raillée. Ainsi, en 2019, au cours du sommet des Nations unies, elle s'exprime de manière particulièrement virulente, suscitant moqueries et controverse. Ce qui ne l'empêche pas de rafler moult prix et distinctions pour son engagement radical. À titre d'exemple, le *Time* la sacre « personnalité de l'année » en 2019.

PRIX NOBEL

Il était une fois un chimiste suédois, ***Alfred Nobel*** (1833-1896), qui consacra sa vie à l'étude des explosifs. En 1866, il mit au point un mélange, la poudre dynamite, qui permit le percement du tunnel du Saint-Gothard, la construction du canal de Panamá ou bien encore le percement du canal de Corinthe. Sans compter les nombreuses applications militaires... Alfred Nobel installa une vingtaine d'usines d'explosifs en Europe et dans le monde. Il les contrôlait depuis Paris où il vécut pendant longtemps, car la capitale de la France était géographiquement située au cœur de son empire industriel. Sa holding s'appelait la « *Nobel Dynamite Company* ». Ces usines lui rapportèrent une immense fortune. Il ne se maria jamais, et n'eut pas d'enfants. De plus, il était opposé à la transmission des biens par héritage.
À sa mort en 1896 à San Remo (Italie) où il s'était retiré, on ouvrit son testament, par lequel il faisait don de sa fortune à la Suède à condition que l'État suédois utilise cet argent pour récompenser des lauréats dans 5 domaines : physique, chimie, médecine, littérature et paix. À noter que ce dernier prix est en fait une affaire norvégienne et non suédoise, Alfred Nobel ayant tenu à associer dans son testament de 1895 les 2 États qui constituaient alors sa patrie. Lorsque l'union fut rompue en 1905, ce furent les Norvégiens qui conservèrent le prix Nobel de la paix.
Les prix sont remis en grande pompe chaque année le ***10 décembre,*** date anniversaire de la mort de leur fondateur. Jusqu'ici, 2 lauréats l'ont refusé pour des raisons idéologiques : Jean-Paul Sartre en 1964 (littérature) et Lê Duc Tho, chef de la résistance vietnamienne, en 1973, qui ne voulait pas partager le prix Nobel de la paix avec Henry Kissinger. Boris Pasternak, lui, en 1958, n'avait pas reçu l'autorisation des Soviétiques de se rendre à Stockholm pour le recevoir.
Parmi les Français récompensés ces dernières années : en 2014, Patrick Modiano (littérature) et Jean Tirole (économie) ; en 2016, Jean-Pierre Sauvage (chimie) ; en 2018, Gérard Mourou (physique) ; en 2019, Esther Duflo (économie) ; en 2020, Emmanuelle Charpentier (chimie) ; en 2022, Annie Ernaux (littérature) et Alain Aspect (physique).

SITES INSCRITS AU PATRIMOINE MONDIAL DE L'UNESCO

UNESCO
Organisation des Nations Unies pour l'éducation, la science et la culture
En coopération avec le
Centre du patrimoine mondial

Pour figurer sur la liste du Patrimoine mondial, les sites doivent avoir une valeur universelle exceptionnelle et satisfaire à au moins un des 10 critères de sélection. La protection, la gestion, l'authenticité et l'intégrité des biens sont également des considérations importantes.
Le patrimoine est l'héritage du passé dont nous profitons aujourd'hui et que nous transmettons aux générations à venir. Nos patrimoines culturel et naturel sont 2 sources irremplaçables de vie et d'inspiration. Ces sites appartiennent à tous les peuples du monde, sans tenir compte du territoire sur lequel ils sont situés. Pour plus d'informations : ● *whc.unesco.org* ●
Est traité dans le guide : le domaine royal de ***Drottningholm*** (1991).

les ROUTARDS sur la FRANCE 2023-2024

(dates de parution sur • *routard.com* •)

Découpage de la FRANCE par le ROUTARD

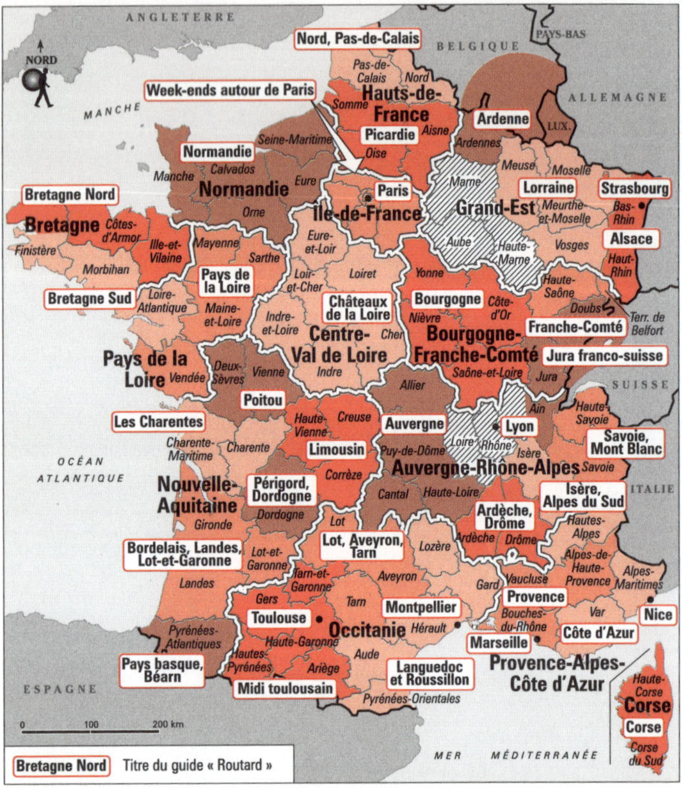

Autres guides sur la France

- Nos meilleurs campings en France
- Nos meilleures chambres d'hôtes en France

Autres guides sur Paris

- Paris
- Paris balades
- Restos et bistrots de Paris
- Le Routard des amoureux à Paris
- Week-ends autour de Paris

Le Routard à vélo

- EuroVelo6
- La Bourgogne du Sud à vélo
- La Flow Vélo
- La Loire à Vélo
- La Vélo Francette
- La Vélodyssée (Roscoff-Hendaye)
- Le Canal des 2 mers à vélo
- Paris Île-de-France à vélo
- ViaRhôna
- Les plus belles escapades à vélo en France

les ROUTARDS sur l'ÉTRANGER 2023-2024

(dates de parution sur • **routard.com** •)

Découpage de l'ESPAGNE par le ROUTARD

Découpage de l'ITALIE par le ROUTARD

Autres pays européens

- Allemagne
- Angleterre, Pays de Galles
- Autriche
- Belgique
- Bulgarie
- Crète
- Croatie
- Danemark, Suède
- Écosse
- Finlande
- Grèce continentale
- Hongrie
- Îles grecques et Athènes
- Irlande
- Islande
- Madère
- Malte
- Norvège
- Pays baltes : Tallinn, Riga, Vilnius
- Pologne
- Portugal
- République tchèque, Slovaquie
- Roumanie
- Suisse

Villes européennes

- Amsterdam
- Berlin
- Bruxelles
- Budapest
- Copenhague
- Dublin
- Lisbonne
- Londres
- Moscou
- Naples
- Porto
- Prague
- Saint-Pétersbourg
- Stockholm
- Vienne

les ROUTARDS sur l'ÉTRANGER 2023-2024

(dates de parution sur • *routard.com* •)

Découpage des ÉTATS-UNIS par le ROUTARD

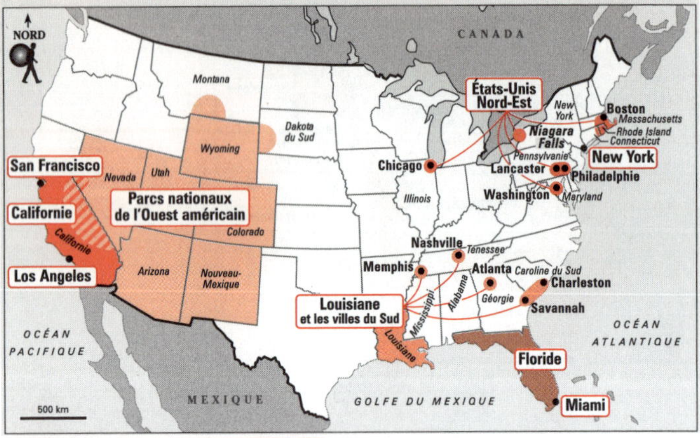

Autres pays d'Amérique

- Argentine
- Brésil
- Canada Ouest
- Chili et île de Pâques
- Colombie
- Costa Rica
- Équateur et les îles Galápagos
- Guatemala, Belize
- Mexique
- Montréal
- Pérou, Bolivie
- Québec et Ontario

Asie et Océanie

- Australie côtes est et nord + Red Centre
- Bali, Lombok
- Bangkok
- Birmanie (Myanmar)
- Cambodge, Laos
- Chine
- Hong Kong, Macao, Canton
- Inde du Nord
- Inde du Sud
- Israël et Palestine
- Istanbul
- Jordanie
- Malaisie, Singapour
- Népal
- Shanghai
- Sri Lanka (Ceylan)
- Thaïlande
- Tokyo, Kyoto et environs
- Turquie
- Vietnam

Afrique

- Afrique du Sud
- Égypte
- Kenya, Tanzanie et Zanzibar
- Maroc
- Marrakech
- Sénégal
- Tunisie

Îles Caraïbes et océan Indien

- Cuba
- Guadeloupe, Saint-Martin, Saint-Barth
- Île Maurice, Rodrigues
- Madagascar
- Martinique
- République dominicaine (Saint-Domingue)
- Réunion

Guides de conversation

- Allemand
- Anglais
- Arabe du Maghreb
- Arabe du Proche-Orient
- Chinois
- Croate
- Espagnol
- Grec
- Italien
- Japonais
- Portugais
- Russe
- G'palémo (conversation par l'image)

Livres-photos/Livres-cadeaux

- 50 voyages à faire dans sa vie (**nouveauté**)
- 52 escapades nature en France
- 52 villes coups de cœur en Europe (city trips)
- 52 week-ends coups de cœur en France
- 120 coins secrets en Europe
- 1 200 coups de cœur en France
- 1 200 coups de cœur dans le monde
- Cahier de vacances du Routard
- Expériences et micro-aventures en France (**nouveauté**)
- La France de Stéphane Bern
- La France à vélo (**nouveauté**)
- Nos plus belles balades et randos en France
- Road Trips Monde
- Road Trips en France
- Sacré : les 100 plus beaux sites de la planète
- Voyages
- Voyages : États-Unis
- Voyages : France
- Voyages : Italie

INDEX GÉNÉRAL

1909 Sigtuna Stads Hotell 123
32 Rum & Kök 123
ABBA THE MUSEUM (musée ABBA) 110
ABC de Stockholm 43
AG 91
Akkurat 91
Ängby Camping 74
Arlanda (aéroport d') 66
ARMÉMUSEUM (musée de l'Armée) 103
Artilleriet 86
ARTIPELAG (Värmdö) 119
Asplund 92
At Six 76
Avant le départ 43
Banques, change 45
B & B Kastellet 121
Båthuset 123
Berns 89
Birger Jarl 131
Birka Hostel 76
Bistro Bestick 84
Bistro Magasinet 120
BJÖRKLINGE (lac de) 135
Blå+ 87, 110
Blåbär 85
BLECKTORNSGRÄND (rue) 113
Bogesunds Slottsvandrarhem 120
Boissons 136
BONNIER KONSTHALL 114
BOTANISKA TRÄDGÅRDEN (Jardin botanique ; Uppsala) 133
Boulangerie Vaxholm 121
Bread & Wine 114
BROMMA 67, 74
BRUNNSVIKSBADET (plage) 117
Budget 47
Café Blå Lotus 82
Café Pascal 75
Café Schweizer 80
Café Sten Sture 87
Camille Trädsård 121
CAROLINA REDIVIVA (bibliothèque de l'université d'Uppsala) 133
Castanea Old Town Hostel 75
Castle House Inn 74
Centralbadet (piscine) 117
CENTRE POUR L'ARCHITECTURE ET LE DESIGN 106
Chokladfabriken 88
Chokladkoppen 87
Churchill Arms 131
City Backpackers 75
City Hostel 79
Clarion Hotel Gillet 129
Climat 48
Coups de cœur (nos) 12
Crafoord's Place 75
Crêperie Fyra Knop 82
Cuisine 138
Curieux, non ? 140
DANSMUSEET (musée de la Danse) 114
Design 141
DesignTorget 93
DISAGÅRDEN (parc ; Uppsala) 135
DJURGÅRDEN (île de) 86, 107
DOMKYRKA (cathédrale ; Uppsala) 131
Domtrappkällaren 130
Downtown Camper by Scandic 77
DROTTNINGGATAN (rue) 100
DROTTNINGHOLM (résidence royale) 115
Duvel Café 84
Économie et société 142
ELD 2.0 83
Électricité 50
Emmaüs Vintage 93
Engelen 89

Environnement 145
Eriksdalsbadet (piscine municipale) 116
ETNOGRAFISKA MUSEET (musée d'Ethnographie) 104

F

Falloumi 82
Farbor Blå 123
Fasching 89
FATBURSPARKEN (parc)......... 112
Fêtes et jours fériés 50
Filippa K 93
FJÄLLGATAN (esplanade) 113
Flustret 131
Folii 113
Fossilen 115
FOTOGRAFISKA 114
FRESCATI HAGE 117
Freys Hotel 76
Freys Hotel Lilla Rådmannen 76
Fyrisån (berges du) 134
Fyrishov Stuby och Camping 128

G

Galleri Hantverket 93
GAMLA STAN (vieille ville ; quartier de) 94
GAMLA UPPSALA (vieille ville d'Uppsala) 134
Gateau 120
Generator Stockholm 76
Géographie 147
Glenn Miller Café 89
Granit 93
Grillska Huset 81
GRIPSHOLMS SLOTT (château de Gripsholm) 121
GRÖNA LUND TIVOLI (parc d'attractions) 111
Güntherska 129, 130
GUSTAVIANUM (palais ; Uppsala) 132

H

HÄGERSTEN 74
Häktet 82
HALLWYLSKA MUSEET .. 101
Hambergs Fisk 129
Hébergement 51
Hembygdsgårdens Café 121
Hermans 83
Hermitage 81
Histoire 148
HISTORISKA MUSEET (musée d'Histoire) 102
Hobo Hotel 76
HORNSGATAN (rue) 113
HORNSTULL (quartier de) .. 113
Hostel Dalagatan 75
HÔTEL de VILLE (Sigtuna) .. 124
Hotel Frantz 78
Hotel Hellsten 77
Hotel Hornsgatan 78
Hotel Rex Petit 77
Hotel Rival 78
Hotel Skeppsholmen 79
Hotel With Urban Deli 77
Hotell & Vandrarhem Kungsängstorg 129

I

Icebar 90
Ingmar Bergman (lieu de tournage ; Uppsala)......... 132
Interview #experienceroutard 33
Itinéraires conseillés 30

J

JUDISKA MUSEET (Musée juif) 98
Jumbo Hostel 80
JUNIBACKEN 107

K

Kaffe 82
Kafferummet Storken 130
Kajsas Fisk 84
Kajsas i Parken 82
Katalin and All That Jazz .. 130
KATARINA KYRKA (église)....... 113
Katarina Ölkafé 91
Klubbensborg 74
Knut Bar 84
Koh Phangan 130
Konditori Ritorno 88
Konserthuset 92, 100
Krogen Soldaten Svejk 91
KUNGLIGA DRAMATISKA TEATERN (Théâtre dramatique royal) 101
Kungliga Musikhögskolan (Académie royale de musique) 92

Kungliga Operan (Opéra royal) 92
KUNGLIGA SLOTTET (château royal) 95
KUNGSGATAN (rue) 100
KUNGSHOLMEN (île de) 99
KUNGSTRÄDGÅRDEN (parc avec patinoire) 88
KUNGSTRÄDGÅRDEN (place) 89

LADUGÅRDSGÄRDET (quartier de) 104
LÅNGHOLMEN (île de) 117
Långholmens Hostel 79
Langue 53
LIDINGÖ (Millesgården) 115
LILJEVACHS KONSTHALL 114
LILJEVALCHS 110
LILL-SKANSEN (zoo) 111
LINNAEUS HAMMARBY (Uppsala) 135
LINNÉMUSEET et LINNÉTRÄDGÅRDEN (maison et jardin de Linné ; Uppsala) 133
Lisa Elmqvist 86
Livres de route 57
LIVRUSTKAMMAREN (Armurerie royale) 97
Luzette 85

Magasins 60
Magnolia 83
Magnussons 130
Mälardrottningen Yacht Hotel 75
MARIABERGET 113
MARIAKYRKAN (église Sainte-Marie ; Sigtuna) 123
MARIEFRED 121
MÄRSTA (Steninge Slott) 124
MÅRTEN TROTZIGS GRÄND (ruelle) 95
Meatballs for the People 83
MEDELTIDSMUSEET (musée de la Stockholm médiévale) 98
Médias 152
Melt 90
MICKAELSGATAN (rue) 113
MILLÉNIUM (la saga) 114
MILLESGÅRDEN (maison et parc Carl Milles) 115
MODERNA MUSEET (musée d'Art moderne) 106
Mom's Kitchen 86
Mosebacke Etablissement – Sodra Teatern 91
Mosebacke Hostel 78
Musées 60
Musique 153
Myrorna 92

Namami 85
NATIONAL MUSEUM 101
NATURHISTORISKA RIKSMUSEET (musée d'Histoire naturelle) 115
NOBEL PRIZE MUSEUM (musée Nobel) 97
NORDISKA MUSEET (Musée nordique) 107
NORRHAMM (crique) 121
NORRMALM (quartier de) 100
Nybrogatan 38 86
Nytorget Urban Deli 83, 91

Odinsborg 135
Ofvandahls Hovkonditori 130
Omaka 86
Omnipollos Flora 90
Omnipollos Hatt 91
Operabaren 90
Ordning & Reda 93
ORPHEUS 100
ÖSTASIATISKA MUSEET (musée d'Extrême-Orient) 106
Österlånggatan 17 81
ÖSTERMALM (quartier d') 102
Östermalms Saluhall 86
Östgötakällaren 83

Panem Café 81
PARADOX MUSEUM 101
Parkteatern 51, 113
Pärlans Konfektyr 93
Pastis 81
Pelikan 84
Personnages 154
Pet Sounds 93
Pharmarium 89
PIERRES RUNIQUES (Sigtuna) 124

Poste 60
POSTE (musée de la) 114
Pourboire 61
Primo Ciao Ciao 82
PRINS EUGEN WALDEMARSUDDE (maison du prince Eugène) 112
Prix Nobel 154

Questions qu'on se pose avant le départ (les) 34

Red Boat Hostel & Hotel (The) 78
Restaurang Kvarnen 83
Restaurant du Moderna Museet 86
Riche 89
RIDDARHOLMEN (côte ouest de l'île de) 99
RIDDARHOLMEN (île de)..... 75, 99
RIDDARHOLMSKYRKAN (église de Riddarholmen) 99
Rolfs Kök 85
ROSENDALS TRÄDGÅRD (pavillon royal) 112
ROSERSBERG PALACE 124
ROYAL DJURGÅRDEN (parc) 112

Saison touristique 61
SALUHALL (marché couvert) .. 102
SANKT LARS (église ; Sigtuna) 123
SANKT OLOF (église ; Sigtuna) 123
SANKT PER (église ; Sigtuna) 123
Santé 61
SCENKONSTMUSEET (musée des Arts scéniques) 104
Selmas Hytt & Salong 128
SERGELS TORG (place).......... 100
SIGTUNA 122
SIGTUNA MUSEUM (musée de Sigtuna) 124
Sigtunastiftelsen 123
Sites inscrits au Patrimoine mondial de l'Unesco 157
Site internet 62
SJÖHISTORISKA MUSEET (Musée maritime) 105
SKÅNEGATAN (rue) 113
SKÅNELAHOLM SLOTT (château de Skånelaholm) .. 124
SKANSEN (parc) 111
Skanstulls Boutique Hostel 77
Skavsta (aéroport de) 67
SKEPPSHOLMEN (île de)........ 105
SKOKLOSTERS SLOTT (château de Skokloster) 124, 134
SLUSSEN (écluses) 113
Smak 84
SNUS & TÄNDSTICKMUSEUM (musée du Snus et des Allumettes) 114
SÖDER MÄLARSTRAND (rue) 113
SÖDERMALM (île de) 112
SÖDRA TEATERN MOSEBACKE TORG 113
SOFO (quartier de) 113
SOPHIA KYRKA (église) 113
Southside Pub 91
SPACE CENTER 100
Spesso [COU 90
SPRITMUSEUM (musée des Spiritueux) 114
STADSHUSET (hôtel de ville ; Stockholm) 99
Stadshustornet 100
STADSMUSEET 114
Stampen 89
Stationen 130
STENINGE SLOTT (château de Steninge ; Märsta) 124
STF af Chapman & Skeppsholmen Hostel 79
STOCKHOLM 66
STOCKHOLM (archipel de) 118
STOCKHOLM TOY MUSEUM 106
STORA NYGATAN (rue) 95
STORKYRKAN (cathédrale Saint-Nicolas) 98
STORTORGET (place) 94
STORVAD (plage de) 135
Strandbryggan Sea Club 90
Strömterrassen 90
Sturebadet (institut de beauté)... 117
Sturegallerian 92
STUREPLAN (place de)............. 89
Sundbergs Konditori 87

SVEN-HARRYS KONSTMUSEUM 114
Svenskt Tenn 93

T

Tak 90
Tant Brun 122
TANTO (plage) 117
Tavernan Rival 83
TEKNISKA MUSEET (musée des Techniques) 105
Téléphone 62
Tennstopet 85
THIELSKA GALLERIET 112
Transports nationaux 63
TYRESTA NATIONAL PARK 118
TYSKA KYRKAN (église allemande) 98
Tysta Mari 86

U

Under Kastanjen 75, 81
UNIVERSITÉ (Uppsala) 133
UPPSALA 125
Uppsala City Hostel 129
UPPSALA SLOTT (château d'Uppsala) 133
Urgences 65

V

VÄRMDÖ (Artipelag) 119
VASAMUSEET 107
VASASTAN (quartier) 85, 88
Västerås (aéroport de) 67
VÄSTERLÅNGGATAN (rue) 95
VAXHOLM 119
Vaxholm's Camping 120
VAXHOLMS FASTNINGS MUSEUM (forteresse de Vaxholm) 121
VENDELS KYRKA (église de Vendel) 135
Verandan 114
Vete-Katten 87
VIEILLE VILLE (GAMLA STAN) 94
VIKING MUSEUM (THE) 109
VITA BERGEN (parc) 113
VRAK 109

W

WENNGARN SLOTT (chateau de Wenngarn) 124

Z

Zinkensdamm Hotell & Vandrarhem 77
Zum Franziskaner 81

LISTE DES CARTES ET PLANS

• Coups de cœur (nos) 12
• Distances par la route 2
• Itinéraires conseillés 30
• La région de Stockholm 8-9
• Stockholm – plan d'ensemble 68-69
• Stockholm – plan du métro, *plan détachable* .... recto
• Stockholm – zoom Gamla Stan, *plan détachable* .... verso
• Stockholm, *plan détachable* .... verso
• Uppsala 126-127

Remarque importante aux hôteliers et restaurateurs

Les enquêteurs du *Routard* travaillent dans le plus strict anonymat. Aucune réduction, aucun avantage quelconque, aucune rétribution n'est jamais demandé en contrepartie. Face aux aigrefins, la loi autorise les hôteliers et restaurateurs à porter plainte.

Avis aux lecteurs

Le Routard, ce n'est pas comme le bon vin, il vieillit mal. On ne veut pas pousser à la consommation, mais évitez de partir avec une édition ancienne. Les modifications sont souvent importantes.

Les réductions accordées à nos lecteurs ne sont jamais demandées par nos rédacteurs afin de préserver leur indépendance. Les hôteliers et restaurateurs sont sollicités par une société de mailing, totalement indépendante de la rédaction, qui reste donc libre de ses choix. De même pour les autocollants et plaques émaillées.

Avec routard.com, choisissez, organisez, réservez et partagez vos voyages !

✓ Rejoignez la plus grande communauté francophone de voyageurs : **plusieurs millions d'internautes.**

✓ Échangez avec les routarnautes : forums, photos, avis d'hôtels.

✓ Retrouvez aussi toutes les informations actualisées pour choisir et préparer vos voyages : près de 300 guides destinations, une centaine de dossiers pratiques et un magazine en ligne pour découvrir tous les secrets de votre destination.

✓ Enfin, comparez les offres pour organiser et réserver votre voyage au meilleur prix.

Les **Routards** *parlent aux* **Routards**

Faites-nous part de vos expériences, de vos découvertes, de vos tuyaux et de vos coups de cœur. Aidez-nous à remettre l'ouvrage à jour. Indiquez-nous les renseignements périmés. Faites profiter les autres de vos adresses nouvelles, combines géniales... On adresse un exemplaire gratuit de la prochaine édition à ceux qui nous envoient les meilleurs courriers, pour la qualité et la pertinence des informations.
Quelques conseils cependant :
– Envoyez-nous votre courrier le plus tôt possible afin que l'on puisse insérer vos tuyaux sur la prochaine édition.
– N'oubliez pas de préciser l'ouvrage que vous désirez recevoir, ainsi que votre adresse postale.
– Vérifiez que vos remarques concernent l'édition en cours et notez les pages du guide concernées par vos observations.
– Quand vous indiquez des hôtels ou des restaurants, pensez à signaler leur adresse précise et, pour les grandes villes, les moyens de transport pour y aller. Si vous le pouvez, joignez la carte de visite de l'hôtel ou du resto décrit.
En tout état de cause, merci pour vos nombreux mails.

122, rue du Moulin-des-Prés, 75013 Paris

• *guide@routard.com* • *routard.com* •

Routard Assurance *2023*

Enrichie au fil des années par les retours des lecteurs, *Routard Assurance* reste l'assurance voyage référence des globe-trotters. Tout y est inclus, même la **Covid** : frais médicaux, assistance rapatriement, bagages, responsabilité civile... Avant votre départ, contactez *AVI* pour un conseil personnalisé. À la recherche d'une attestation Covid ? Vous la recevrez automatiquement après chaque souscription. Besoin d'un avis médical, d'une prise en charge dans un hôpital ? Le plateau d'Assistance *AVI* dispose d'un vaste réseau médical à travers le monde disponible 24h/24 pour une réponse en temps réel. De simples frais de santé en voyage ? Téléchargez vos factures depuis l'espace assuré *AVI*, ils vous remboursent sous une semaine. *Le Colisée Gardens, 10, av. de l'Arche, CS 70126, 92419 Courbevoie Cedex.* ☎ *01-44-63-51-00.* • *avi-international.com* • Ⓜ *La Défense.*

Édité par Hachette Livre (58, rue Jean-Bleuzen, CS 70007, 92178 Vanves Cedex, France)
Photocomposé par Luminess SAS (561, rue Saint-Léonard – CS 40003 – 53101 Mayenne Cedex, France)
Imprimé par Dupliprint (Quai n°2, 733, rue Saint-Léonard, BP3, 53101 Mayenne Cedex, France)
Achevé d'imprimer : mai 2023
Collection n° 13 - Édition n° 01
11/6223/5
I.S.B.N. 978-2-01-7228-09-7
Dépôt légal : mai 2023

PAPIER À BASE DE FIBRES CERTIFIÉES